遐迩一体 新疆文物考古研究丛书

万里同文

新疆出土汉文书迹集萃（典藏版）

陈凌 著

ZHEJIANG UNIVERSITY PRESS
浙江大学出版社

前　言

一、绪论

近代以来，新疆发现了一些碑刻和大批简牍纸本文书。由于内容丰富，涉及范围广，学术和艺术价值高，迅速在世界范围内引起了学术界广泛关注，在多方面推动了学术研究的进步。毫无疑问，这些出土资料是极其宝贵的文化财富。

我们这里所说的新疆发现的汉文书迹主要包括汉唐时代简牍、纸本文书（包括世俗文书和佛经写本），以及碑石铭刻（包括壁画题记）三大类。之所以把时间段限定在汉唐时代，主要有两个原因：一是传统的史料文献关于这个时段的记载相对比较简略，出土的文字材料在很大程度上可以弥补史料记载的不足；二是这批资料还有较高的艺术价值，大批高水平的书法艺术品，既可供人们研究汉唐时代书体变迁，还可供人们欣赏临习。

二、新疆汉文书迹发现简史

到目前为止，新疆出土的汉文书迹数量较大且比较集中的，主要是在楼兰、尼雅、吐鲁番、库车、和田等几个地方，其他地方则数量较少而零星。楼兰、尼雅、吐鲁番、库车、和田分别属于古代楼兰、高昌、龟兹、于阗绿洲，都是文化比较发达的重要区域。

新疆简牍文书的发现，始于西方探险家在中国西北地区的考察活动。

1901年1月，英籍匈牙利学者斯坦因（M. A. Stein）第一次中亚探险之行时，在塔里木盆地南部的尼雅、丹丹乌里克和安迪尔等遗址发现了大量的汉文、佉卢文（Kharoṣṭhi）简牍（图1—图3）。在后来的三次探险之旅中，斯坦因每次都有意外的收获。斯坦因第二次考察时（1906—1908年），在楼兰古城进行系统发掘，发现大批壁画、丝绸、雕刻艺术品以及魏晋时期的汉文和佉卢文书。斯坦因第三次考察时（1913—1916年），在吐鲁番发掘高昌故城和阿斯塔那墓地，在吉木萨尔调查北庭遗址，在库车和巴楚调查佛教遗址，也获取了部分汉文文书。斯坦因在他的三部报告中详细地记录了发现简牍文书的经过，并刊布了部分文书图版。[①] 斯坦因将在楼兰、尼雅所获汉文简纸文书交由法国著名学者沙畹（Édouard Chavannes）研究。依照斯坦因第一次中亚探险所获文书，沙畹写成《丹丹乌里克、尼雅、安迪尔发现的汉文文书》一文，作为《古代和田》（*Ancient Khotan*）一书的附录出版。六年之后，沙畹出版了《斯坦因在中国新疆沙漠发现的汉文文书》，是其研究斯坦因第二次中亚探险在楼兰、尼雅以及和田所获汉文文书的成果。1917年沙畹去世后，由他的学生马伯乐（Henri Maspéro）接续研究工作。1953年，马伯乐出版《斯坦因第三次中亚考察所获汉文文书》一书，刊布其研究成果。[②]

在斯坦因第一次尼雅之行后不久，瑞典学者斯文·赫定（Sven A. Hedin）也在楼兰古城（图4）发现大量的汉文文书。斯文·赫定在楼兰探险的详细情况，见《1899—1902年中亚科学考察成果》一书。[③] 斯文·赫定所获中国文物集中收藏在斯德哥尔摩瑞典人类学博物馆，主要是他1900年在楼兰发掘的魏晋时期的汉文、佉卢文木简残纸、木雕、丝绸残片和汉唐古钱。斯文·赫定在楼兰获得的汉文文书先后由希姆莱（Karl Himly）、孔好古（August Conrady）两位学者整理研究，于1920年编成《斯文·赫定楼兰所获汉文写本及杂件》一书出版。[④] 该书刊布了277件楼兰文书（36件/组纸本文书和121组/件木简），占了斯文·赫定所获汉文文书的绝大多数。但还有一批文书仍在整理之中，尚未公之于世。[⑤]20世纪80年代末，日本书道学会重新整理和刊布斯德哥尔摩瑞典人类学博物馆所藏斯文·赫定收集的楼兰文书，于1988年出版了《樓蘭發現：殘紙·木牘》一书。[⑥] 该书力图全部发表赫定所获楼兰文书，但也误将一些和田出土的文书编入其中。1988年，日本学者福田俊昭到瑞典留学，时值斯德哥尔摩大学东方语言研究所罗森（S. Rosen）教授主持整理瑞典国立民族学博物馆（The National Museum of Ethnography in Sweden）藏斯文·赫定中亚收集品。罗森请福田氏帮助鉴定赫定收集品中的五件相当完整的汉文纸文书。这些文书用油纸精心包裹，封存于茶色纸筒中。福田认为它们大概是斯文·赫定在楼兰古城发现的文书。回日本数月后，福田做了报道，不仅给出录文，而且刊布了黑白照片。[⑦] 事隔十年，京都大学人文科学研究所富谷至教授发表了他们对新刊楼兰文书的最新研究成

---

① M.A. Stein, *Ancient Khotan*, London, 1907; *Serindia*, Oxford, 1921; *Innermost Asia*, Oxford,1928.

② Henri Maspéro, *Les Documents Chinois de la troiseme Expédition de Sir Aurel Stein en Asie Centrale*, London, 1953.

③ Sven A. Hedin, *Scientific Results of a Journey in Central Asia 1899—1902*, Stockholm, 1905.

④ August Conrady, *Die chinesischen Handschriften-und sonstigen Kleinfunde Sven Hedins in Lou—lan,* Stockholm: Generalstabens Litografiska Anstatlt, 1920.

⑤ 罗森：《斯文·赫定中亚抄本及刻本收藏品概述》，阿拉腾奥其尔译，收入马大正等编《西域考察与研究》，乌鲁木齐：新疆人民出版社，1994年。

⑥ 日本书道教育会议编：《樓蘭發現：殘紙·木牘》，东京：朝日新闻社，1988年。

⑦ 福田俊昭：《〈ヘデイン文書〉新たに5片を"發现"》，《書道美術新聞》第257号，1989年；福田俊昭：《樓蘭文書の發見》，《東洋研究》第96卷，1990年9月，第43—62页。斯文·赫定没有及时公布这几件文书的原因，目前尚不得而知。

图 1　尼雅遗址

图 2　乒丹乌里克遗址

图3 安迪尔遗址

图 4　楼兰遗址

果，并首次公布了五件文书的彩色原大照片。[①] 这批新刊布的楼兰文书可以和先前刊布的资料进行系联，对于相关文书的断代、楼兰遗址的判断等关键学术问题都有重要价值。[②]

新疆考古工作者后来在楼兰、尼雅等地发现的零星文书，已是斯氏等人的劫后之余。

1907 年，伯希和在库车周边地区考察期间，发掘了都勒都尔－阿乎尔遗址（Douldour-âqour，今新疆阿克苏地区新和县夏合吐尔遗址、库车县玉奇吐尔遗址），获得汉文文书残片 200 余件，主要是唐代文书。[③]

日本大谷探险队曾经三次到新疆考察，也获取了大批汉文文书。大谷探险队第一次考察（1902—1904 年）从库木土拉千佛洞和克孜尔千佛洞发现若干唐代文书。第二次考察（1908—1909 年），橘瑞超在楼兰发现了 5 枚木简和 39 件汉文文书，包括收藏在日本龙谷大学图书馆的李柏文书。第三次考察（1910—1914 年）又从吐鲁番阿斯塔那墓地、吐峪沟石窟等处获取大批汉文文书，其中包括著名的《诸佛要集经》。1912—1914 年，橘瑞超将所获新疆文物编印成四册《二乐丛书》出版。1915 年，香川默识所编两卷本《西域考古图谱》也刊布了大谷收集品。[④]

① 冨谷至主编：《流沙出土の文字資料——樓蘭・尼雅文書を中心に》，京都：京都大学学术出版会，2001 年，第 177—214 页。

② 陈凌：《斯文・赫定收集品的新刊楼兰文书》，载《欧亚学刊》第 5 辑，北京：中华书局，2003 年，第 105—131 页。

③ 伯希和：《伯希和西域探险日记：1906—1908》，耿昇译，北京：中国藏学出版社，2014 年，191—208 页；Éric Trombert, *Les manuscrits chinois de Koutcha*, Paris: Institut des Hautes Études Chinoises du Collège de France, 2000.

④ 香川默识：《西域考古图谱》，东京：国华社，1915 年。

芬兰人曼那海姆(Carl Gustaf Emil von Mannerheim)1906年秋从圣彼得堡出发，经安集延进入新疆探险并劫掠了大批汉文文书。和法、德、日等国探险队不同，曼那海姆因为不懂考古，没有进行盗掘，而是通过购买的方式收集新疆出土文物。他在和田收购了于阗文书，在吐鲁番收购了大批汉文、回鹘文写卷。1909年曼那海姆发表《1906—1908年穿越中国新疆和华北之行》，报道了他的中国之行。1940年出版两卷本正式考察报告《自西徂东穿越亚洲》。[①]1971年芬兰乌戈尔协会将曼那海姆中亚古物收集品移交赫尔辛基大学图书馆收藏。该图书馆的哈伦开始整理这些材料，于1977年出版《芬兰东方收集品》一书，详细地介绍了这批新疆文物。其中文书类包括：汉文写卷1971件，回鹘文70件，梵文9件、粟特文4件，以及于阗文2件。[②]

1927年，中瑞西北科学考察团中方成员黄文弼从吐鲁番穿越库鲁克塔格山到达罗布泊地区，在罗布泊北岸东部的默得沙尔发现一处西汉屯戍遗址，命名为土垠遗址。遗址内出土西汉木简、铜器、铁器、漆器和丝麻残片等数百件文物。其中，汉简71件，年代从西汉宣帝黄龙元年至汉成帝元延五年(前49—前8)。[③]黄文弼在土垠所获宣帝时期汉简是目前所知新疆出土简纸中纪年最早的一件。黄文弼先生在土垠所获汉简中有一件《论语》杂简，是目前所知最早传入新疆的儒家经典。1927—1928年，黄文弼在新疆考察期间，还在通古斯巴什古城(在今新和县)发现部分唐代

① C.G. Mannerheim, *Across Asia from West to East*, 2 vols, The Netherlands: Anthropological Publications, 1969.
② 林梅村：《曼那海姆的中亚之行》，《文物天地》1989年第2期，第28—29页。
③ 黄文弼：《罗布淖尔考古记》，国立北京大学出版部，1948年。

图 5　吐鲁番阿斯塔那墓地

文书。[①] 又在吐鲁番交河故城、哈拉和卓等处发现一批汉文文书。[②]1957—1958 年，黄文弼在库车又获得部分汉文文书。[③]

清末民初，新疆出土的一些汉文文书经过倒卖，流入私人手中。有一批于 1937 年由李文和卖给日本人中村不折，其中相当大一部分出自吐鲁番。[④]

1949 年新中国成立之后，中国学者在新疆还陆续发现过不少简纸文书，尤其以吐鲁番盆地出土的文书数量最多。

吐鲁番出土文书主要集中在吐鲁番阿斯塔那墓地（图 5）、哈拉和卓墓地，以及吐峪沟石窟（图 6）三处。1959—1975 年，阿斯塔那、哈拉和卓两处墓地共进行了 13 次发掘，清理晋唐时代墓葬 400 余座，出土汉文文书近千件。这批文书后由唐长孺先生主持整理出版。[⑤]2010 年，吐峪沟石窟考古发掘以来，先后出土的文书残片近万件，其中汉文文书占了大多数。吐鲁番出土文书是研究魏晋南北朝隋唐时代新疆历史弥足珍贵的资料。[⑥]

---

① 黄文弼：《塔里木盆地考古记》，北京：科学出版社，1958 年。

② 黄文弼：《吐鲁番考古记》，北京：中国科学院，1954 年。

③ 黄文弼：《新疆考古发掘报告》，北京：文物出版社，1983 年。

④ 中国文物研究所、新疆维吾尔自治区博物馆、武汉大学历史系编，唐长孺主编：《吐鲁番出土文书》（图文版）前言，北京：文物出版社，1992—1996 年，第一册，第 3 页。中村不折：《禹域出土墨宝书法源流考》，李德范译，北京：中华书局，2003 年。

⑤《吐鲁番出土文书》（图文版），北京：文物出版社，1992—1996 年。《吐鲁番出土文书》有两种版本：一种为简本，只有文书录文，没有图版；另一种为图版和录文对照本，更便于研究使用。

⑥ 陈凌、李裕群、李肖：《二〇一〇年新疆吐峪沟石窟考古新收获》，《中国文物报》2011 年 1 月 21 日；中国社会科学院考古研究所边疆民族考古研究室、吐鲁番学研究院、龟兹研究院：《新疆鄯善县吐峪沟石窟寺遗址》，《考古》2011 年第 7 期，第 27—32 页；中国社会科学院考古研究所边疆民族考古研究室、吐鲁番学研究院、龟兹研究院：《新疆鄯善县吐峪沟东区北侧石窟发掘简报》，《考古》2012 年第 1 期，第 7—16 页。在近年吐峪沟石窟考古发掘中，又陆续出土大量文书。

图 6　吐峪沟石窟

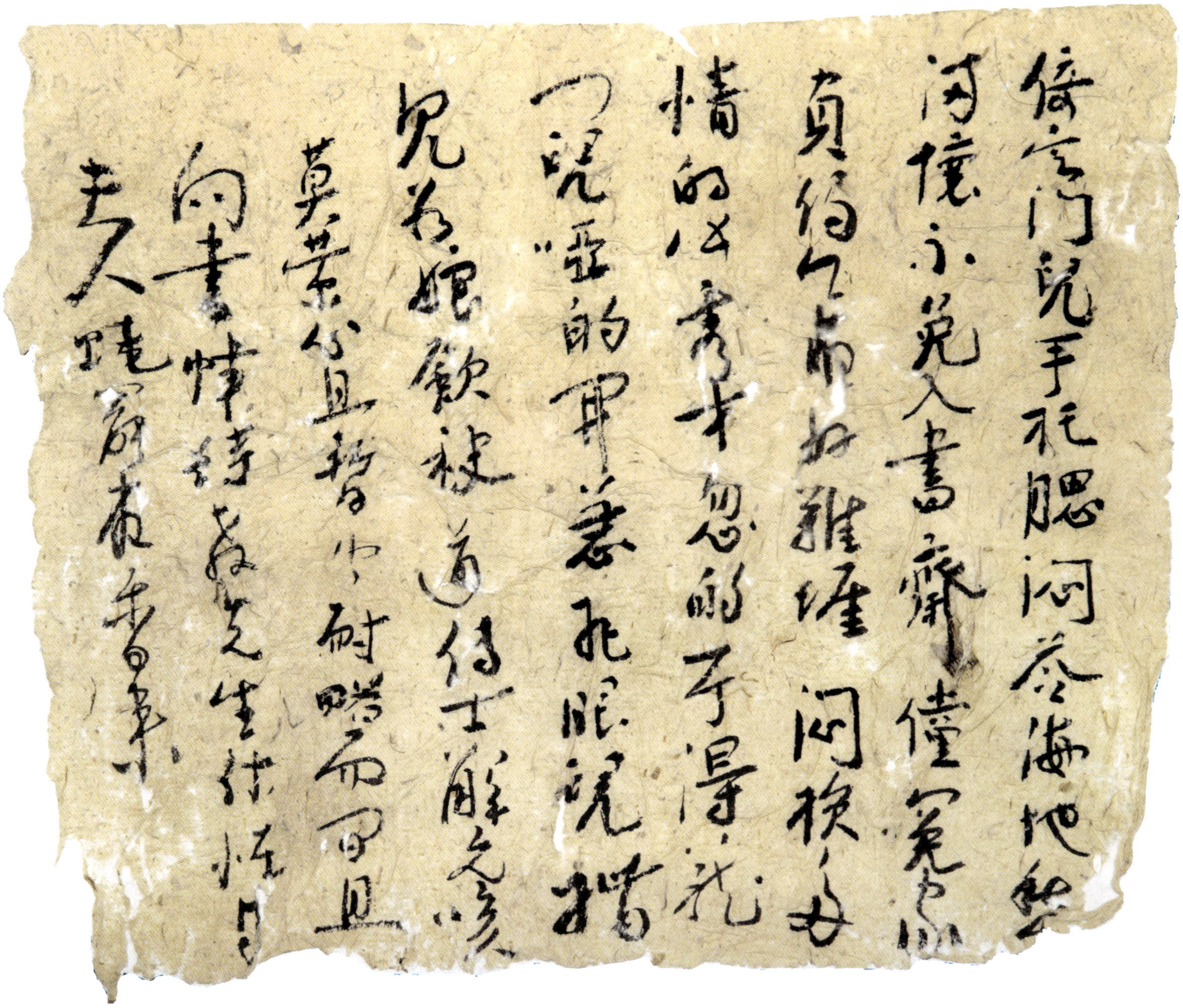

图 7　且末县发现的《董解元西厢记》抄本残片

图 8　任尚碑

此外，值得一提的是，1989 年且末县发现几件《董解元西厢记》等金元杂剧抄本残片（图 7）。这几件抄本极为宝贵，很可说明宋元时期中原文化在新疆的影响。不过由于时间上超出汉唐时段，暂不收入本书。

新疆出土的汉文刻石碑铭大体可以分为三类：一是纪功刻石；二是造寺造像记；三是墓志墓表。

（一）纪功刻石

在重大的军事行动胜利后刻石纪功，在中国古代有悠久的传统。新疆目前已知的比较重要的汉唐时代纪功刻石有如下几件：

1. 任尚碑，
2. 裴岑纪功碑，
3. 沙南侯获刻石，
4. 刘平国作亭诵，
5. 姜行本纪功碑。

任尚碑（图 8）刻于东汉和帝永元五年（93），1980 年发现于巴里坤县松树塘，后移至县文化馆保存。碑文五行，行十余字。因为年代久远，风化严重，字迹大多模糊。首行有“惟汉永元五年”，第 2 行残存“平任尚”等，第 4 行存“海”

字，第 5 行存“至”字，其余不可辨识。任尚一名见诸史传。永元十四年（102），戊己校尉任尚接替班超为西域都护，[①]故而任尚碑的发现意义重大。

永元三年（91），窦宪遣左校尉耿夔、司马任尚出居延塞，于金微山大破匈奴北单于。[②]永元四年（92），遣大将军左校尉耿夔，授匈奴右谷蠡王於除鞬印绶，使中郎将任尚，持节卫护屯伊吾。次年，於除鞬叛逃，将兵长史王辅与任尚共同平定之。[③]从时间看，任尚碑应该就是为这次事件勒铭纪功。

虽然《刘平国作亭诵》不能算是严格意义上的纪功刻石，但这处石刻记述东汉时期凿建关亭史实，是见证汉代中央政府治理新疆，保障新疆地区安全的珍贵资料，因此我们也将之归入纪功刻石类。

自元代以来还记载有新疆发现的另一些汉唐碑刻：[④]

1. 汉张博望侯残碑

此碑见诸徐松《西域水道记》记载。在特穆尔图淖尔（今伊塞克湖）南岸山中，碑上有“进鸿钧于七五，远华西以八千。南接火藏，北抵大宛”。当地人称为《张骞碑》。从残存的文字内容判断，碑的年代要比张骞时代晚一些，但内容仍与纪功有关。

2. 碑岭汉碑

碑在乌鲁木齐县齐克达坂（今后沟一带），清代时碑文字迹已剥落难以辨识。清代张荫桓《齐克达坂》诗：“后沟林木尽，达坂高层层。天山此南干，到眼皆崚嶒。御者急脂秣，惴惴相扳登。及巅略喘息，下坂尤难胜。六里更一坂，呼吸天帝甍。半山偶俯视，下界犹瞢腾。马行之字曲，直道世所憎。坂尽出窄峡，骖靷宜不增。触轮石丑恶，疑有鬼物凭。修路断碑仆，昏衢閟禅镫。攲危极烦恼，谁参牛车乘。官军昔破贼，桑野仍蜎蒸。奋威夺此隘，氛祲方扫澄。至今山气静，时来云水僧。迢迢葛逊驿，涧道迷春冰。吪驭吾非拟，几时归杖藤。”其中“修路断碑仆”一句，也可知齐克达坂原有汉文碑刻，不过碑刻时代未可知，是否与此碑为同一方也不可知。

3. 李陵题字

王延德《高昌行纪》：“次历阿墩族，经马鬃山望乡岭，岭上石龛有李陵题字处。”[⑤]据《新疆图志》，该石刻位于哈密城东铁尔版金庄及一棵树附近。该石刻是否真为汉代李陵所题已经无法考知，但年代在唐或唐以前应当没有疑问。

4. 唐两截碑

谢济世《戎幕随笔》记载，两截碑在库车白山石浮屠。为唐开元二年（714）吕休璟为张孝嵩所作的纪功碑。

5. 瀚海碑

耶律楚材《西游录》卷上：“金山之南隅有回鹘城，名曰别石把，有唐碑，所谓瀚海军者也。”[⑥]此碑清代已亡失。

6. 轮台唐碑

①［刘宋］范晔：《后汉书》卷四十七《班超传》，北京：中华书局，1965 年，第 1586 页。

②《后汉书》卷二十三《窦宪传》，第 818 页。

③《后汉书》卷八十九《南匈奴列传》，第 2954 页。

④ 这里所列汉文碑铭，还参考了《西域图志》《新疆图志》《新疆访古录》等书。

⑤［元］脱脱等：《宋史》卷四九〇《外国传六》，北京：中华书局，1985 年，第 14111 页。

⑥［元］耶律楚材：《西游录》，向达校注，北京：中华书局，1981 年，第 2 页。

图 9-1　格登碑遗址

耶律楚材《西游录》卷上："城（指别石把，在今吉木萨尔县）之西二百余里有轮台县，唐碑在焉。"[①] 此碑清代已亡佚。

7. 唐金满县残碑

《西域图志》，乾隆四十年（1775）古城驻防大臣索诺穆策凌发现于吉木萨尔，上刻有"金满县"字样。徐松《西域水道记》也记录此碑部分残存文字。[②] 此碑已失。

8. 龙兴寺碑

《长春真人西游记》卷上记载鳖思马（即今吉木萨尔破城子）："景龙三年，杨公何为大都护，有德政，诸夷心服，惠及后人，于今赖之。有龙兴、西寺二石刻在，功德焕然可观。"[③] 从这段记载中，可以推知龙兴寺石刻内容与记录唐北庭都护杨何的德政有关。此碑清代已亡失。

清王朝统一新疆也有几方纪功碑，其中最著名的是《格登碑》（图 9）。《格登碑》全名《平定准噶尔勒铭格登山碑》，在今伊犁昭苏县境内。蟠螭碑额，正面刻"皇清"，背面刻"万古"二字，碑文为日出东海浮雕图案。碑文为乾隆皇帝御撰，用满、汉、蒙、藏四种文字镌刻，碑阳满文、汉文，碑阴蒙文、藏文。汉文共计 210 余字。

上述这些新疆（有的在今境外）发现的从汉唐至清代纪功碑刻，见证了历史上国家统一的历程，有力地说明了自汉以来新疆即为中国版图的一部分。

①《西游录》，第 2 页。

②［清］徐松：《西域水道记》，朱玉麒整理，北京：中华书局，2005 年，第 173 页。

③［元］长春真人撰，王国维校注：《长春真人西游记校注》，载《王国维遗书》，上海：上海书店出版社，1983 年，第八册，第 502—503 页。

图 9-2　格登碑

（二）造寺造像记

造寺造像记是建造佛教寺院、敬造佛像功德的碑记。较重要的如《北魏折冲将军新兴令造寺碑》《宁朔将军麴斌造寺碑》等等。《西域水道记》记载吉木萨尔破城子有唐造像碣。[①] 高昌故城出土的北凉宋庆石塔也可归入此类（图10）。有意思的是，宋庆石塔塔身还刻有八卦图案，卦序按文王八卦排列，是典型的中原文化的产物。

新疆的佛教造寺造像碑与古代新疆盛行佛教有关。

如所周知，新疆历史上曾经先后流行的古代宗教包括祆教（琐罗亚斯德教）、佛教、道教、摩尼教、景教（基督教聂斯托里派），以及伊斯兰教。[②] 除这些宗教之外，还有萨满和其他一些民间信仰。从时间上看，佛教的流行时间最长，在历史上产生的影响也最大，其所创造的艺术成就也最高。

佛教起源于古代印度，创始人是北印度迦毗罗卫国释迦族的悉达多·乔达摩，释迦牟尼则是佛教徒对他的尊称。释迦牟尼生活的年代，大约在公元前 6 世纪至公元前 5 世纪间，相当于中国的春秋时代。佛教最初只流行于中印度恒河流域一带。到公元前 3 世纪孔雀王朝阿育王当政时期，奉佛教为国教，并派遣传教师到印度各地及周边地区传教，

① 《西域水道记》，第 173 页。

② 这里的宗教，指的是正式的宗教，和普通的民间信仰有所区别。

a

图 10　高昌故城出土北凉宋庆石塔

佛教的影响迅速扩大，真正成为世界性的宗教。

公元 1 世纪初，佛教传入中原地区。东汉明帝感梦遣使求法的故事，被认为是佛教传入中国的一个标志性事件。由于缺乏文献记载，佛教在新疆最初传播的具体时间目前还不清楚。由于新疆是佛教传入中原的必经之地，因此有理由推测佛教在新疆开始传播的时间要比中原略早。

佛教传入新疆之后，很快成为几个重要绿洲城邦宗奉的信仰。历史上形成了龟兹（以今库车、新和一带为中心，地域范围相当于今阿克苏地区）、于阗（以今墨玉为中心，地域范围相当于今和田地区）、疏勒（今喀什、阿图什一带）、焉耆（今焉耆一带）、高昌（今吐鲁番）等为中心的几处佛教信仰极其发达的区域。

新疆地区在佛教向内地传播的过程中起了重要作用。不仅众多高僧大德经由新疆，或者就是从新疆到内地弘扬佛法，大量的佛经也经由新疆传译到内地。不过，佛教传入新疆后，根据地区的不同，已经发生了改变以适应当地情况，与南亚、中亚等地的佛教并不完全相同。因此，新疆可以说是佛教中国化的第一站，进入内地的佛教进一步汉化，是在此基础上更进一步的发展。反过来说，内地汉化佛教向西传播的过程中，新疆则是接受汉化佛教的第一站，也是将汉化佛教向中亚地区进一步传播的中转站。

魏晋时期，随着佛教的兴盛，在内地发展起造寺造像立碑刻石的传统。新疆地区发现的魏晋以后造寺造像刻石正是内地汉化佛教传统传播的产物。新疆还有一些回鹘文、蒙文的造寺造像刻石，同样也是在汉化佛教影响下产生的。

（三）墓志墓表

在墓葬中使用墓志墓表是魏晋南北朝以后中原文化的特有传统。魏晋南北朝时期，新疆也和内地一样，在墓葬中出现墓志墓表，并且无论在形制、内容上，明显都受到中原地区、河西地区的强烈影响，表现了与内地的密切联系和文化同步性的进一步加强。

从内容来看，新疆发现的墓志墓表主要有三个来源：

其一，驻守西域的官员和士兵。这是中央政权从内地派往西域的各级官员士兵。由于他们来自内地，熟悉内地的文化传统，他们的到任，以最快、最直接的方式将中原内地的文化带入新疆。

其二，河西的地方政权。魏晋时期河西地区曾经先后出现过几个地方政权，控制了新疆部分区域，因而也委派官员和士兵到新疆进行管理和防卫。河西这些由汉族、氐族，或者羌族建立的地方政权，统治阶层本身就汉化很深。加之大批士人因躲避战乱从中原迁居河西，更是带来了传统的中原文化。因此，魏晋时期河西几个地方政权在文化、制度上无不深受中原地区影响。河西这些地方政权委派的官员和士兵的到来，也就将在河西地区传播的中原文化带入新疆。

其三，新疆的地方政权。这里主要指的是魏晋至唐初的高昌。魏晋至唐初，高昌在高昌郡之后，又迭经沮渠氏、阚氏、张氏、马氏、麴氏统治时期。在此期间，高昌地区汉化的程度比较高，官员和平民大量来自河西。故而这个时期高昌墓葬受内地影响，普遍使用墓志墓表。至唐太宗贞观十四年（640），在高昌设西州，使用墓志墓表的情况就更加普遍。

结合相应的墓葬形制，可以看出新疆地区采用和中原内地一样的墓葬习俗，反映出的是更深层次的对中原文化的向往。

三、汉文文书与汉文化的传播

在新疆发现的各种语言的古代文书中，汉文文书的年代无疑是最早的。换而言之，汉文是目前所知新疆地区最早所使用的文字。这种情况的出现并不是偶然的。

中国历史悠久，地域辽阔，民族众多。毋庸讳言，不同地区、不同民族确实存在不同程度的差异。但不同地区、不同民族，都是中国历史、文化形成和发展的一部分。另一个历史客观事实是，至少从商周时代开始，中原文化就逐渐成为中国文明最主要的代表。

秦统一六国以后，实行车同轨、书同文，统一度量衡。全国实行整齐划一的制度，是国家统一的具体体现和必然举措。这些措施的推行消除了地区之间的隔阂，促进了地区间的交流，有力地推动了国家经济、社会、文化等方面的发展。文字是人类文明进步和发展的一个重要标志，是文明社会交流的重要工具，同时也是文化认同的一个重要标尺。因此，统一文字尤其具有划时代意义。

汉文字在新疆地区开始使用，归根结蒂是两方面的原因。

1　　　　2

1. 汉归义羌长印（新和县乌什喀特古城出土）； 2. 尼雅遗址出土。

图 11　新疆出土汉文官印

首先，新疆自汉代以来正式纳入中国版图，成为中国固有领土的一部分。中央政府在国家领土范围内实行有效治理，设官立制（图 11），推行统一的文字，采用统一的官方语言，这是历史必然。

其次，边疆民族地区使用汉字，根本在于对中华文化的认同。如在楼兰、尼雅、和田、吐鲁番等地发现的汉晋时代纺织品，特别是贵族的服饰，经常出现汉文（图 12—13）。这些生活细部中汉字的使用，就不仅仅只是使用国家统一文字而已，而是体现出更深层次的对中华文化的归属和认同。

汉文化、汉文字在包括新疆在内的广大西域地区的传播，始于张骞通使西域，开辟丝绸之路。汉文字成为西域地区的官方文字，则是始于汉代在西域建立管理体系。

战国至汉初，北方匈奴长期侵扰中原地区。西汉初年，匈奴势力扩展到西域地区。匈奴在西域设僮仆都尉，“常居焉耆、危须、尉黎间，赋税诸国，取富给焉”[1]。匈奴是游牧民族，经济形态单一而薄弱。因此，匈奴挟持西域的主要

① [汉]班固：《汉书》卷九十六上《西域传上》，北京：中华书局，1962 年，第 3872 页。

图 12　新疆出土汉文“胡王”锦

图 13 新疆尼雅出土“五星出东方”锦

目的在于掠夺财富。从历史上看，游牧民族对农耕地区的掠夺往往非常残暴，破坏性极大。

汉武帝时期，国家在经济、社会方面有了长足的发展，有力量着手解决匈奴问题。汉武帝招募使者联络从河西地区西迁的大月氏，共同打击匈奴。张骞就是在这样的背景下，于建元三年（前 138）应募出使西域。

张骞向汉武帝提出经营西域的方略：

> 臣居匈奴中，闻乌孙王号昆莫。昆莫父难兜靡本与大月氏俱在祁连、敦煌间，小国也。大月氏攻杀难兜靡，夺其地，人民亡走匈奴。子昆莫新生，傅父布就翎侯抱亡置草中，为求食，还，见狼乳之，又乌衔肉翔其旁，以为神，遂持归匈奴，单于爱养之。及壮，以其父民众与昆莫，使将兵，数有功。时，月氏已为匈奴所破，西击塞王。塞王南走远徙，月氏居其地。昆莫既健，自请单于报父怨，遂西攻破大月氏。大月氏复西走，徙大夏地。昆莫略其众，因留居，兵稍强，会单于死，不肯复朝事匈奴。匈奴遣兵击之，不胜，益以为神而远之。

今单于新困于汉，而昆莫地空。蛮夷恋故地，又贪汉物，诚以此时厚赂乌孙，招以东居故地，汉遣公主为夫人，结昆弟，其势宜听，则是断匈奴右臂也。既连乌孙，自其西大夏之属皆可招来而为外臣。①

这个主张的要点概括起来就是，一要结连乌孙以断匈奴右臂；二要以乌孙为据点招徕更西面的国家。

张骞两度出使西域，促进了西域与汉王朝的联系，正式开辟了丝绸之路，是世界文明史上具有里程碑意义的重大事件。

元狩二年（前 121），汉武帝命霍去病两出陇西，大败匈奴。同年，匈奴浑邪王杀休屠王，领数万人来降。汉王朝"始筑令居以西，初置酒泉郡，后稍发徙民充实之，分置武威、张掖、敦煌，列四郡，据两关焉"（《汉书·西域传上》）。汉"筑令居以西"，即从令居（今甘肃永登县）往西开始修筑亭障直至酒泉。②"自盐泽（今罗布泊）以东，空无匈奴，西域道可通。"③

元狩四年（前 119），卫青、霍去病出兵大败匈奴。霍去病封狼居胥山，临瀚海而还。经过这次战役，匈奴向西北远徙，"漠南无王庭"。汉军控制朔方以西至张掖、居延大片地区，保障了河西走廊的安全。

汉王朝经过几次重大战役的胜利，基本解除了匈奴对北方农业地区的威胁，接下来可以再采取进一步措施，解除匈奴对西域的挟持。

元封三年（前 108），汉伐楼兰，"虏楼兰王遂破姑师，因暴兵威以动乌孙、大宛之属。还，封破奴为浞野侯，恢为浩侯。于是汉列亭障至玉门矣"。亭障系统进一步向前延伸至玉门（玉门都尉治所）一带。敦煌烽燧出土的太始元年（前 96）、天汉三年（前 98）汉简，是元封三年以后"汉列亭障至玉门矣"的实物佐证。

太初元年（前 104），贰师将军李广利伐大宛，"自贰师将军伐大宛之后，西域震惧，多遣使来贡献。汉使西域者益得职。于是自敦煌西至盐泽，往往起亭，而轮台、渠犁皆有田卒数百人，置使者校尉领护，以给使外国者。"据《史记·大宛列传》，这是汉降大宛之后岁余，亦即天汉元年（前 100）发生的事。也就是说，从元狩二年到天汉元年的二十年时间里，汉王朝所设置的亭障系统就从令居以西，经酒泉、敦煌、玉门，向西一直延伸到了罗布泊一带。使者校尉是汉朝在西域设置行政机构的开始，标志着中央政府开始在西域地区行使国家管理职能。

汉宣帝神爵三年（前 59），匈奴日逐王归汉，匈奴设在西域的"僮仆都尉由此罢"，汉设西域都护并护丝绸之路南北两道。《汉书·西域传上》：

至宣帝时，遣卫司马使护鄯善以西数国。及破姑师，未尽殄，分以为车师前后王及山北六国。时汉独护南道，未能尽并北道也。然匈奴不自安矣。其后日逐王畔单于，将众来降，护鄯善以西使者郑吉迎之。既至汉，封日逐王为归德侯，吉为安远侯。是岁，神爵三年也。乃因使吉并护北道，故号曰都护。都护之起，自吉置矣。僮仆都尉由此罢，匈奴益弱，不得近西域。于是徙屯田，田于北胥鞬，披莎车之地，屯田校尉始属都护。都护督察乌孙、康居诸外国，动静有变以闻。可安辑，安辑之；可击，击之。④

西域都护是汉王朝在西域的最高长官。《汉书·郑吉传》："吉于是中西域而立莫府，治乌垒城，镇抚诸国，诛伐

①《汉书》卷六十一《张骞传》，第 2691—2692 页。

②《汉书》卷六十一《张骞传》注引臣瓒注："令居，县名也，属金城。筑塞西至酒泉也。"第 2694 页。

③［宋］司马光：《资治通鉴》卷二十元鼎二年"浑邪王既降汉"条，北京：中华书局，1956 年，第 656 页。

④《汉书》，第 3873—3874 页。

怀集之。汉之号令班西域矣，始自张骞而成于郑吉。”西域都护的设立，标志着西域与汉朝的臣属关系完全确定。至此，新疆正式纳入中国版图。汉元帝初元元年（前 48），汉又在车师设立戊己校尉，管理防务和屯田。

汉朝中央政府为了巩固边防，在河西和西域重要的交通线上修筑了许多关垒和烽燧亭障。这些设施，既有军事防御保障功能，还兼具管理交通运输的责任。在重要的地点还设置关城，稽查行旅。汉设立西域都护府，统辖天山南北，烽燧亭障和关垒戍堡遂进一步延伸，遍及西域各地。

汉王朝在西域建关垒亭障烽燧的同时，还在驻军地点开辟屯田。屯田西域既为驻守的军队提供了粮食，也为往来的使者提供给养。《史记 · 大宛列传》：“而汉发使十余辈至宛西诸外国，求奇物，因风览以伐宛之威德。而敦煌置酒泉都尉；西至盐水，往往有亭。而仑头有田卒数百人，因置使者护田积粟，以给使外国者。”两汉在西域屯田范围及乎天山南北，远届伊塞克湖，计有轮台、渠犁、伊循、赤谷、交河、焉耆、高昌、姑墨、北胥鞬、金满城、柳中、且固、伊吾庐等十余处。随着屯田的推行，中原地区先进的经济、农业耕作技术也随之传入西域，促进了地方经济的发展。

汉朝以西域都护府为中心，配置了相应的管理体系，辅之以城镇、关垒戍堡、烽燧亭障、屯田等一系列措施。这些举措的实行，使天山南北地区与内地联为一体，在中国历史上意义深远。城镇、关垒戍堡、烽燧亭障、屯田发挥政治、军事功能的同时，也是先进经济、先进技术、先进文化的传播站。汉朝的这一套管理体系，维护了西域地区的稳定，推动了地方社会经济文化的发展，保障了丝绸之路的通畅。汉王朝施行的这些措施产生了深远的影响，后世大多沿袭汉代的做法。

两汉以后，西域地区与内地的联系总的趋势是日益密切，内地文化在西域地区的传播的广度和深度逐步扩大。当然，另一方面西域传入内地的文化、物质，也很大程度上丰富了内地的精神生活和物质生活。

新疆发现的汉唐时期汉文石刻、造寺造像碑两类，涉及汉文化的传播内容在上文已经简略述及。以下再就简纸文书稍作申论。

新疆出土的汉唐时代汉文文书大致可以分为官文书、私文书、典籍诗文和佛经四大类。

官文书主要是官方往来的文件、记录、档案等。各类官文书从不同侧面展现了国家对西域的治理情况。汉文是国家的统一官方语言文字，新疆出土的官文书也无一例外使用汉文，格式也遵照制度的规定，是国家政令得以贯彻执行的反映。

私文书包括书信、契约、习字，以及随葬衣物疏等。私文书所涉及的面比较广，内容也可能比较琐碎，却最能看出社会生活的真实面貌。如书信的用语与内地并没有太大区别，墓中随葬衣物疏的做法也和内地相似，习字的内容与内地蒙学大致同步，由此可见内地文化对这些区域社会生活和文化的影响之深。

典籍诗文包括儒家经典、史籍和诗赋文章等。儒家经典的五经，除《周易》尚未发现外，其他如《诗经》《尚书》《春秋》《礼记》的写本在新疆都已有发现。其他儒家经典如《孝经》《论语》等也有写本出土。重要史籍如《三国志》《晋阳秋》《大唐西域记》等在成书不久就已传抄到新疆。驻守新疆的官吏所作诗文、内地文士的诗文也有发现。元杂剧《西厢记》抄本的出土，说明内地流行的戏剧在新疆也受到欢迎。

佛经是新疆出土汉文文书里数量比较多的一类。这些佛经写本的题记提供了新疆佛教许多重要的信息。根据佛经供养者和抄经人的情况看，有三点是明确的：第一是佛教信仰的普遍性，佛教信众包括不同阶层、身份、民族的人，佛教信仰在新疆地区占主导地位；第二，汉族、少数民族僧人同处是常态；第三，与内地一样，新疆有不少专门

图 14　新疆出土佉卢文简牍

从事抄经的汉族经生，这也说明汉化的佛教在新疆地区有强大影响。

新疆出土的简牍文书中，还有一个现象值得关注，就是汉式文书制度的传播。众所周知，世界上的不同文化，文字书写方式往往不同。简牍是中国特有的文书样式。封检上下两片木板相扣，缠上绑绳，在系结处压以封泥，而后加盖印戳。对比当时的世界各文明使用的书写材料，简牍的方式比较便捷，也便于保密，是比较先进和科学的。新疆发现的不少佉卢文资料（图 14），采用中原特有的封检形制，表明当时新疆各民族接受和认同汉文化的书写制度。从一个侧面反映出汉文化在西域的传播和影响。

四、汉文文书的学术意义

中国西北地区简纸文书的发现，是近代学术史最重要的事件之一。

中国历史上几次学术研究的重大进步，多与新材料的出现有关。按王国维先生的说法，“古来新学问起，大都由于新发见”。[①] 出土的文物，既可以和存世的史籍相印证，还在许多方面弥补了文献的不足，开阔了人们的视野，拓展了学术研究的新领域。

19 世纪末 20 世纪初，新材料出土数量之巨，影响之大，古罕其匹。殷墟甲骨、西北简纸文书、敦煌文书、黑水城文书以及内阁旧档，是最有价值的几大宗。而涉及的民族之多，语言文字之复杂，尤当首推西北简纸文书。

迄今为止，中国西北地区发现的汉唐简纸文书已经数以万计。除汉文之外，还包括南亚、中亚和西亚流行的多种古代语言文字。这些资料目前散藏于世界各大博物馆。仅德国学者勒柯克（A.von Le Coq）当年在吐鲁番盆地吐峪沟藏经洞发现的各种文书，就达十七种语言，二十四种文字之多！[②] 在世界发现史上，还找不出第二个例子。

① 王国维：《最近二三十年中中国新发见之学问》，载《静安文集续集》，见《王国维遗书》，第三册，1983 年，第 699 页。
② A.von Le Coq, *Chotscho*, Berlin, 1913, p7.

汉张骞出使西域，史称“凿空”。但根据考古发现，中原与域外的往来要远早于此。由于西方载籍所提供的信息较少，认知古代东西方交流的历史，主要还借助于汉文文献。不过，中国古籍的记录也毕竟有局限，西域出土的简纸则补充了许多细节，其重要性不让汉碑。[①]

中国西陲出土的简纸主要还以汉文居多。西方学者因为最先获得资料，研究工作开展得最早。斯坦因历次探险所获的汉文文书由法国学者沙畹（E. Chavannes）及其弟子马伯乐（H. Maspéro）整理和研究。德国学者希姆莱（Karl Himly）、孔好古（A. Conrady）则相继整理斯文·赫定的汉文文书收集品。不过，他们研究的主要是比较完整的文书，其他残片在近年陆续刊布。其中，最重要的是斯文·赫定在楼兰发现的五件完整的文书。[②] 中国学者王国维、罗振玉因“神物去国，恻焉疚怀”，[③] 又不满于西方学者的研究，奋起而作《流沙坠简》一书，研究的深度和广度远远超迈同时代学者。中国学者的研究不仅注重文字释读、史事考索，同时还注意利用出土实物考证古代名物制度。王国维著《简牍检署考》一文考证古代文书制度，其中不少地方利用了西北地区新发现的实物材料。

新疆出土的简纸文书，可在很大程度上补充史籍记载的不足，涉及政治、军事、经济、宗教、文化等诸多方面，相当大程度上使人们对于古代西域史地知识，也对古代西域地区的整体文化面貌有了更丰富的认识。可以约略举几个点以见其概貌。比如通过汉晋简牍中的屯戍文书，可知汉晋西域屯田水利的情况；借助吐鲁番出土籍帐文书，可以得知唐代均田制在新疆的实行状况；蒙学读物的出土，可知汉唐时代新疆教育与内地基本保持同步；宗教文书则反映出古代新疆多元宗教流布共存的情况。如此等等，不一而足。概括而言，出土的汉文简纸从不同侧面反映了古代中央政令、中原文化在新疆推行的情况。

隶草的演化、正书的出现，都是中国古代文字发展史中重要的环节或话题。在西北简纸文书未出土以前，仅靠内地碑版文字来推究这些问题，不免有许多扞格难通的地方。仔细排比西北纪年汉简，结合内地的碑刻文字，则隶草行诸体之间的演变犹如草蛇灰线，轨迹丝丝可循。以汉晋简纸，及出土写经残卷相排比，由隶而楷的变化过程也是班班可考。综而言之，汉晋时代西北简纸文书可使中古时代中国文字演变过程前后有序地勾勒接续起来。

我们还可以举一桩有趣的公案。20 世纪 60 年代南京东晋王氏家族墓地出土了几件墓志，字体方整板重近于《爨宝子碑》。郭沫若据此提出《兰亭序》伪作问题，在学术界、书法界引发了一场大争论。[④] 郭氏立论之一是这些墓葬的主人均和王羲之关系极近，但墓志的书法却与传世王羲之帖本风格完全不同。郭沫若还列举了新疆出土的书迹为佐证，认为王羲之的书法应该带有隶意，而不是像《兰亭序》那般流美。郭沫若对《兰亭序》的质疑实际上已经涉及了中国古代字体演变的关键问题，而不仅仅限于《兰亭序》本身。这很可以看出郭沫若的敏锐与眼光。郭氏注意到新疆出土的简纸文书，固然也是很有见地的，但他对西北简纸的书风大概只是笼统的一个印象，就下了断言，并没有细细梳理。如果将西北出土汉晋简纸仔细排比关联，就可发现东晋时代出现王羲之的风格是没有问题的，郭沫若的结论并不能成立。另一方面，人们一直以来把《爨宝子碑》当成楷书来看，只不过认为隶意浓重而已。但不论王氏家族墓地出土墓志也好，或是《爨宝子碑》等也好，实际上是东晋南朝人认为的隶书，而非楷书。这一点牵涉较多，在这里

① 王国维：《1917 年 7 月 17 日致缪荃孙信》，载刘寅生、袁英光编《王国维全集·书信》，北京：中华书局，1984 年，第 40 页。

② 陈凌：《斯文·赫定收集品的新刊楼兰文书》，载《欧亚学刊》第 5 辑，第 105—132 页。

③ 罗振玉：《流沙坠简序》，载罗振玉、王国维编著《流沙坠简》，北京：中华书局，1993 年。

④ 相关讨论见《兰亭论辨》，北京：文物出版社，1973 年。

图 15 吐鲁番出土墓砖

就不展开讨论，容另撰文章讨论。

西北简纸的发现，还在书法艺术领域引起了强烈的反响。

西北简纸出土以前，魏晋书迹存世的实际只有陆机（261—303）《平复帖》九行八十四字以及王珣《伯远帖》数行而已。其他王羲之一门书翰，全是唐人的摹本，虽然勾摹精湛，但神采气息毕竟不免下真迹一等，后人难于从中推求原初的笔墨情致。楼兰出土的汉文简纸，纪年最早的是曹魏嘉平四年（252）残纸，年代比《平复帖》还早数十年。出土的文书有信札、练字纸、公牍等等。一般公牍和正式书信的字迹比较整饬规矩，信稿、练字纸则信手涂抹，往往在不经意处显露笔法情趣。据称三国时钟繇为得蔡伯喈笔法“捶胸三日，其胸尽青，因呕血”。后来他令人从韦诞之墓盗得，才如愿以偿，笔法更臻高妙。[①] 这个故事不管是否真实，都很说明“笔法”的重要，元代赵孟頫还特别强调“用笔千古不易”。西陲简纸文书一出，今人得以在千载之下大饱眼福，真切地揣摩古人笔墨，而不必再受刻本传拓失真之苦。

自清朝前期以降，地不爱宝，碑版文字时有出土，金石学大盛。人们习见北朝碑刻文字或朴拙劲茂，或方整严峻，与南朝书风大相径庭。学者每以毛笔苦苦模拟石碑方刻劲折的写法。直至近世，有学人提出北朝碑刻字迹的方折并非书写时有意为之，乃系刻碑时锥斧錾凿所致。这种说法固有一定的道理，但从吐鲁番出土的北朝隋唐墓砖来看，用毛笔写出方折效果的情况确实存在（图 15）。刻凿只是使之更变本加厉而已。

①［唐］韦续：《墨薮》卷一“用笔法并口诀”条，参见［宋］陈思《书苑菁华》卷一“秦汉魏四朝用笔法”条。

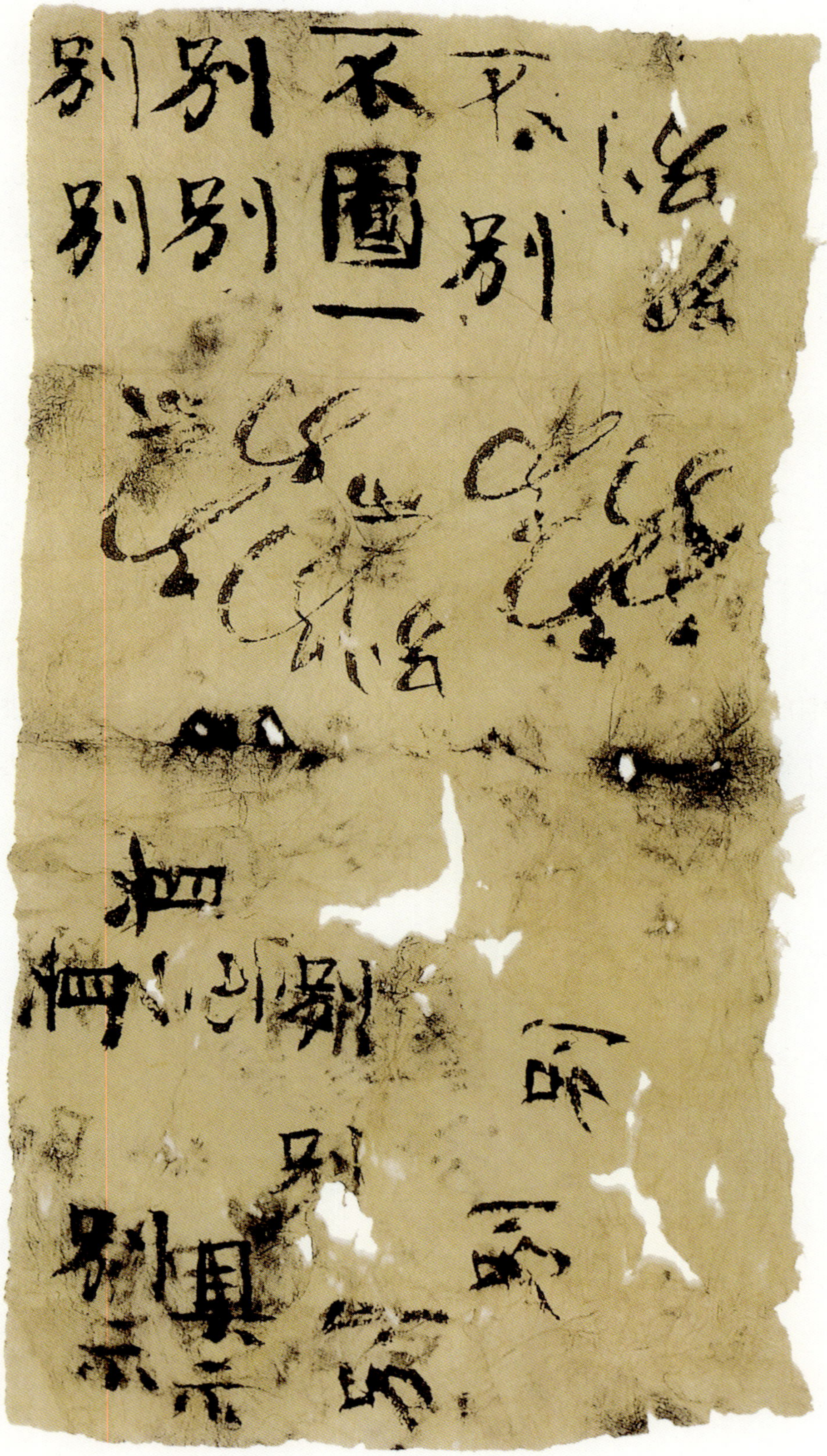

图 16　楼兰出土习字残纸

西北简纸想来多出自普通书吏、经生写手，却往往精妙可喜，出人意表。值得注意的是，这些普通人物所写的字迹，竟颇有与传世经典刻帖相近的地方。合理的解释就是，如同当时的名家画作有人摹绘仿效一样，当时也有人传写摹仿内地名家字迹，是以远在西域沙海的写手所书笔迹与内地一脉相承。更可以进一步申论的是，人们向来以为东晋南朝和西域的联系较少，然而新疆出土简纸中居然也有一些书迹风格与东晋南朝相近似的（图 16）。这一方面说明东晋南朝书风演化其来有自，系沿自西晋发展而来，并非凭空产生。另一方面也说明，当时中国域内南北东西之间在艺术审美上有一种共同的趋势。

东晋南朝以后，“二王”的书风逐渐占统治地位，笼罩千年之久，成为审美的主流取向和最高典范。清代学者提倡碑学，意在救书风柔靡之弊，追求质朴雄强，力图摆脱千年承袭不替的老样式，使书法的审美情趣和实践活动开拓一个新的方向。西陲简纸文书却由于出自普通写手，既不失法度，又能率性写去，故而生趣盎然，正符合了这一趋势之所好，因此为近世书家所留心取法。譬如民国时期天津的王世镗先生，其草书就是近师沈乙庵，远法流沙坠简，[①]高古朴茂，冠绝一时。时至今日，西北简纸仍然是人们研习书法取资的宝库。

五、余论

西北简纸文书从出土以来，已经有百余年的历史。在最初发现时，这批材料对学术界而言无疑是新材料。关于新材料问题，陈寅恪先生曾经说过：“一时代之学术必有其新材料与新问题。取用此材料，以研求问题，则为此时代学术之新潮流。治学之士，得预于此潮流者，谓之预流。其未得预者，谓之未入流。此古今学术史之通义，非彼闭门造车之徒，所能同喻者也。”[②]百余年来西北出土简纸文书对学术研究的推动是多方位、多层次的，但很难说其中的价值已经被挖掘殆尽。而且，新疆近年仍然还在不断发现新的简纸文书。平情而论，新材料也有成为旧材料的一天，旧材料也有可能变成新材料的时候。如果只有旧思想、旧方法，即使用了新材料，也只不过是把新酒装进了旧瓶子，算不得是真正的预流。有了新思想、新方法，无论是旧材料还是新材料才都会真正成为取之不尽、用之不竭的宝藏。

在大航海时代来临之前，中国文化在世界上长期处于领先地位，为世人所称羡，是不争的事实。学习先进文明，取长而补短，是人类社会进步的通则。汉文化在中国西北地区、中亚、东亚的传播，反映的正是当时人们对于中国文化的向往和认同，也是符合文明社会发展规律的。

新疆出土汉文资料的学术意义早已为国际学术界所认同，自不烦多言。而对其中所反映的汉文化的影响，以及对中央王朝的文化认同、中华文明共同体的形成等等问题，以往的认识似稍嫌不足。因此，我们编选此书，择取简纸金石若干，以类相从，以见汉文化在西域传播之轨迹与各族对中原文化向往之事实，亦可借以窥见汉唐字体书法的演化轨迹。

【说明】

本书中所采用的简牍、纸本和碑刻资料，大多数前人已经著录并给出释文。不过，不同学者对释文经常有不同意见。这主要是因为对文字的辨识不同造成的。至于有些研究者臆断比附，随意猜测释读，则又另当别论。新疆出土的汉文简牍、纸本、碑刻不容易释读，大体有四个方面的原因。第一，书写字体的问题。如简牍、纸本文书，不少是用章草或草书写成。第二，有些简牍文书个别文字的草法不一定准确，或者是书写者个人习惯，或者采用俗体。第三，由于时间的关系，碑刻、简纸文字常漶漫不清。第四，部分资料刊布的图版不够清晰。因此，要正确地释读这些文字材料，除了要对草法比较熟稔外，往往还需要将大量文书进行反复仔细的比对，找出通例。并且与传世文献相比较，根据一个时代的惯用法、惯用语做进一步厘订。

①《王世镗先生翰墨序》，载《王世镗先生翰墨》，西安：陕西人民美术出版社，1988 年。

② 陈寅恪：《陈垣敦煌劫余录序》，载《金明馆丛稿二编》，上海：上海古籍出版社，1980 年，第 236 页。

本书根据笔者的辨识对这些汉文资料给出释文，其中不少文字的释读和以往学者们的意见不同。笔者的释读是对是错，初不敢稍自是。但为了避免过于繁复琐碎，只能将原稿中关于文字的异同校释，以及一些具体的考证说明部分都做了删略处理，从简本方式付印。为方便说明，本书所收录的简纸文书，大多也采用传统帖本的惯常做法，取前面几个字来命名。伏望读者谅察焉。

新疆维吾尔自治区文旅厅、文物局为本书的撰写给予多方支持，并为本书出版提供经费。特此致以衷心感谢！

目　录

简牍类

纸本类

壹·典籍写本

贰·公文书信

叁 · 佛经写本

碑刻类

简牍类

黄龙元年简

【释文】 黄龍元年十月（後闕）

【说明】 黄龙是汉宣帝年号，黄龙元年为公元前49年。这是目前所知新疆出土纪年汉简中年代最早的一枚。该简的发现也表明，在公元前60年西域都护府设立后，中央政令很快就颁行于新疆地区。

《苍颉篇》残简

【释文】 （前闕）

谿谷，阪險丘陵，故舊長緩，肆延涣□

（後闕）

【说明】 这枚《苍颉篇》残简系 1993 年新疆尼雅遗址出土。

《苍颉篇》是继《史籀》之后，秦汉时代流行的小学字书。《汉书 · 艺文志》记载："《苍颉》七章者，秦丞相李斯所作也；《爰历》六章者，车府令赵高所作也；《博学》七章者，太史令胡毋敬所作也；文字多取《史籀篇》，而篆体复颇异，所谓秦篆者也。"秦统一后"书同文、车同轨"，《苍颉》《爰历》《博学》被作为统一的教材颁行全国。

《汉书 · 艺文志》又说："汉兴，闾里书师合《苍颉》《爰历》《博学》三篇，断六十字以为一章，凡五十五章，并为《苍颉篇》。"《苍颉篇》出现后，扬雄、班固、贾鲂等做过续篇或修改。《苍颉篇》后来逐渐被《急就章》《千字文》等字书所取代，到宋代就亡佚了。

中国古代字书大体有两类。一类如《说文解字》《玉篇》，按字形排列；另一类如《急就章》《千字文》，选字成句，便于诵读。《苍颉篇》以四字为句，[①] 属于后一种类型。[②]

20 世纪初，英国探险家斯坦因在中国西北劫掠文物时，曾于敦煌烽燧中发现四枚汉简，存 40 余字，罗振玉、王国维辨识为《苍颉篇》残简。这是宋以后一千多年首次出现《苍颉篇》写件。此后，在居延、敦煌马圈湾、甘肃玉门花海、安徽阜阳双古堆西汉汝阴侯墓等地陆续又出土汉代《苍颉篇》残简。尼雅遗址发现的这枚汉代《苍颉篇》残简残存的 13 字，可以和阜阳汉简相比照，补充部分缺字。近年北京大学入藏的一批汉简中也有《苍颉篇》，残存文字较多。

比照内地和西北地区出土的简牍、碑刻的字迹，可知尼雅出土这枚《苍颉篇》残简是西汉时期写本。可能是西域都护府设立前后不久就传入新疆的。尼雅出土这枚《苍颉篇》残简的发现意义重大，它表明西汉时期新疆地区就开始和中原内地一样，使用统一的小学字书。

①《流沙坠简》，第 77 页。

② 王国维：《重辑〈苍颉篇〉序》，载《王国维遗书》，第四册，第 341 页。

《论语》简

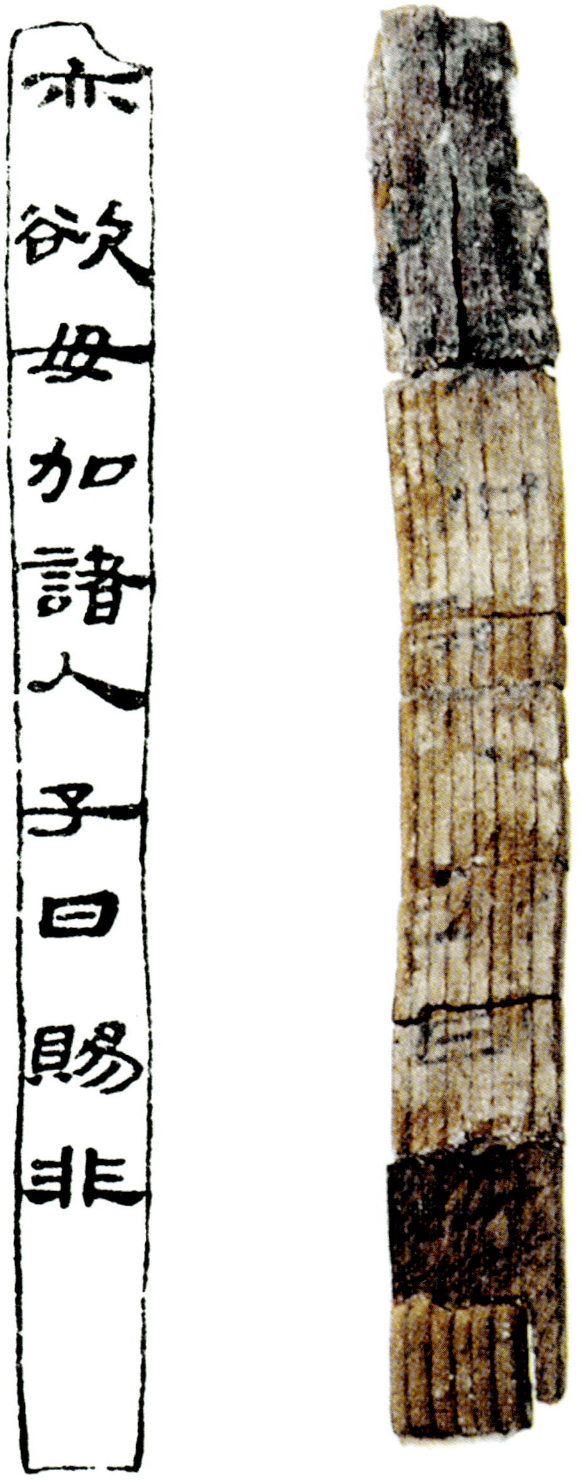

【释文】 （前闕）亦欲毋加諸人，子曰賜非（後闕）

【说明】 这段残简出自《论语·公冶长》："子贡曰：'我不欲人加诸我也，吾亦欲无加诸人。'子曰：'赐也，非尔所及也。'"从字迹和出土遗物的共存关系可知这是西汉时期遗物（可能是汉宣帝或汉元帝时期）。也就是说，在西域都护府设立不久，中原儒家文化的典籍就已经传入新疆。

都护军候简

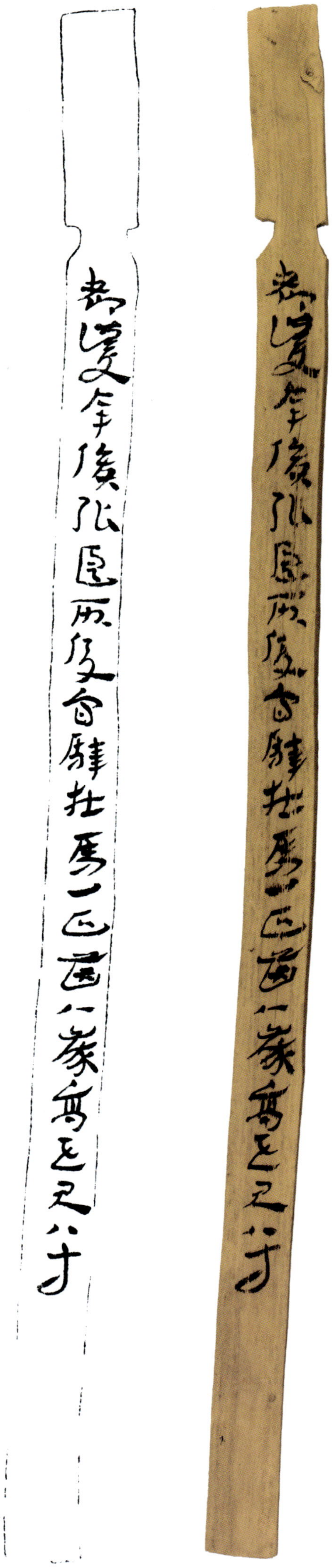

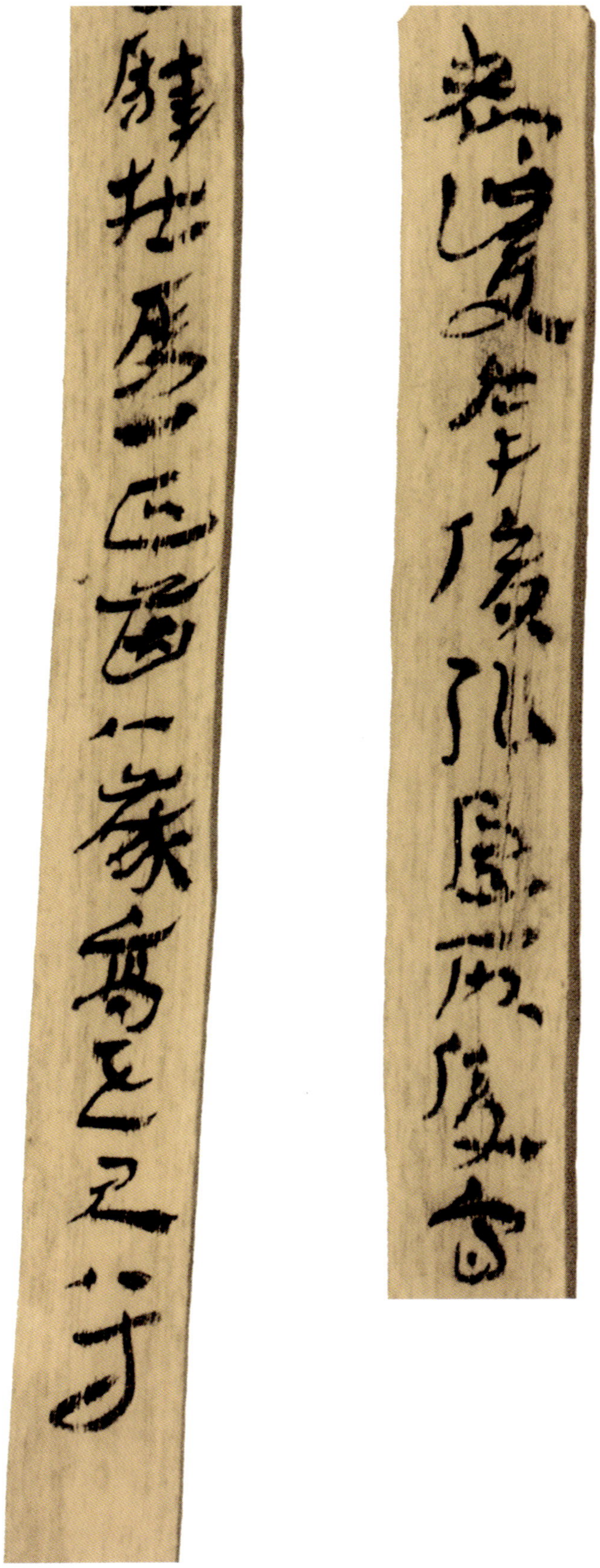

（局部）

【释文】　都護軍候張良所假官騂牡馬一匹齒八歲高五尺八寸

【说明】　此件为北京大学黄文弼先生1928年发现于土垠遗址。都护军候是西域都护下属官员。简的内容为借的官方马匹的体态特征描述。该简为研究西域都护的掾属结构和官马管理提供了宝贵资料。

该简草隶字迹极其秀逸俊朗，是非常难得的汉简珍品。

居卢訾仓简

【释文】 居盧訾倉以郵行(後闕)

【说明】 此件为北京大学黄文弼先生1928年发现于土垠遗址。

“居卢訾仓”见于《三国志》卷三十《魏书・乌丸鲜卑东夷传》裴松之注引《魏略・西戎传》所记魏晋时期西域道路:

从敦煌玉门关入西域,前有二道,今有三道。从玉门关西出,经婼羌转西,越葱领,经县度,入大月氏,为南道。从玉门关西出,发都护井,回三陇沙北头,经居卢仓,从沙西井转西北,过龙堆,到故楼兰,转西诣龟兹,至葱领,为中道。从玉门关西北出,经横坑,辟三陇沙及龙堆,出五船北,到车师界戊己校尉所治高昌,转西与中道合龟兹,为新道。①

居卢訾仓应是一处重要的屯粮和中转点。据《魏略・西戎传》的描述,方位应在楼兰东北。

① [晋]陈寿撰,[南朝宋]裴松之注:《三国志》,北京:中华书局,1982年,第859页。

永光五年简

【释文】 永光五年十月癸卯朔壬子左部左曲候

【说明】 此件为北京大学黄文弼先生1928年发现于土垠遗址。永光是西汉元帝年号，永光五年为公元前39年。故知这件简牍是西域都护府设立后不久的屯戍文书。

马君简

【释文】 （前闕）者馬君左部後曲候尊丞商令史利（後闕）

【说明】 此件为北京大学黄文弼先生1928年发现于土垠遗址。

南阳简

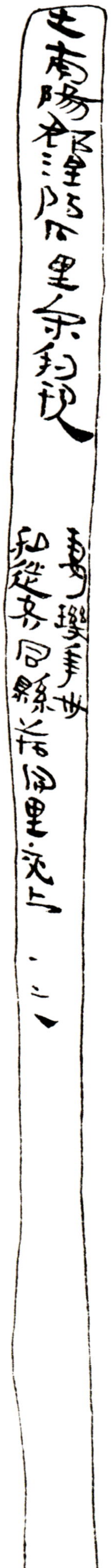

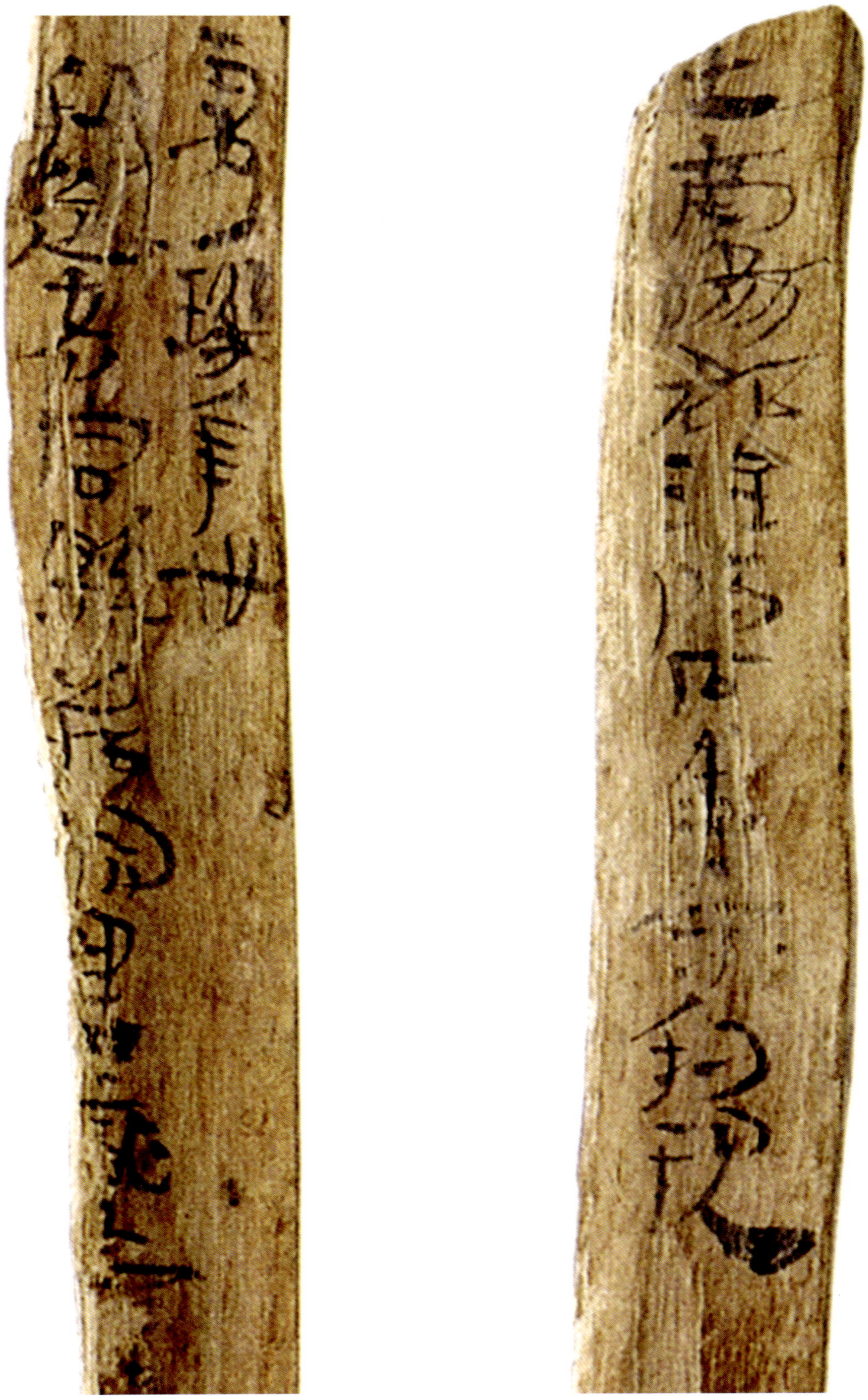

（局部）

【释文】　（前闕）

土南陽郡涅陽石里宋鈞親　妻璣年卅

私從者同縣籍同里交上□□□（後闕）

【说明】　此件为北京大学黄文弼先生 1928 年发现于土垠遗址。草隶字迹极其秀逸可人。

该简表明，西汉时屯戍迁移到新疆的有来自中原各地的人，包括女性。

泰始五年张钧简

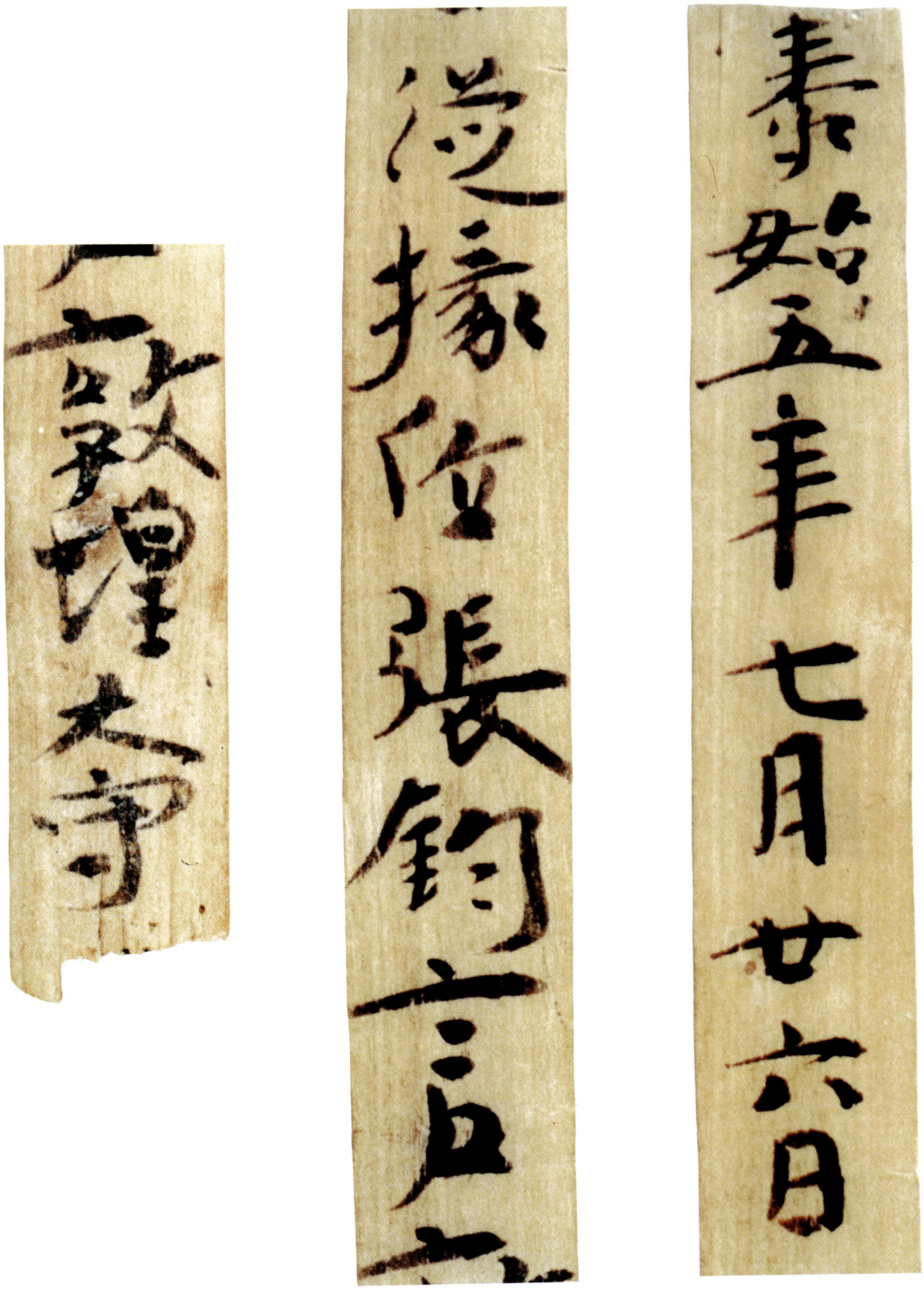

（局部）

【释文】　（前闕）

泰始五年七月廿六日從掾位張鈞言敦煌太守（後闕）

【说明】　此件出自 L.A.II.ii（孔木 1a.）。“泰始”为西晋武帝年号（265—274），泰始五年为公元 269 年。

官谷简

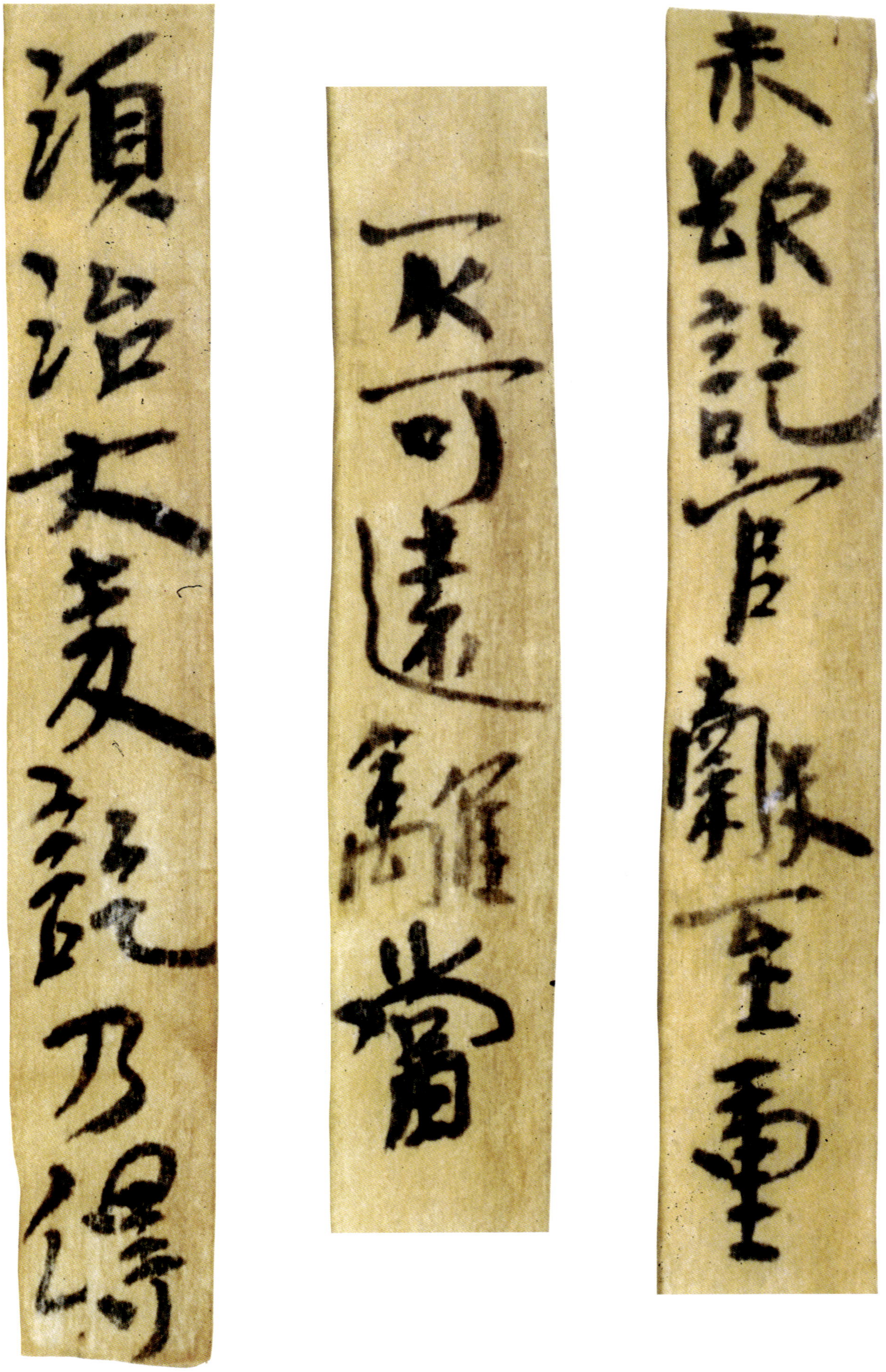

（局部）

【释文】　（前闕）未欲訖，官穀至重，不可遠離當，須治大麥訖乃得（後闕）

【说明】　此件出自 L.A.II.ii（孔木 1a.）。

池深简

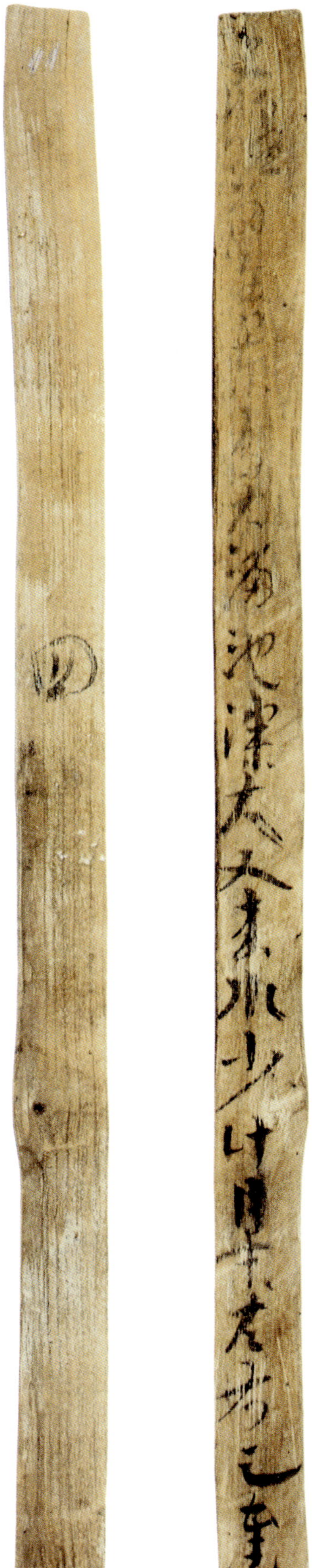

（局部）

【释文】 〔正面〕

（前闕）

史順留矣□□爲大滿，池深大，又來水少，

計月末左右足達樓蘭。

〔背面〕

四

【说明】 此件出自 L.A.II.ii（孔木 2.），书写时间应该在西晋武帝泰始时期（265—274）前后。从笔迹看，书写时用的是微秃的硬毫小笔，字体风格则与传世陆机（261—303）《平复帖》近似。

来		
	池深简	陆机《平复帖》

书不得简

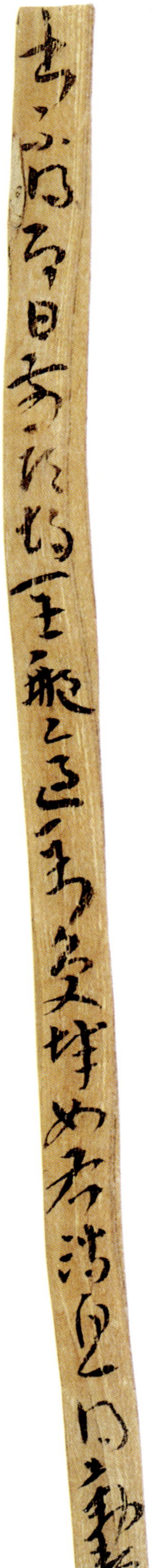

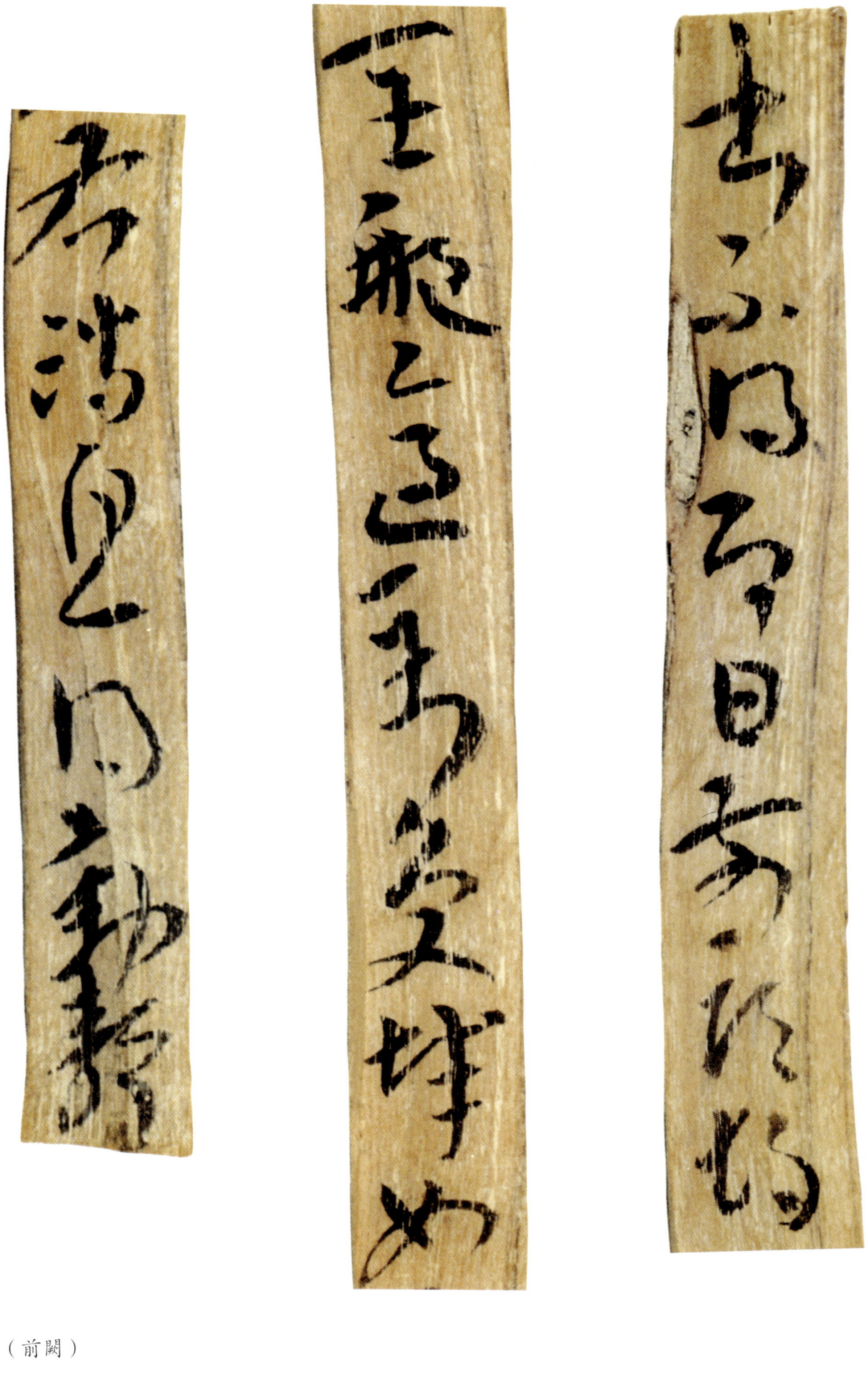

（局部）

【释文】（前闕）

書不得，即日前部胡闐那適到，受城如右，消息得動静。

（後闕）

【说明】此件出自 L.A.II.ii（孔木 10），书写时间应该也在西晋武帝泰始时期（265—274）前后。

当步简

【释文】 （前闕）

當步部不得意漢使前後流離

（後闕）

【说明】 此件出自 L.A.II.ii（孔木 9）。

敦煌简

【释文】（前闕）

敦煌敦煌煌煌煌煌敦煌敦煌泰泰如四敦

（後闕）

【说明】此件出自 L.A.II.ii（孔木 116），可能是一枚练字简。

五部简

【释文】 （前闕）右五部穄各一斛（後闕）

【说明】 此件出自 L.A.VI.ii. 023（沙木 843）。

弩钝众备员简

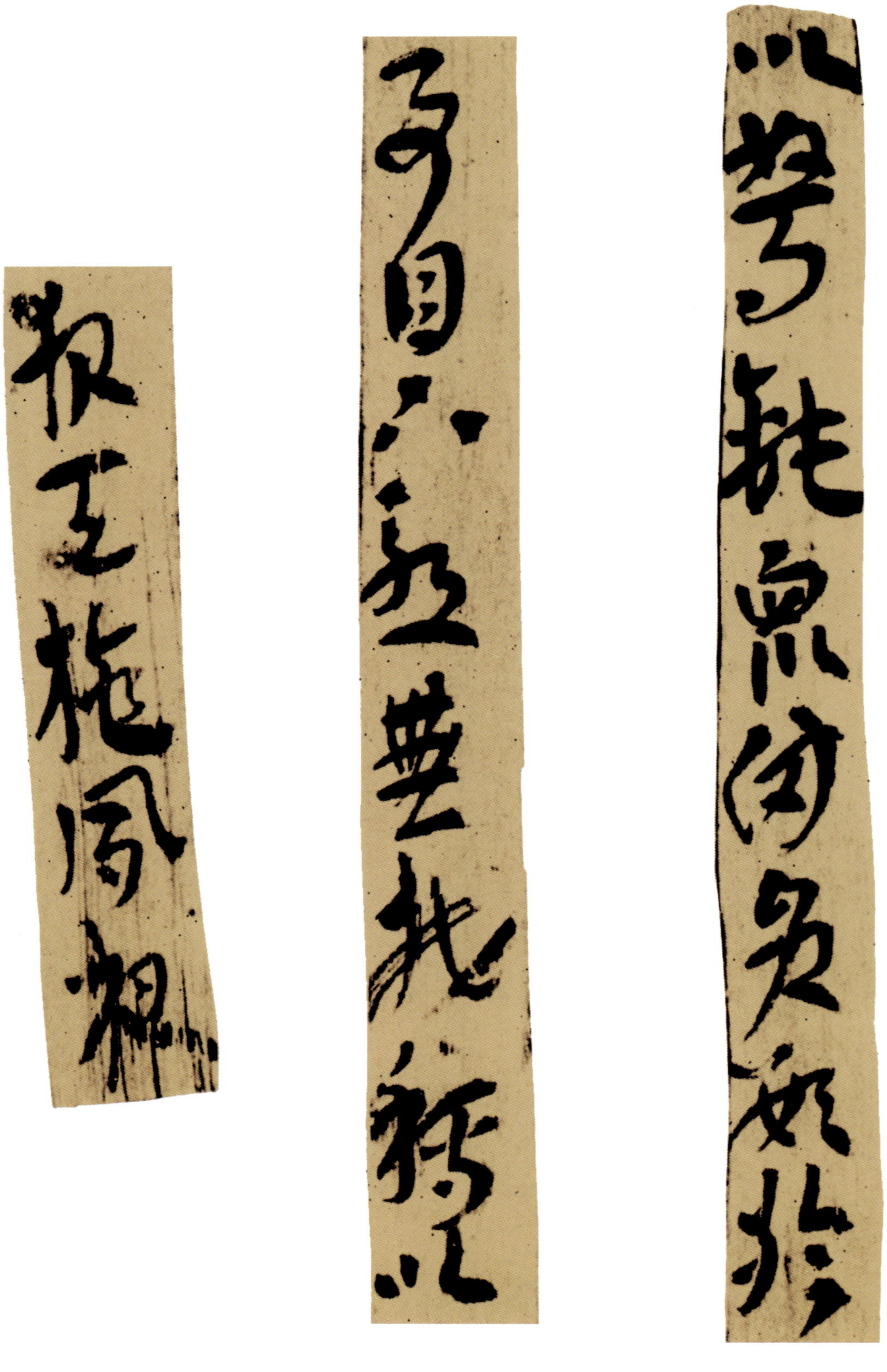

（局部）

【释文】 （前闕）以弩鈍衆，備员數給事目下，憂無材稱，以報天施，夙夜（後闕）

【说明】 该简的笔法笔势与传世陆机《平复帖》相当接近。

粜谷简

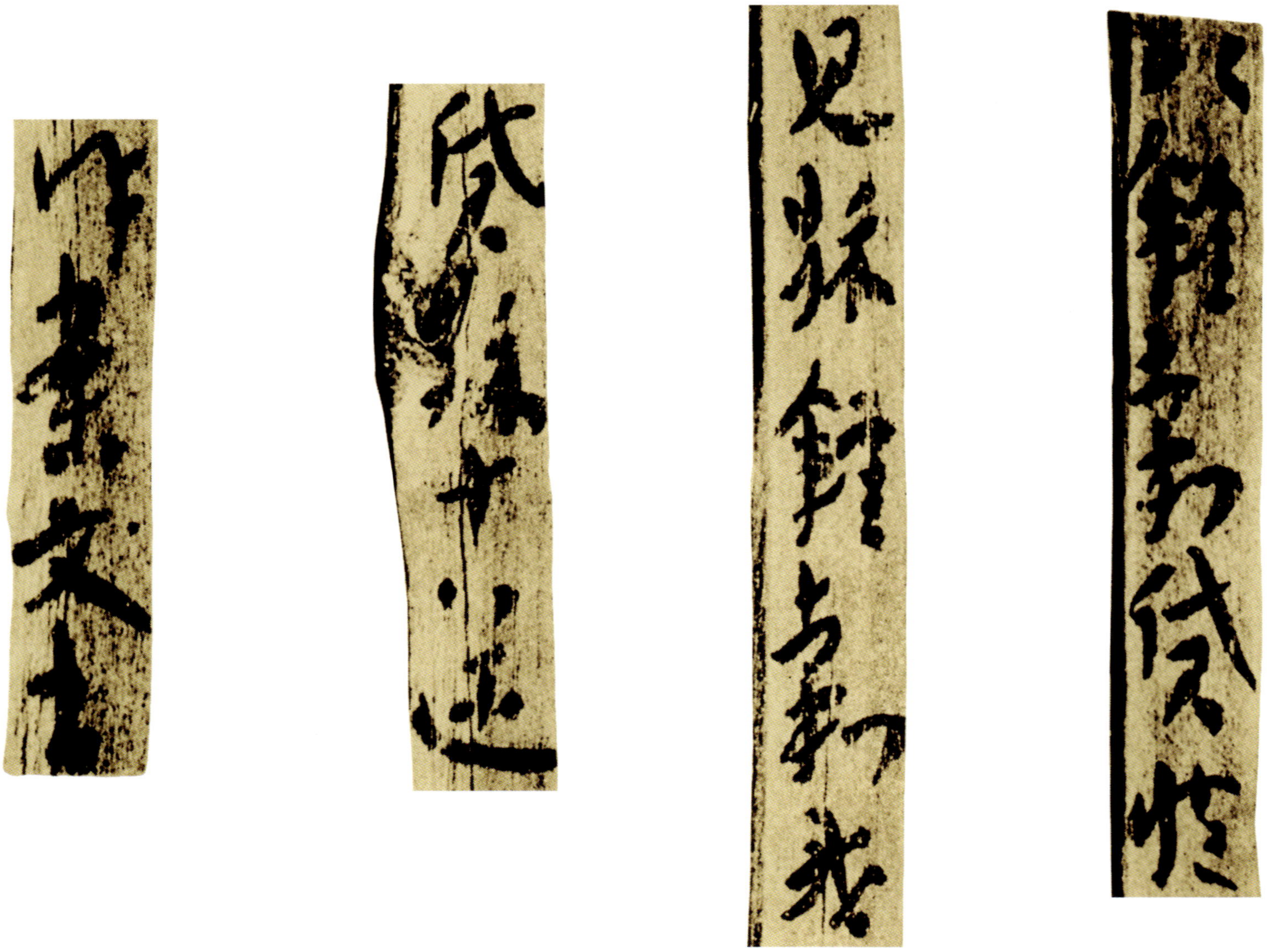

（局部）

【释文】（前闕）

以糴穀貸臧見綵，糴穀貳貸綵十八匹，謹案文書。

（後闕）

从胡简

一

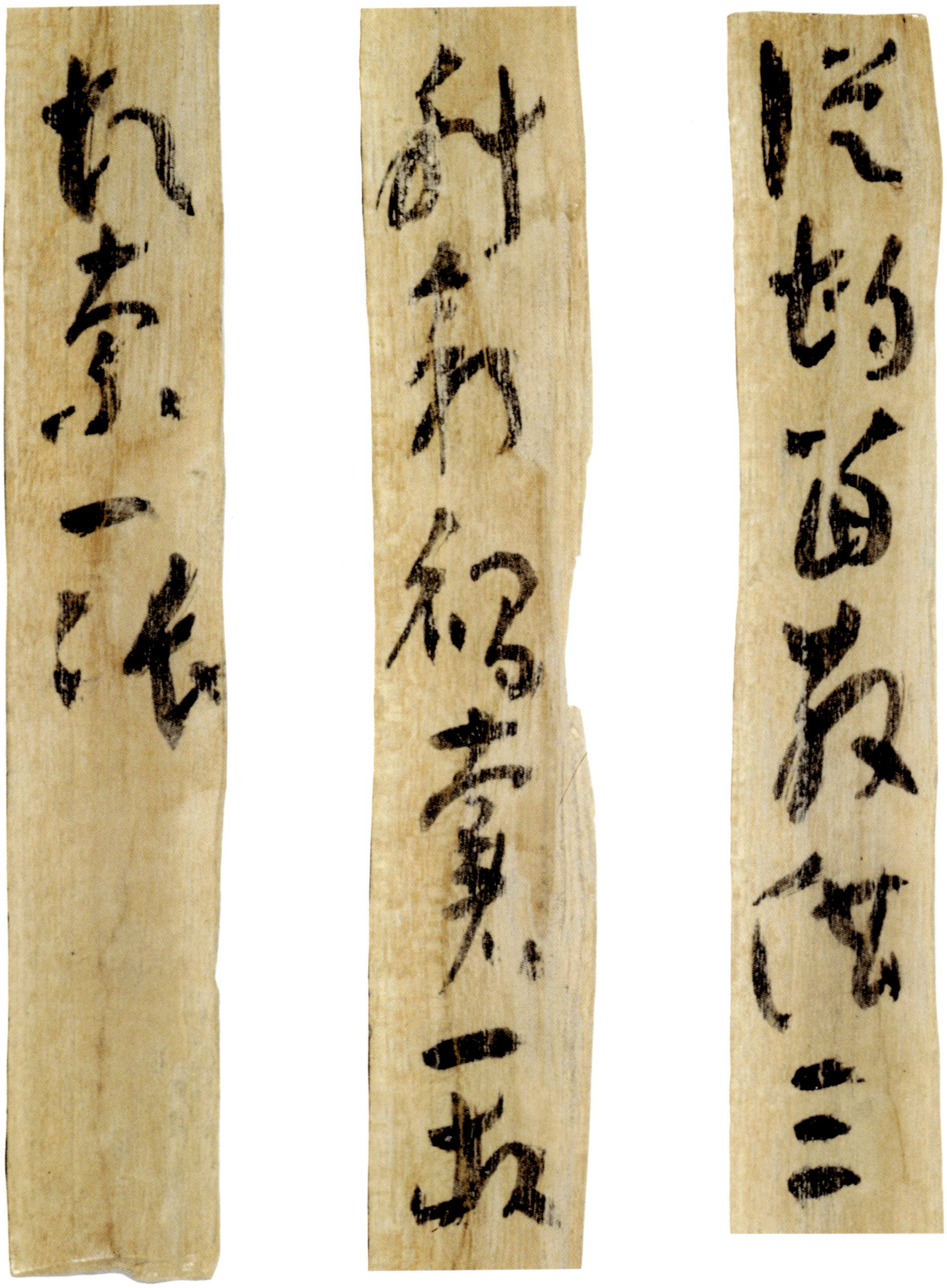

（局部）

【释文】（前闕）

從胡當散供三斛新褐囊一枚故索一張

（後闕）

【说明】此件出自 L.A.II.ii（孔木 21）。

能避简

【释文】　恐能避猥随去首還營

【说明】　此件出自 L.A.II.ii（孔木 13）。

告假司马简一

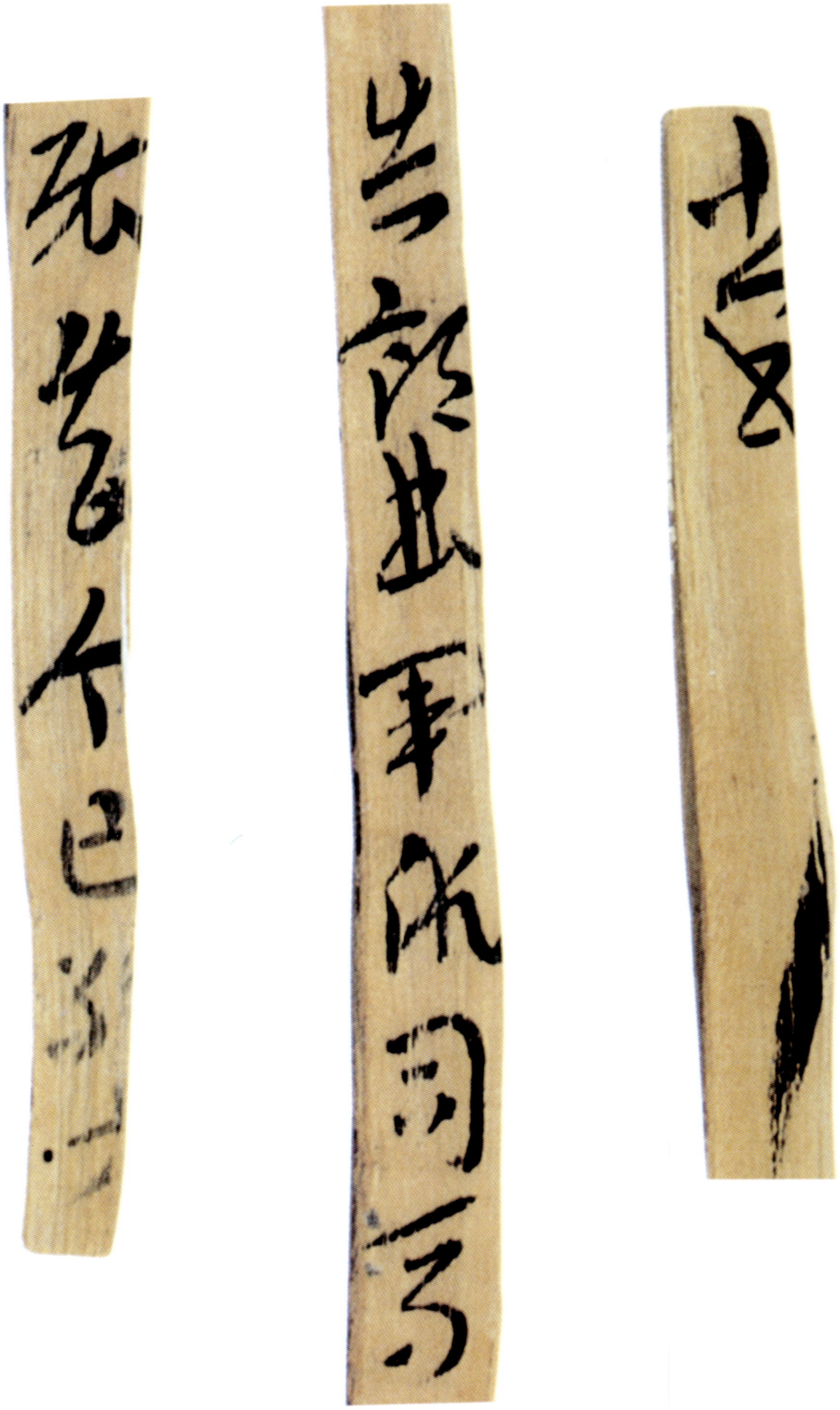
（局部）

【释文】 營 告部曲軍假司馬展知令已敬□（後闕）

【说明】 此件出自 L.A.II.ii（孔木 12）。

告假司马简二

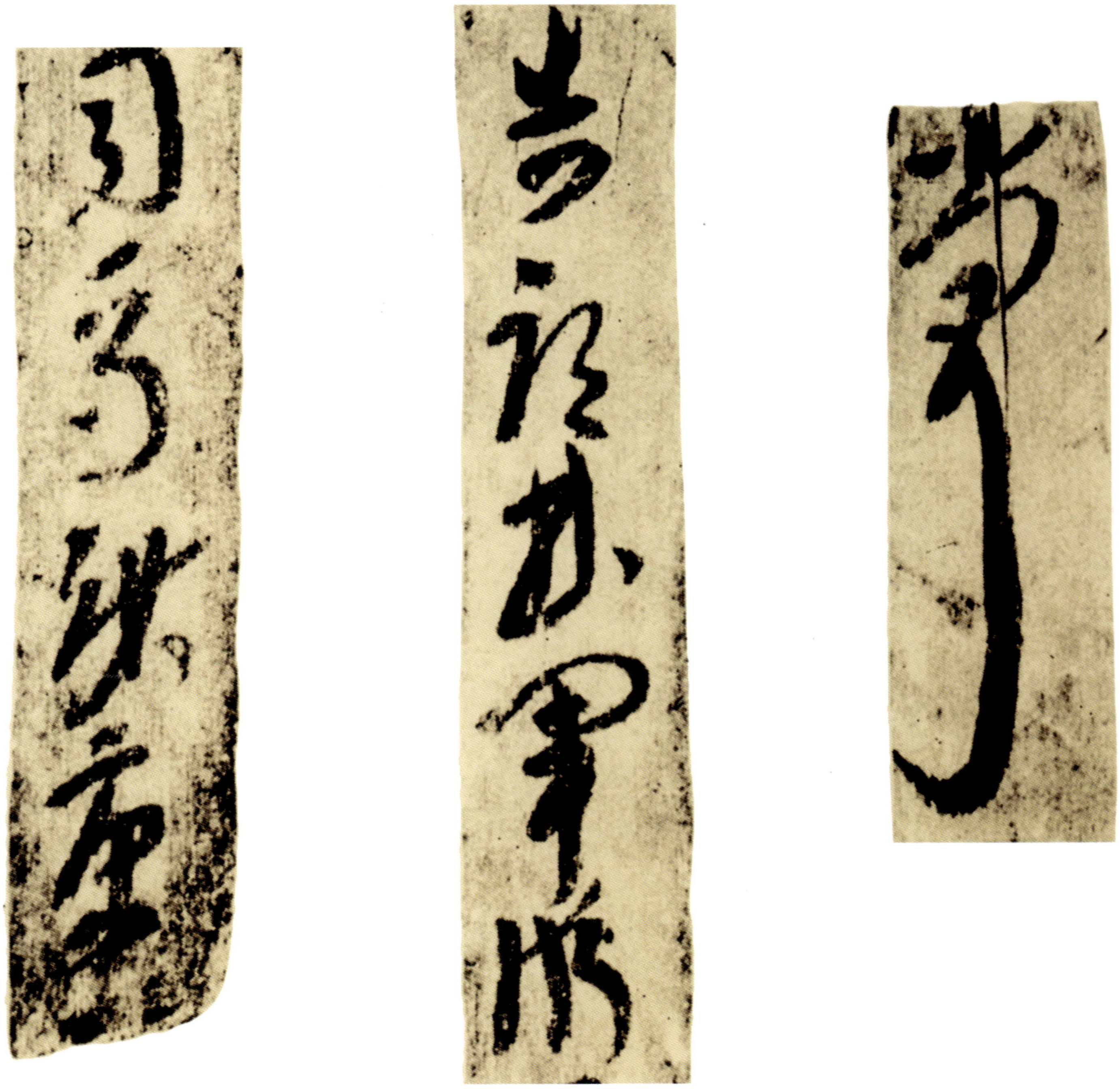

（局部）

【释文】（前闕）營 告部曲軍假司馬供康（後闕）

【说明】此件出自 L.A.VI.ii 0121（沙木 857）。

该简书法字与字之间已经有相连的意思，用笔为后世所谓“外拓”的笔法。可以视为草书写法由西晋向东晋转变的一件重要的参考标本，对理解东晋时代草书很有价值。

奸念简

【释文】　奸，念 佳甚，作訖來割食

【说明】　此件出自 L.A.II.ii（孔木 14）。

假从事简

【释文】（前闕）段從事辛酉書虜（後闕）

【说明】此件出自 L.A.II.ii（孔木 25）。

旷远简

【释文】　（前闕）漢里曠遠，文书（後闕）

【说明】　此件出自 L.A.II.ii（孔木 29）。用笔圆转爽劲，可与《淳化阁帖》传世魏晋翰札相比观。

张雒简

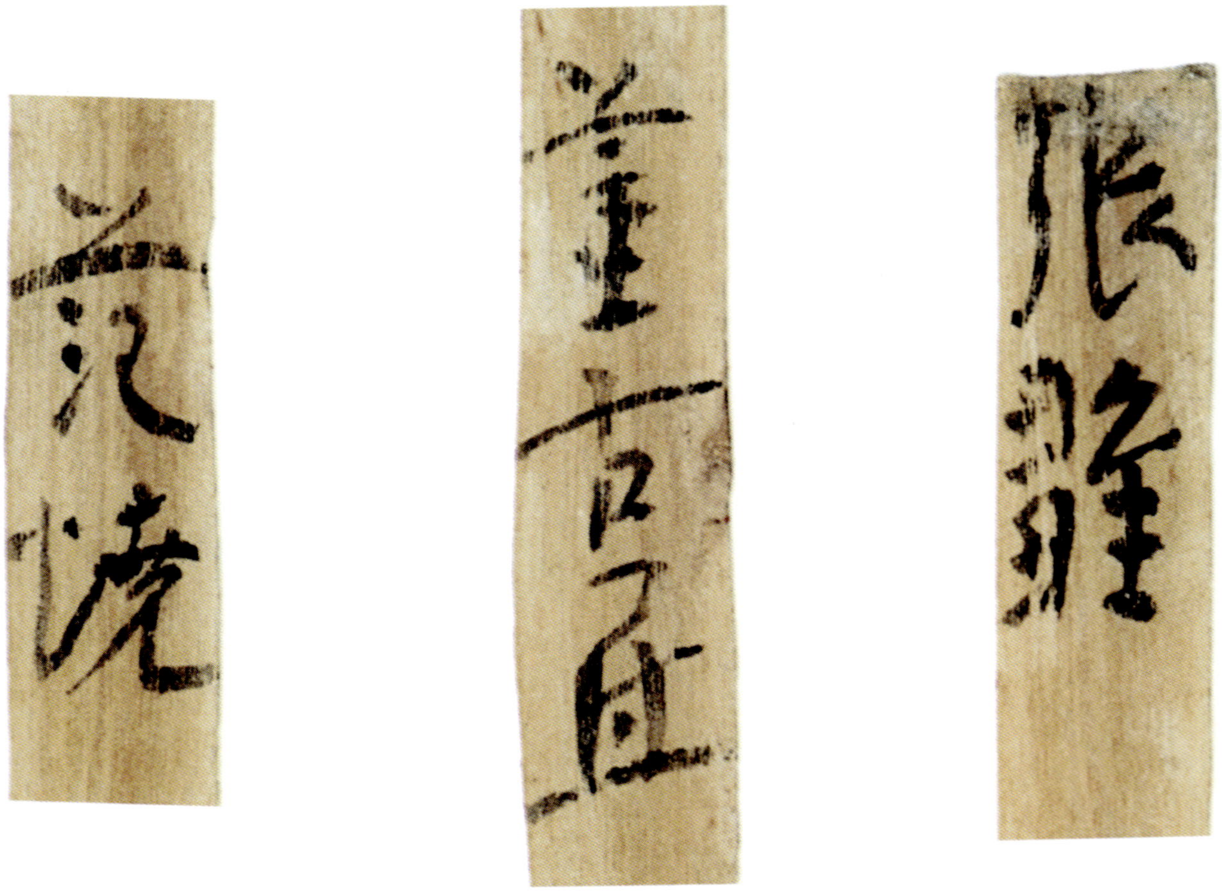

（局部）

【释文】　張雛　董古付　范燒

【说明】　此件出自 L.A.II.ii（孔木 112）。

当上简

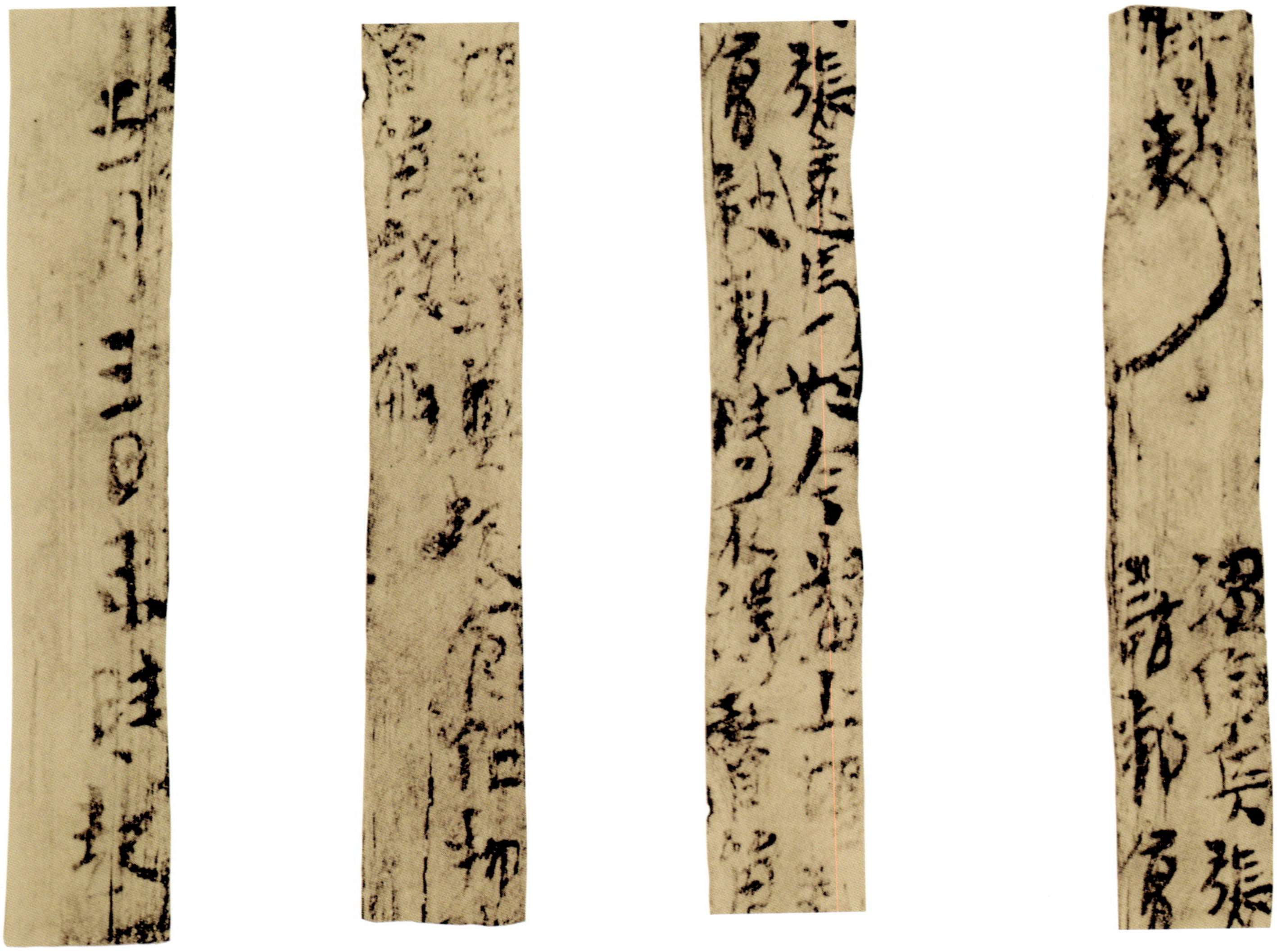

（局部）

【释文】　〔正面〕

1. 將敕　　□□兵張遠馬婦今當上堤，敕到具糧食作物，

2. 詣部會，被敕時不得稽留設解

〔背面〕

五月三日未時起

【说明】　　此件出自 L.A.VI.ii. 0204（沙木 769）。

致西域长史简

【释文】 1. 因王督致

2. 西域長史　　張君坐前

3. 元言疏

【说明】 此件出自 L.A.VI.ii. 0200（沙木 751），是呈送駐守楼兰的西域长史的简牍。

报珍贺简

【释文】　蜡　弟子報珍再拜

贺

【说明】　此件出自 L.A.II.ii（孔木 34.2）。

送谷简

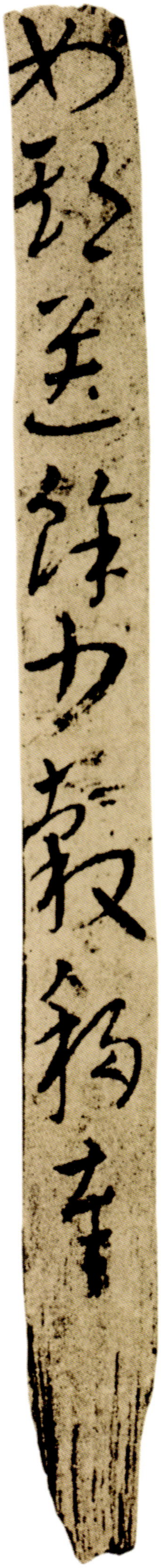

【释文】 （前闕）如期送餘少穀移奉（後闕）

【说明】 此件出自 L.A.VI. ii. 0131。

丰量简

（局部）

【释文】 （前闕）

豊量，兀（無）任孤遠，不得達奉，陳寫問

（後闕）

【说明】 此件出自 L.A.II. ii（孔木 11）。

黑粟简

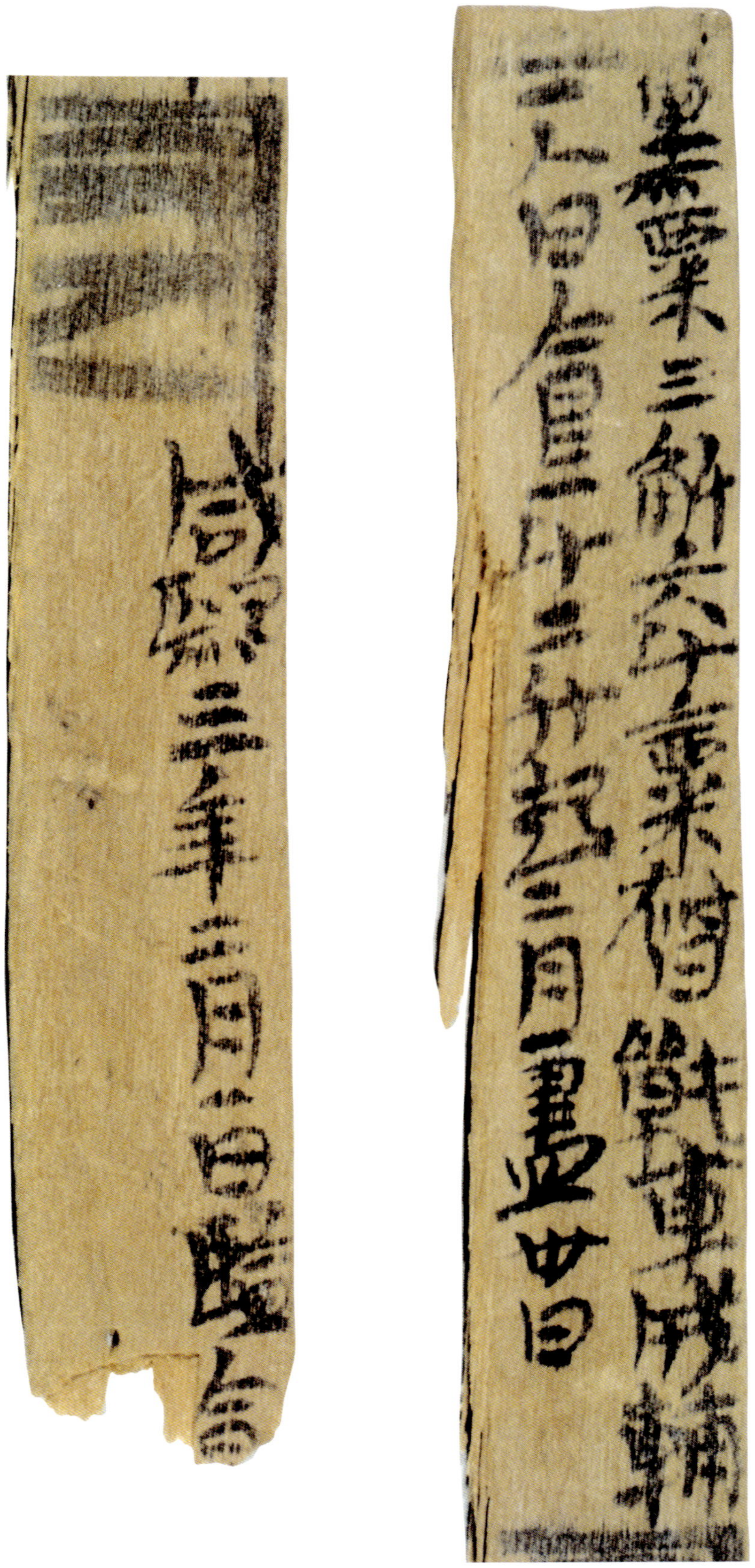

（局部）

【释文】　1. 黑粟三斛六斗，禀督戰車戎輔　　咸熙三年二月一日監食（下闕）

出

2. 一人日食一斗二升，起二月一盡卅日

【说明】　此件出自 L.A.II.ii（孔木 51）。

泰始四年简

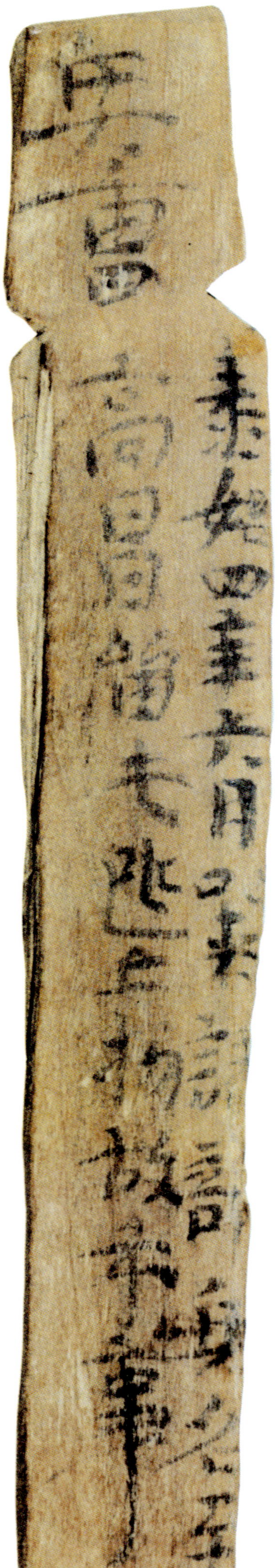

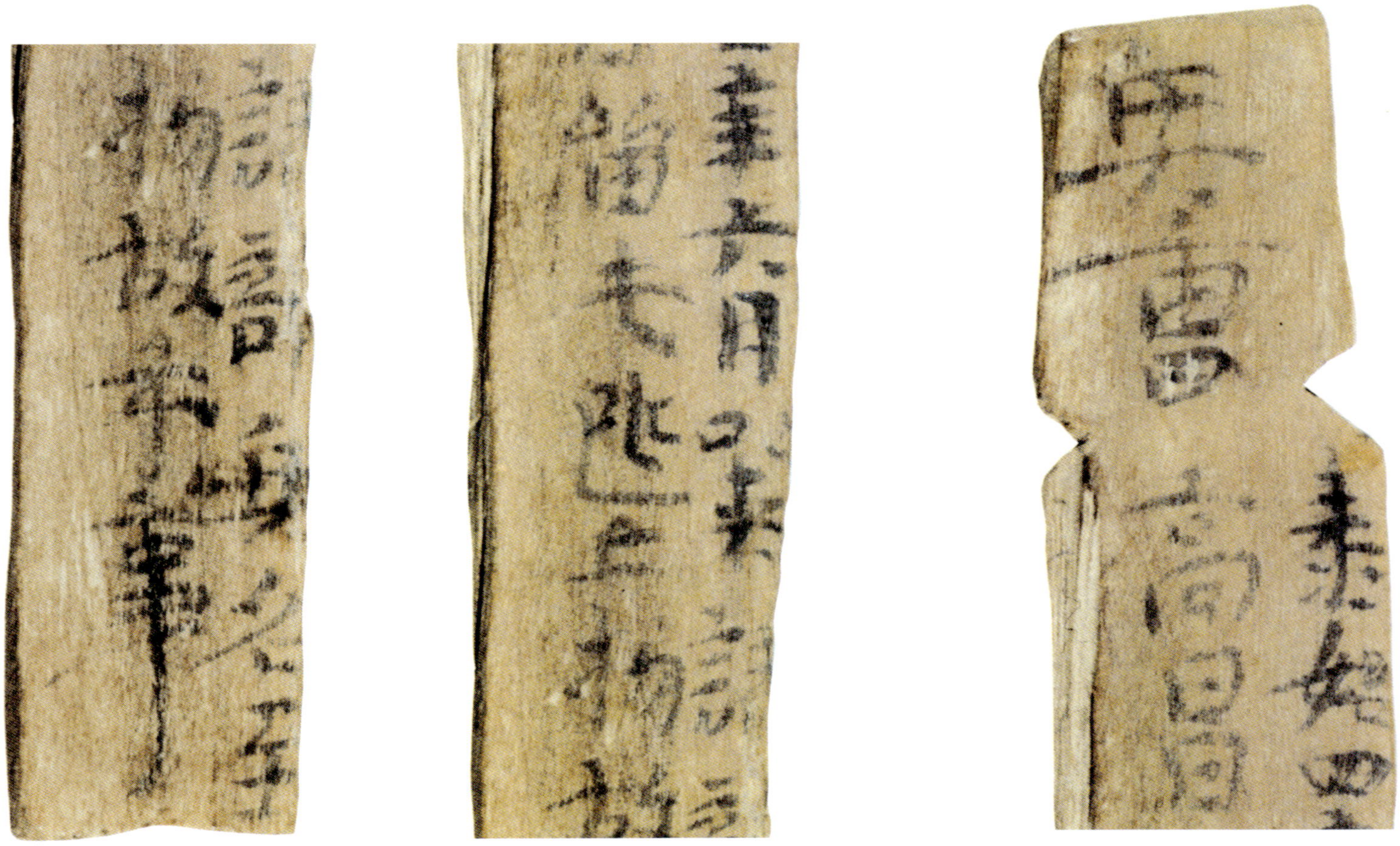

（局部）

【释文】 1. 泰始四年六月以来諸部兵名到

兵曹

2. 高昌留屯逃亡物故等事

（後闕）

【说明】 此件出自 L.A.II.ii（孔木 114）。

出绫彩简

背面

正面

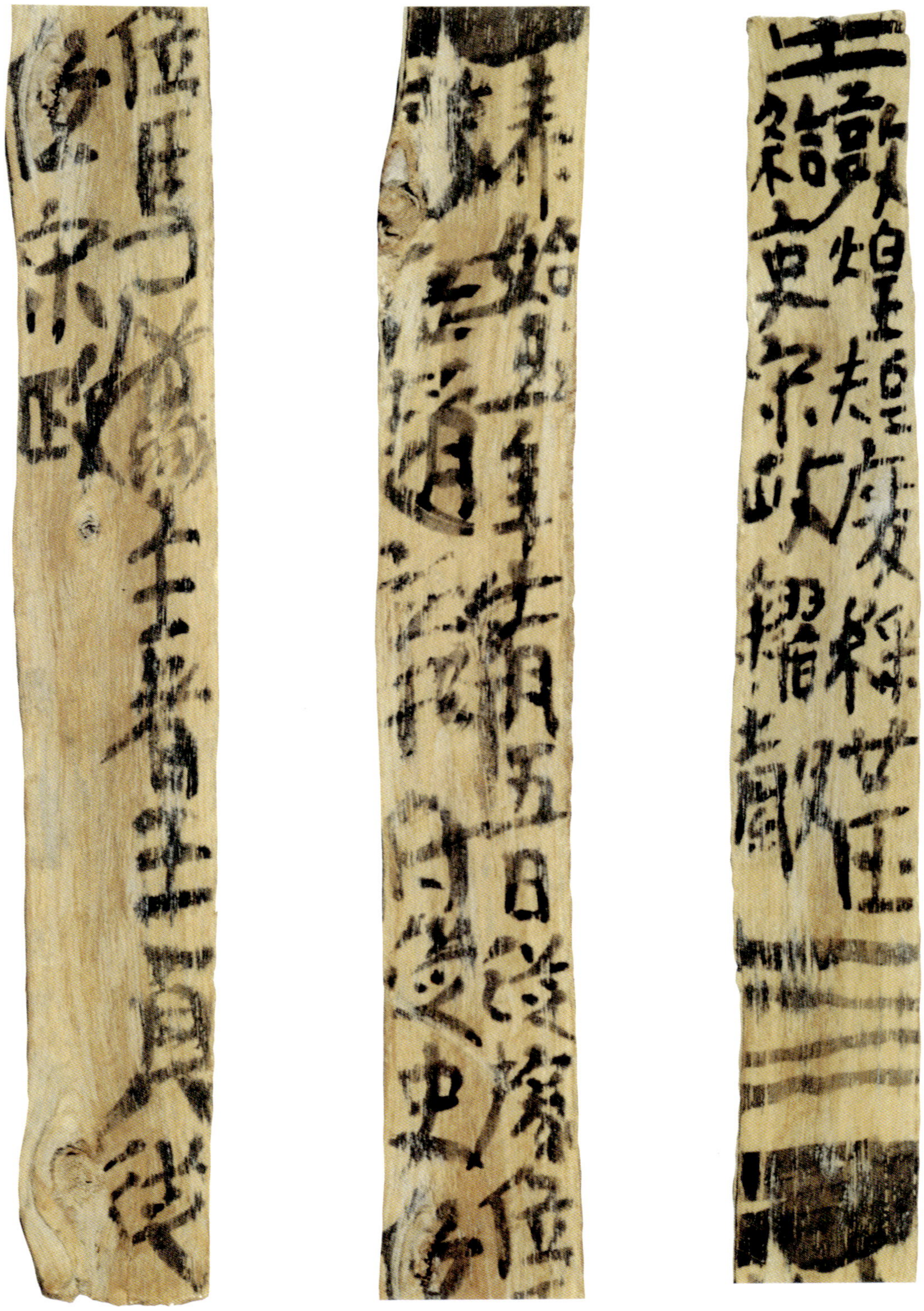

（局部）

【释文】　〔正面〕

1. 敦煌短綾綵廿匹　　泰始五年十一月五日，從掾位馬厲、主者王貞、從

出

2. 給吏宋政糴穀　　掾位趙辯，付從吏位宋政

〔背面〕

功曹闞

【说明】　此件出自 L.A.II.ii（孔木 102）。

梁鸾简

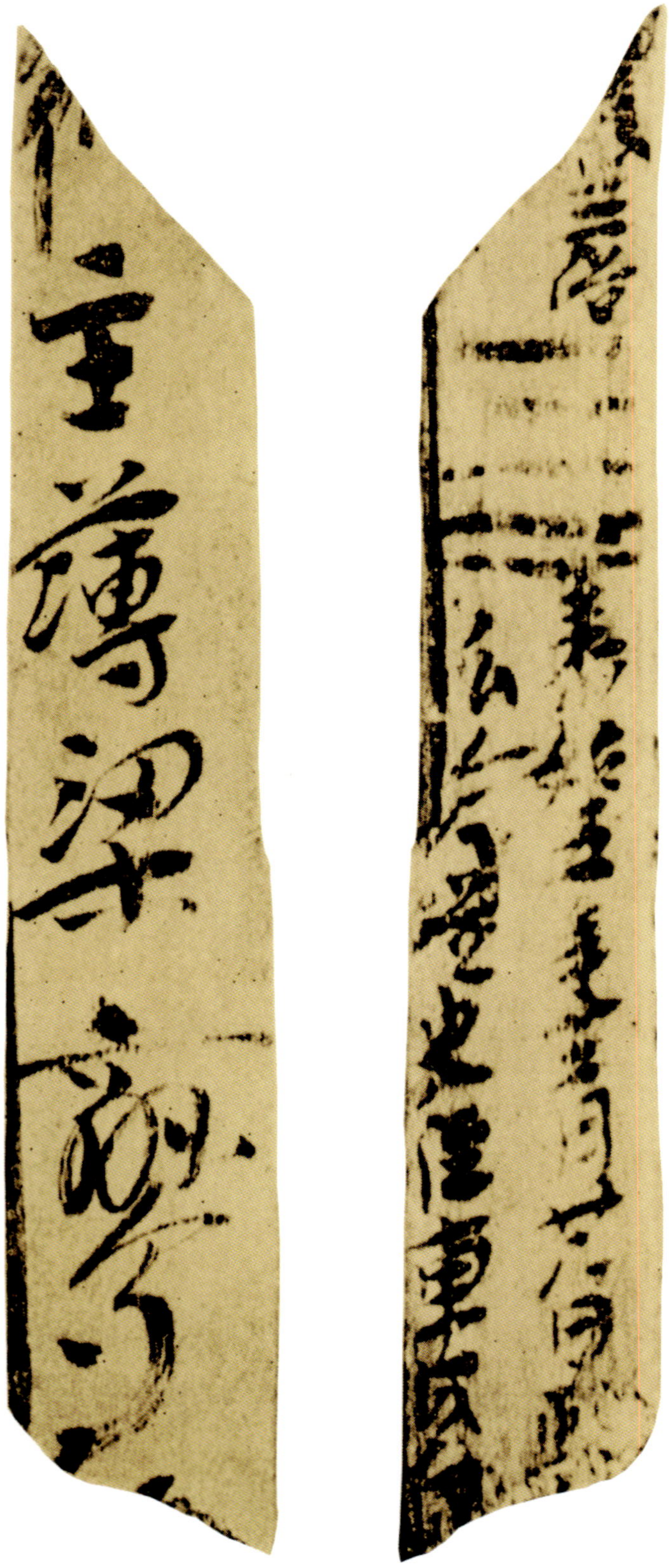

背面　　正面

【释文】　〔正面〕

1.（前闕）□三從　泰始五年十二月廿八日政（後闕）

2. 郗令從史位車成岱（後闕）

〔背面〕

（前闕）主簿梁鸞（後闕）

【说明】　此件出自 L.A.VI.ii. 070（沙木 733）。

前营简

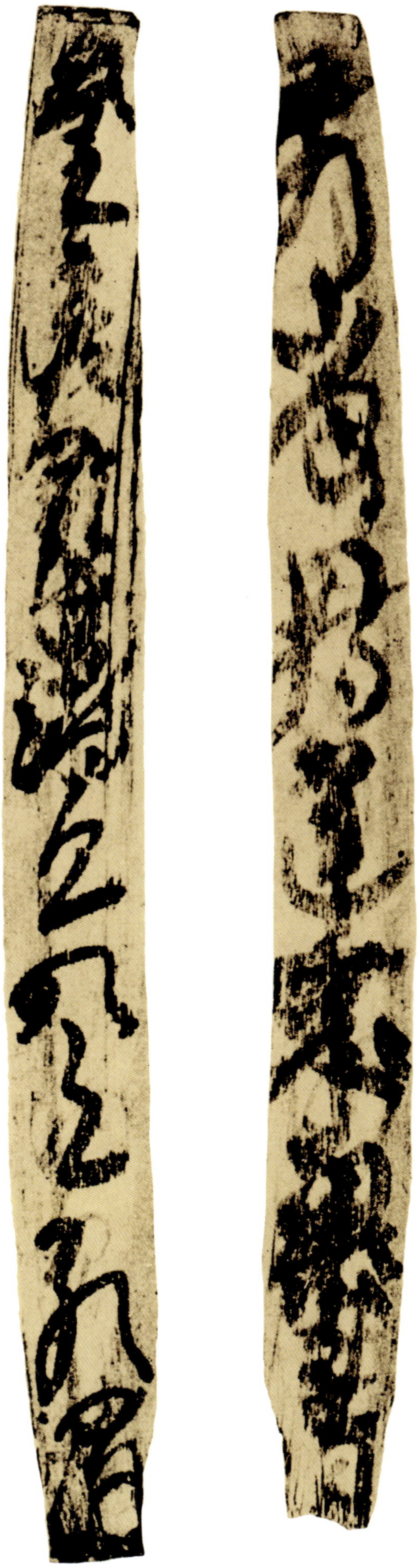

背面　　正面

【释文】〔正面〕

前营持逆来，梁鸞（後闕）

〔背面〕

竪凶寇蕩，癸亥四月（後闕）

【说明】此件出自 L.A.VI.ii. 088（沙木 845），可能写于泰始年间。字迹潦草，以往研究者多未能完全辨识。不过，这枚残简用笔恣肆，圆转雄浑。似乎只有到唐代颜真卿《祭侄稿》时，才能再次看到这样的笔法和体势。

閏餘成歲律呂調陽雲騰致雨露結爲霜金生麗水玉出昆岡
劍號巨闕珠稱夜光果珍李柰菜重芥姜海鹹河淡鱗潛羽翔
龍師火帝鳥官人皇始制文字乃服衣裳推位讓國有虞陶唐
吊民伐罪周發殷湯坐朝問道垂拱平章愛育黎首臣伏戎羌
遐邇壹體率賓歸王鳴鳳在竹白駒食場化被草木賴及萬方

蓋此身髮四大五常恭惟鞠養豈敢毀傷女慕貞潔男效
才良知過必改得能莫忘罔談彼短靡恃己長信使可覆
器欲難量墨悲絲染詩贊羔羊景行維賢克念作聖德建
名立形端表正空谷傳聲虛堂習聽禍因惡積福緣善慶
尺璧非寶寸陰是競資父事君曰嚴與敬孝當竭力忠則
盡命臨深履薄夙興溫凊似蘭斯馨如松之盛川流不息
淵澄取映容止若思言辭安定篤初誠美慎終宜令榮業
所基籍甚無竟學優登仕攝職從政存以甘棠去而益咏

禪主云亭雁門紫塞
石巨野洞庭曠遠綿邈岩岫杳冥治
稼穡俶載南畝我藝黍稷稅熟貢新勸賞
黜陟孟軻敦素史魚秉直庶幾中庸勞謙謹敕聆音察
理鑒貌辨色貽厥嘉猷勉其祗植省躬譏誡寵增抗極
殆辱近恥林皋幸即兩疏見機解組誰逼索居閑處沉
默寂寥求古尋論散慮逍遙欣奏累遣戚謝歡招渠荷
的歷園莽抽條枇杷晚翠梧桐蚤凋陳根委翳落葉飄
颻游鵾獨運凌摩絳霄耽讀玩市寓目囊箱易輶攸畏
屬耳垣墻具膳餐飯適口充腸飽飫烹宰饑厭糟糠親
戚故舊老少异糧妾御績紡侍巾帷房紈扇圓潔銀燭
煒煌晝眠夕寐藍笋象床弦歌酒宴接杯舉觴矯手頓
足悦豫且康嫡后嗣續祭祀烝嘗稽顙一再拜悚懼恐
惶箋牒簡要顧答審詳骸垢想浴執熱願涼驢騾犢特
駭躍超驤誅斬賊盜捕獲叛亡布射僚丸嵇琴阮嘯恬
筆倫紙鈞巧任鈞釋紛利俗并皆佳妙毛施淑姿工顰
妍笑年矢每催曦暉朗曜璇璣懸斡晦魄環照指薪修
祜永綏吉劭矩步引領俯仰廊廟束帶矜莊徘徊瞻眺

纸本类

壹 · 典籍写本

《诗经》写本残卷

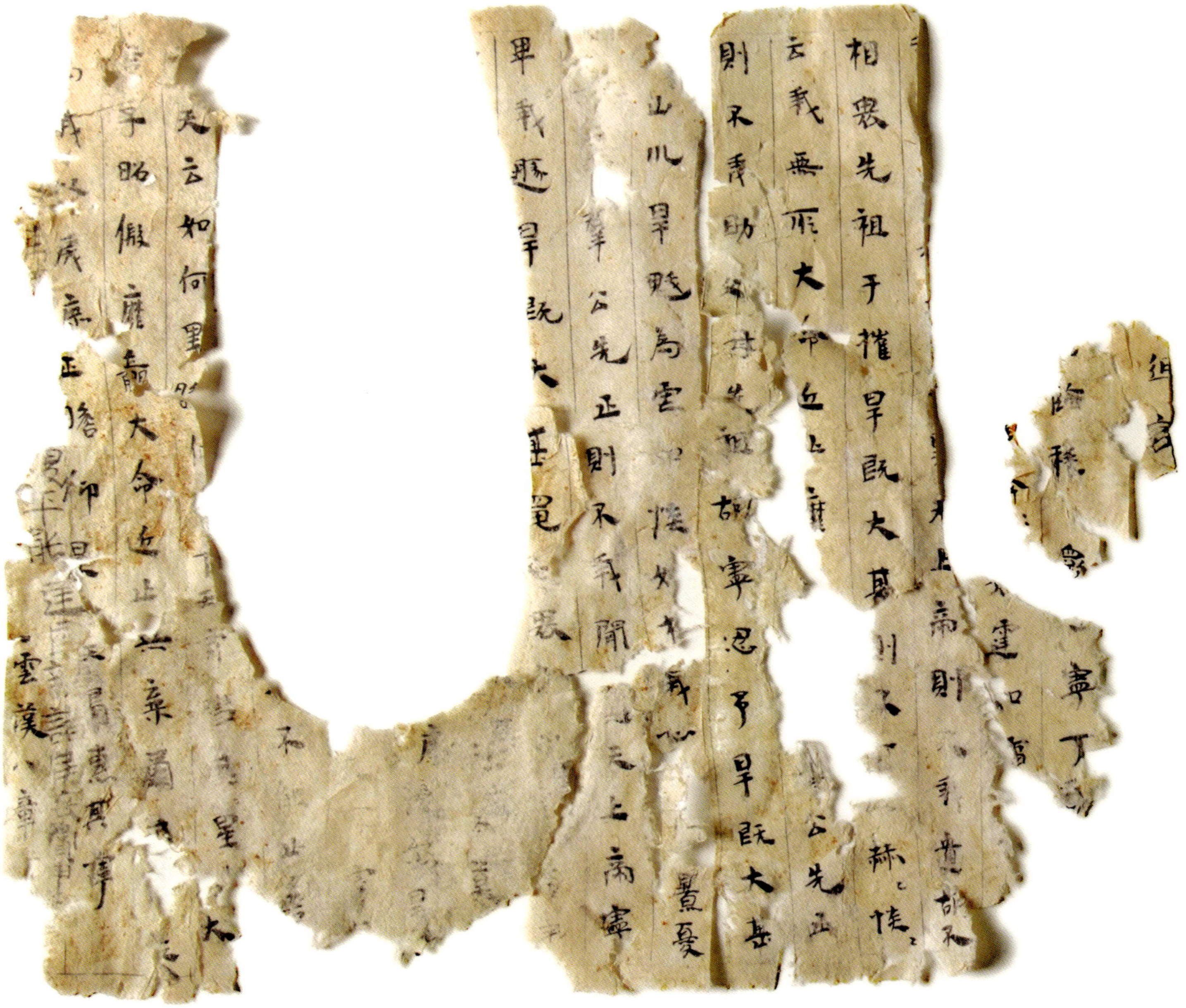

【释文】　（前闕）

1. 不殄禋祀，自郊徂宫。上下奠瘞，靡神不宗。

2. 后稷不克，上帝不臨。耗斁下土，寧丁我躬。旱

3. 既大甚，則不可推。兢兢業業，如霆如雷。周

4. 余黎民，靡有孑遺。昊天上帝，則不我遺。胡不

5. 相畏？先祖于摧。旱既大甚，則不可沮。赫赫炎炎，

6. 云我無所。大命近止，靡瞻靡顧。羣公先正，

7. 則不我助。父母先祖，胡寧忍予？旱既大甚，

8. 滌滌山川。旱魃爲虐，如惔如焚。我心憚暑，憂

9. 心如熏。羣公先正，則不我聞。昊天上帝，寧

10. 俾我遯？旱既大甚，黽勉畏去。胡寧瘨我

11. 以旱？憯不知其故。祈年孔夙，方社不莫。昊

12. 天上帝，則不我虞。敬恭明神，宜無悔怒。旱既

13. 大甚，散無友紀。鞫哉庶正，疚哉冢宰。趣

14. 馬師氏，膳夫左右。靡人不周。無不能止，瞻卬

15. 昊天，云如何里！瞻卬昊天，有嘒其星。大夫

16. 君子，昭假無贏。大命近止，無棄爾成。何求

17. 爲我，以戾庶正？瞻卬昊天，曷惠其寧？

18. 雲漢八章

（後闕）

【说明】　此为《诗经》写本残卷，存《大雅·云汉》一篇，共计18行。该残卷的抄写方式是大题在后，是汉唐时代传统的书籍格式。根据字体风格，应抄写于四世纪。

《诗毛氏传》写本残卷

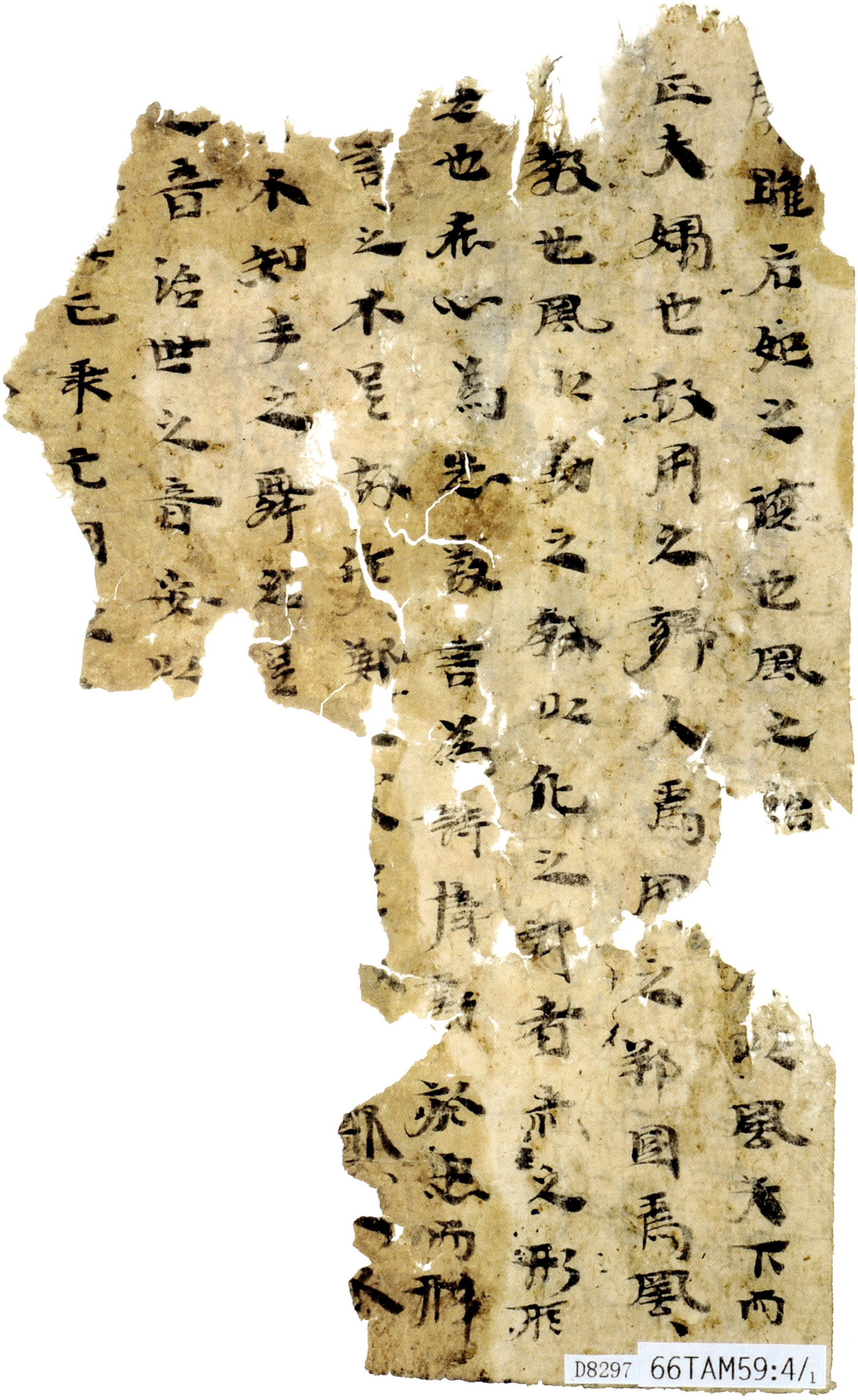
[illegible]雎后妃之德也風之始……風天下而
正夫婦也故用之鄉人焉用之邦國焉風
教也風以動之教以化之……者志之所之
志也在心為志發言為詩情動於中而形
言之不足故嗟歎之……
不知手之舞之足之……
音治世之音安以
……乖亡國……
D8297 66TAM59:4/1

【释文】 （前闕）

1. 《關雎》，后妃之德也，風之始也，所以風天下而

2. 正夫婦也。故用之鄉人焉，用之邦國焉。風，風

3. 也，教也。風以動之，教以化之。詩者，志之形[1]所

4. 之也。在心爲志，發言爲詩。情動於忠［中］，而形

5. 於言，言之不足，故嗟歎之；嗟歎之不足，故永歌之；永歌之不

6. 足，不知手之舞之，足之蹈之也。情發於聲，聲成文，謂

7. 之音。治世之音，安以樂，其政和。亂世之音，怨

8. 以怒，其正［政］乖。亡國之音，哀以思，其民困。

9. 故正得失，動天地，感鬼神，莫近於詩。

（後闕）

注：

（1）这里衍一"形"字。

【说明】 此为《诗毛氏传》写本残卷，残存为《国风·关雎》诗序部分。从字体风格看，应该是北凉时期的写本。

《尚书孔传》写本残卷

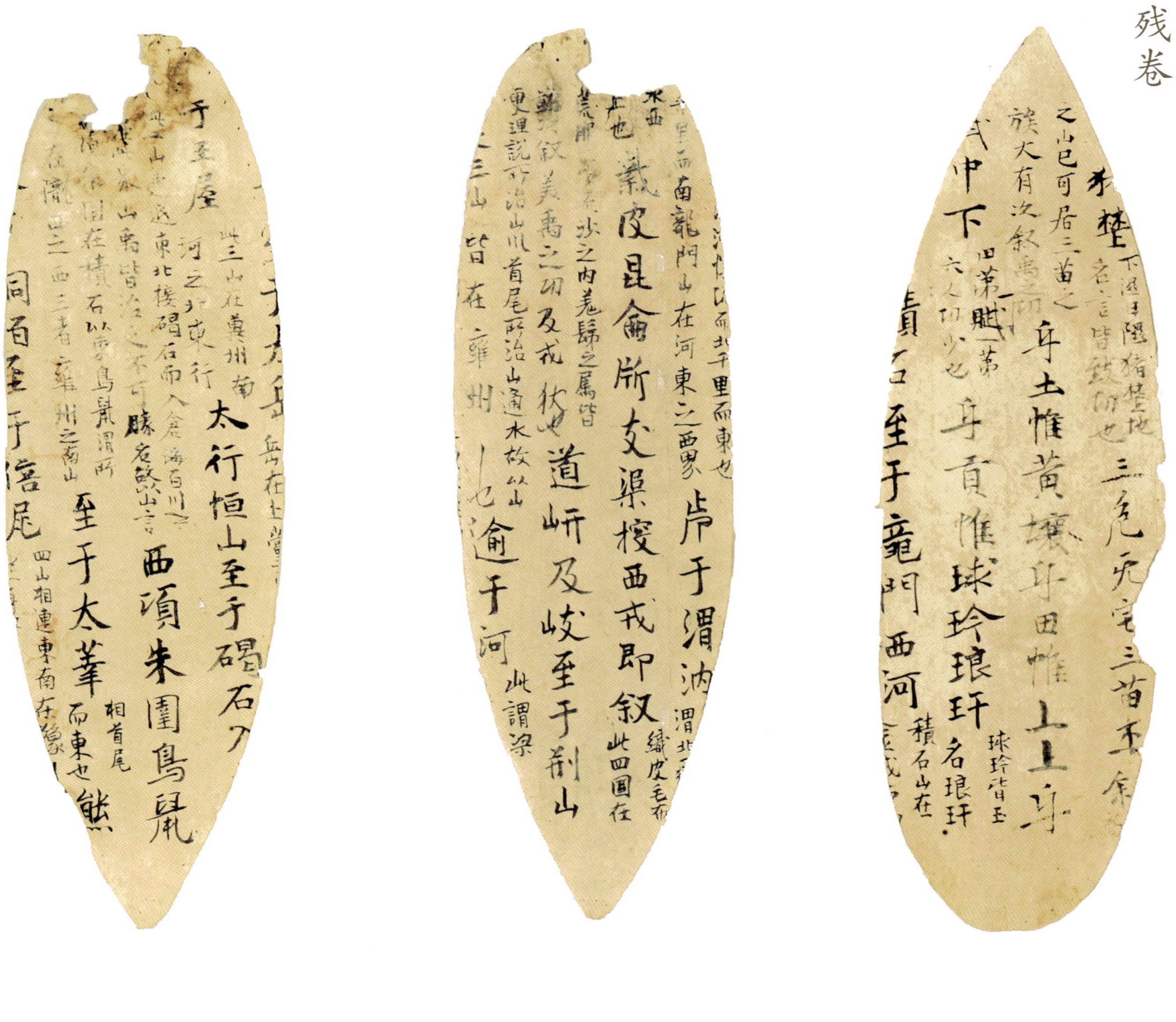

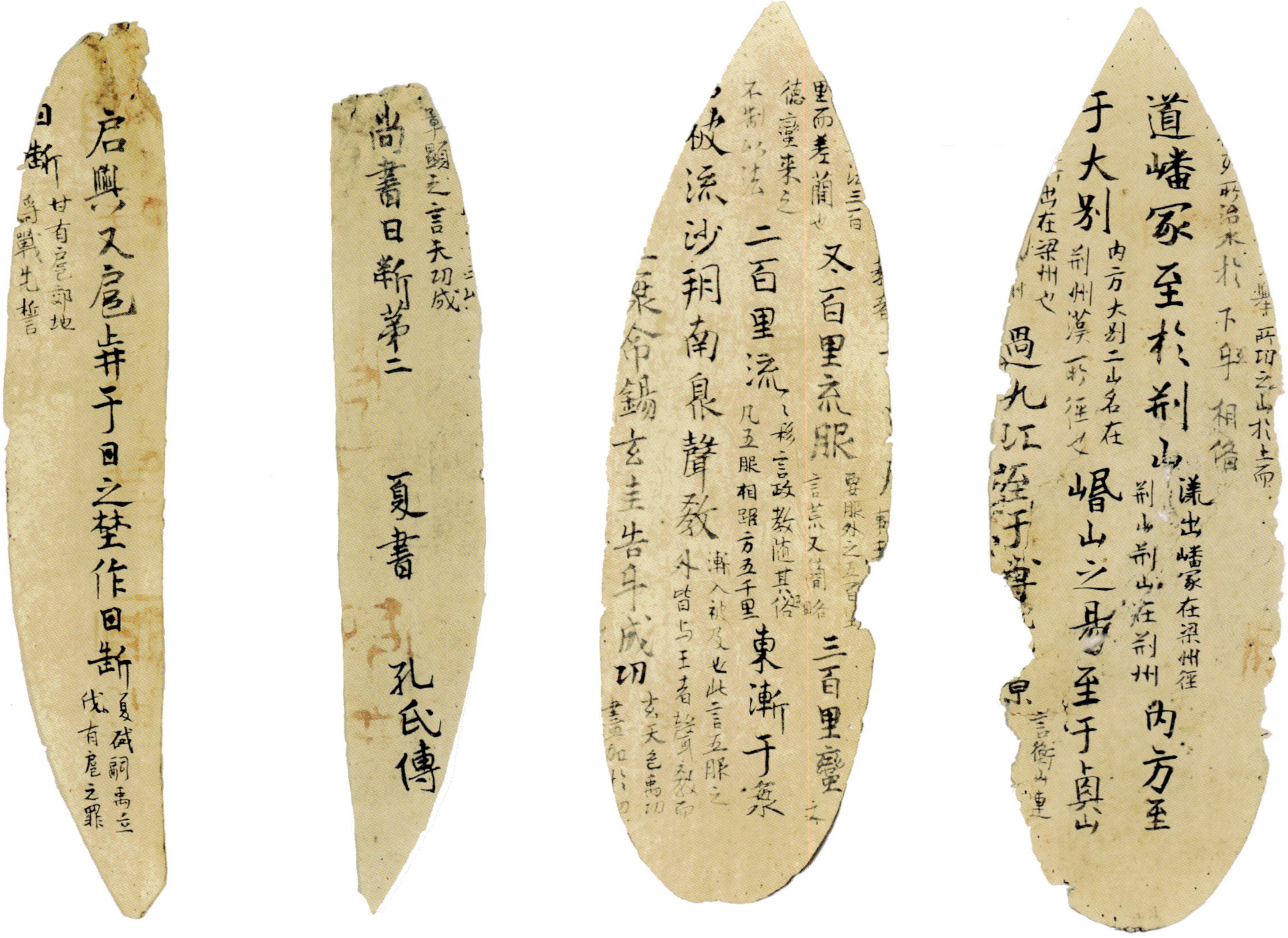
夏書
孔氏傳

【释文】　（前闕）

1. 至于豬埜。下濕曰隰。豬埜，地名。言皆致功也。三危既宅，三苗丕敘。西裔

2. 之山已可居。三苗之族大有次敘，（美）禹之功。厥土惟黄壤，厥田惟上上，厥

3. 賦中下。田第一，賦第六，人功少也。厥貢惟球、琳、琅玕。球、琳皆玉名。琅玕，

4. 石而似珠。浮于積石，至于龍門、西河，积石山在金城西南，

5. 河所經也。沿河順流而北，千里而東也，千里而南，龍門山在河東之西界。會于渭汭。逆流而會，自渭北涯逆

6. 水而西上也。織皮昆侖、析支、渠搜，西戎即敘。織皮、毛布，此四國在

7. 荒服之外，流沙之内。羌髳之屬皆就次敘，美禹之功及戎狄也。導岍及岐，至于荆山，

8. 更理説所治山川首尾所在，治山通水，故以山名之。三山皆在雍州也。逾于河。此謂梁山龍門

9. 西河。壺口、雷首至于太嶽。三山在冀州，太嶽在上黨西。底柱、析城至

10. 于王屋。此三山在冀州南河之北東行。太行、恒山至于碣石，入于海。

11. 此二山連延東北，接碣石而入滄海。百川經此衆山，禹皆治之，不可勝名，故以山言。西傾、朱圉、鳥鼠，

12. 西傾、朱圉在積石以東。鳥鼠渭（水）所出，在隴西之西。三者雍州之南山。至于太華。相首尾而東也。熊

13. 耳、外方、桐柏至于陪尾。四山相連東南，在豫州界。洛經熊耳，伊經外方，淮出桐柏，經陪尾。

14. 凡此皆先舉所施功之山於上，而後條列所治水於下，厥（亘）相備。

15. 導嶓冢，至於荆山。漾出嶓冢，在梁州，径荆山。荆山在荆州。内方，至

16. 于大别。内方、大别，二山名，在荆州，漢所径也。岷山之陽，至于衡山，

17. 岷山，江所出，在梁州也。衡山，江所經，在荆州。過九江，至于敷淺原。言衡山連延過九江，

（中闕）

18. 五百里要服，綏服外之五百里要束以文教者。三百里夷，守平常之教，事王者而已。二百里蔡，

19. 蔡，法也。法三百里而差簡也。又（五）百里荒服。要服外之五百里，言荒又簡略。三百里蠻，以文

20. 德蠻來之，不制以法。二百里流。流，移。言政教隨其俗。凡五服相距方五千里。東漸于海，

21. 西被流沙，朔南暨聲教，漸，入。被，及也。此言五服之外，皆與王者聲教而

22. 朝見。訖于四海。禹錫玄圭，告厥成功。玄，天色。禹功盡加於四

23. 海，故堯賜玄圭，以彰顯之，言天功成。

24. 尚書甘誓第二　夏書　孔氏傳

25. 启與有扈戰于甘之野，作《甘誓》。夏启嗣禹立，伐有扈之罪。

26. 甘誓甘，有扈郊地，將戰先誓。（后闕）

【说明】　这件残纸出土于阿斯塔那1972年179号墓。所写内容为汉孔安国传《尚书》中的《禹贡》《甘誓》两篇。这件写本中的孔传文字与传世本略有不同。

《礼记》写本残卷

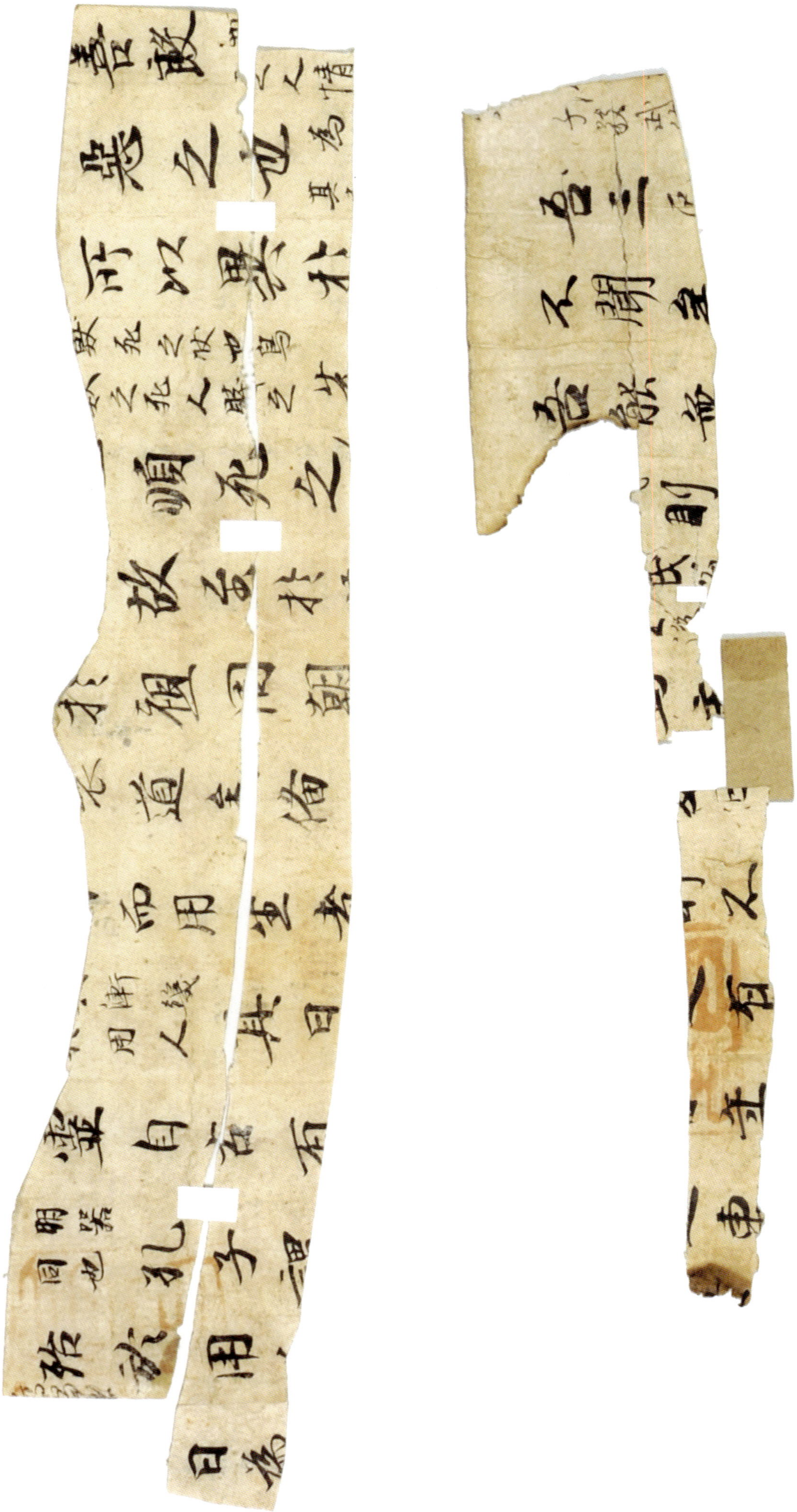

【释文】　（前闕）

1. 善般。期而神之，人情。君臨臣喪，以巫祝桃茢，執戈，

2. 惡之也，爲有凶邪之氣在側，君聞大夫之喪，去樂。卒事而往，未襲也。其已襲，則止巫，去桃茢。桃，鬼所惡。茢，萑苕，可埽不祥。

3. 所以異於生也。生人无凶邪。喪有死之道焉，言人之死有如鳥

4. 獸死之狀也。鳥獸之死，人賤之。先王之所難言也。聖人不明説，爲人甚惡之。喪之朝

5. 也，順死（者）之孝心也，朝謂遷柩於廟。其哀離其室

6. 也，故至於祖考之廟而後行。殷朝而殯

7. 於祖，周朝而遂葬。孔子謂：爲明器者，知

8. 喪道矣，備物而不可用也。神與人異道則不相傷。哀哉！死

9. 者而用生者之器也。不殆於用殉乎哉？殆，幾也。殺人以衛死者曰殉。用其器

10. 者，漸幾於用人。其曰明器，神明之也。神明死者異于生人。塗車、芻

11. 靈，自古有之，芻靈，束茅爲人馬，謂之靈者，神之類。明器之道也。言與

12. 明器同也。孔子謂“爲芻靈者善”，謂“爲俑者不仁”，

13. 殆於用人乎哉？俑，偶人也。有面目機發，有似於生人。孔子善古而非周。穆公問於

14. 子思曰：“爲舊君反服，古與？”

（中闕）

15. 子敬，武伯之子，名捷。敬子曰：“食粥，天下之達禮也。

16. 吾三臣者之不能居公室也，四方莫

17. 不聞矣，言鄰國皆知吾等不能居公室以禮事君也。三臣，仲孫、叔孫、季孫氏。勉而爲瘠則

18. 吾能，無乃使人疑夫不以情居瘠者乎

19. 哉？我則食食。”存時不盡忠，喪又不盡禮，非也。孔子曰，喪事不敢不勉。衛司徒敬子死，司

20. 徒，官氏。公子許之後。子夏吊焉，主人未小斂，絰而往。子游

21. 吊焉，主人既小斂，子游出，

22. 絰，反哭，皆以朋友之禮往，而二人異。子夏曰：“聞之也與？”曰：“聞諸夫子，主人未改

23. 服則不絰。”曾子曰：“晏子可謂知禮也已，恭

24. 敬之有焉。”言禮者，敬而已矣。有若曰：“晏子一狐裘

25. 三十年，遣車一乘，及墓而反。國君七

26. 個，遣車七乘，大夫五個，遣車五乘，晏子焉知禮？”

（後闕）

【说明】

这两件残片出自吐鲁番阿斯塔那墓地 1973 年 222 墓，内容为《礼记 · 檀弓下》。同墓出土的纪年文书最早为唐咸亨二年（671 年），最晚为武周证圣元年（695 年）。两件残片另一面所写内容是《唐咸亨二年西州高昌县感仁等户籍》。由此可以推测，残片的书写年代大约在唐高宗咸亨年间左右。

该写本中的几个字，相当接近唐摹本王羲之《兰亭序》。应该是受到当时流传的王右军书法影响的结果。不过，还应该注意到写本中“殷”等字为典型的北朝写法。并且，该墓出土属于《礼记 · 檀弓下》同一写本的另外几片残片上，仍然保留着北朝时期吐鲁番墓砖里一些常见的笔法和风格。这种混杂的情况至少可以说明三点。第一，书写者应该来自吐鲁番当地，所以未能完全摆脱地方传统书风的影响。第二，受到唐太宗推崇的王羲之书风已经通过某种方式流传到了吐鲁番，并被当地文士所习学，体现了与内地同步的趋势。第三，由于一种共同推崇书风的传播，新疆地区与内地的书法风格进一步同质化。

《礼记》写本残卷	唐 · 冯承素摹《兰亭序》

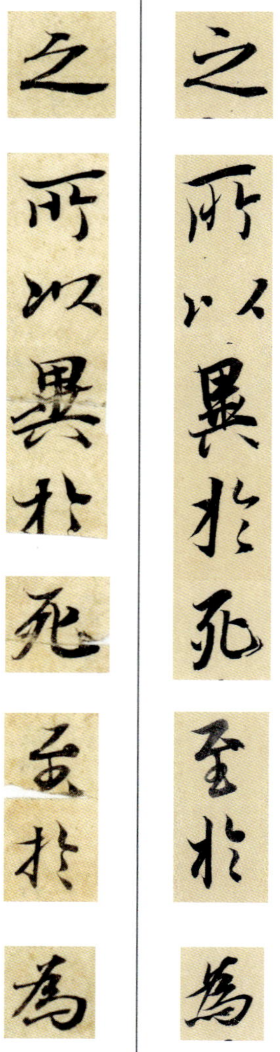

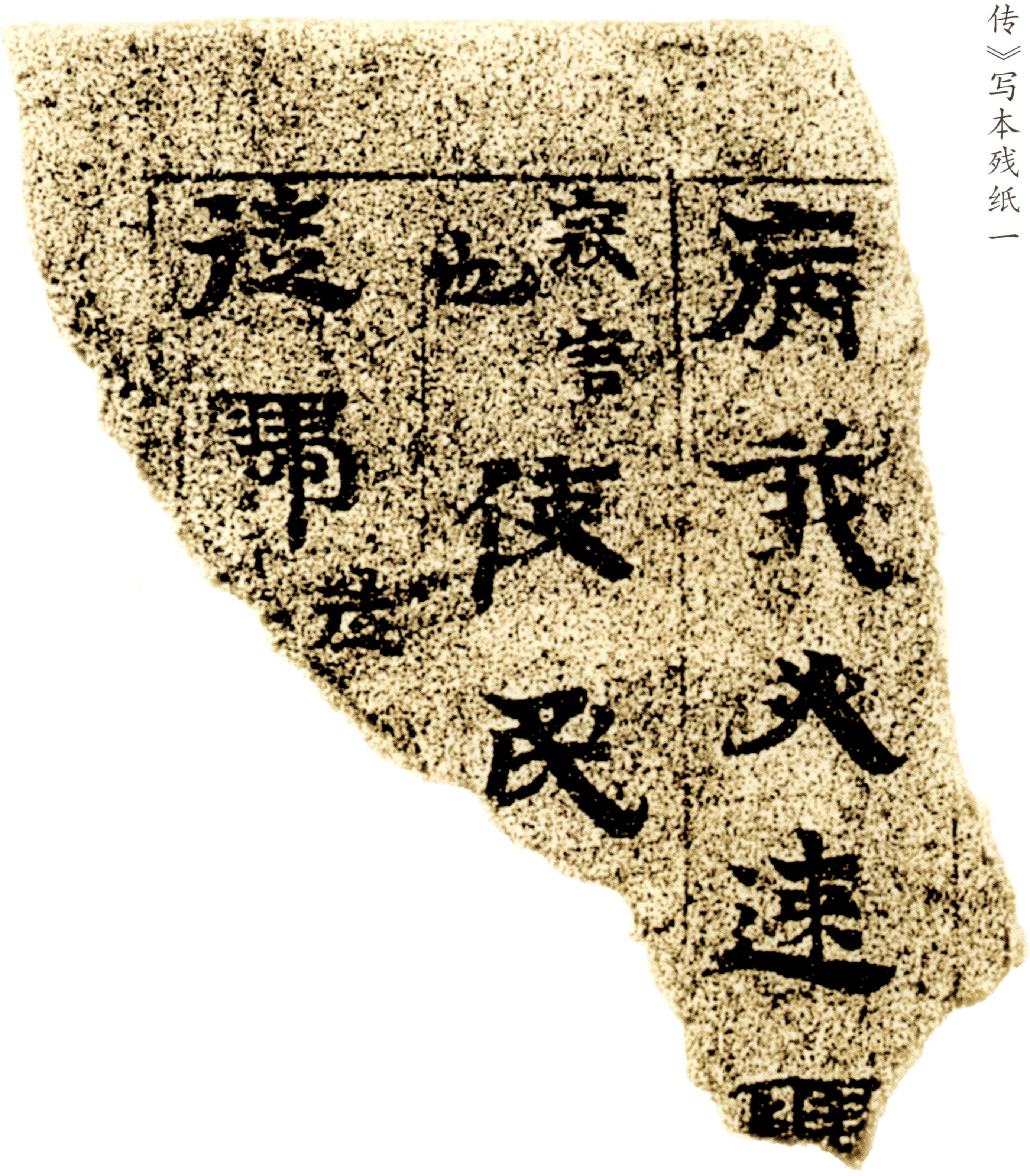

《春秋左传》写本残纸一

【释文】 （前闕）

1. 病我必速歸，何患焉！其来也不寇

2. 寇，害也。使民不嚴，異於他日。”齊師

3. 徒歸。徒

（後闕）

【说明】 这件残纸出自楼兰 LM 遗址（马伯乐编 259 号）。所写内容出自《春秋左传》襄公二十五年：

二十五年春，齐崔杼帅师伐我北鄙，以报孝伯之师也。公患之，使告于晋。孟公绰曰：“崔子将有大志，不在病我，必速归，何患焉！其来也不寇，使民不严，异于他日。”齐师徒归。[①]

残卷双行小字注与杜预《春秋经传集解》传本文字微有不同。如，“其来也不寇”一句，通行本杜预注作“不为寇害”。此残片“害”字之后还有“也”字。

该残纸与《沮渠安周碑》《沮渠封戴墓表》的书法同出一辙，可知应该是北凉时期的抄本。

① ［战国］左丘明撰，［西晋］杜预集解：《春秋经传集解》，上海：上海古籍出版社，1997 年，下册，第 1021—1022 页。

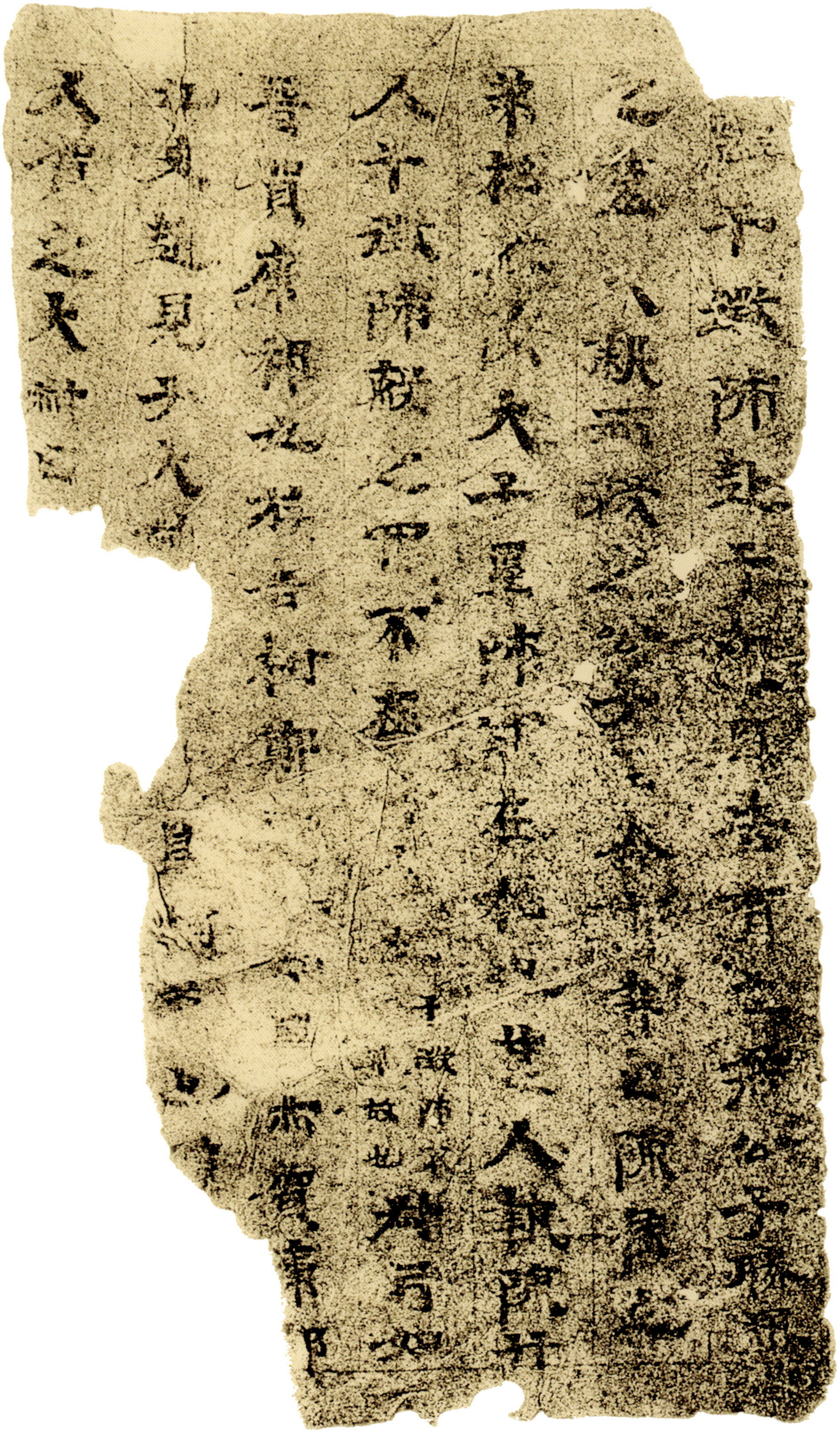

《春秋左传》写本残纸二

【释文】 （前闕）

1. 縊。干徵師赴于楚，且告有立君。公子勝愬

2. 之于楚，楚人執而殺之。公子留奔鄭。書曰“陳侯之

3. 弟招殺陳世子偃師”，罪在招也；“楚人執陳行

4. 人干徵師殺之”，罪不在行人也。干徵師不□陳故也。叔弓如

5. 晉，賀虒祁也。游吉相鄭伯以如晉，亦賀虒祁

6. 也。史趙見子大叔，曰：“甚哉，其相蒙也！可吊也，而

7. 又賀之？”（子）大叔曰：“若何吊也？其非唯我賀，將天下實賀。”

（後闕）

【说明】 这件残纸出自楼兰 LM 遗址（马伯乐编 253 号）。所写内容出自《春秋左传》昭公八年。残卷中双行小字注与传本杜预《春秋经传集解》有所不同，应该是另有所本。从字迹判断，可能与前面的襄公二十五年残卷属于同一抄本，都是北凉时期遗物。

《孝经》写本残卷

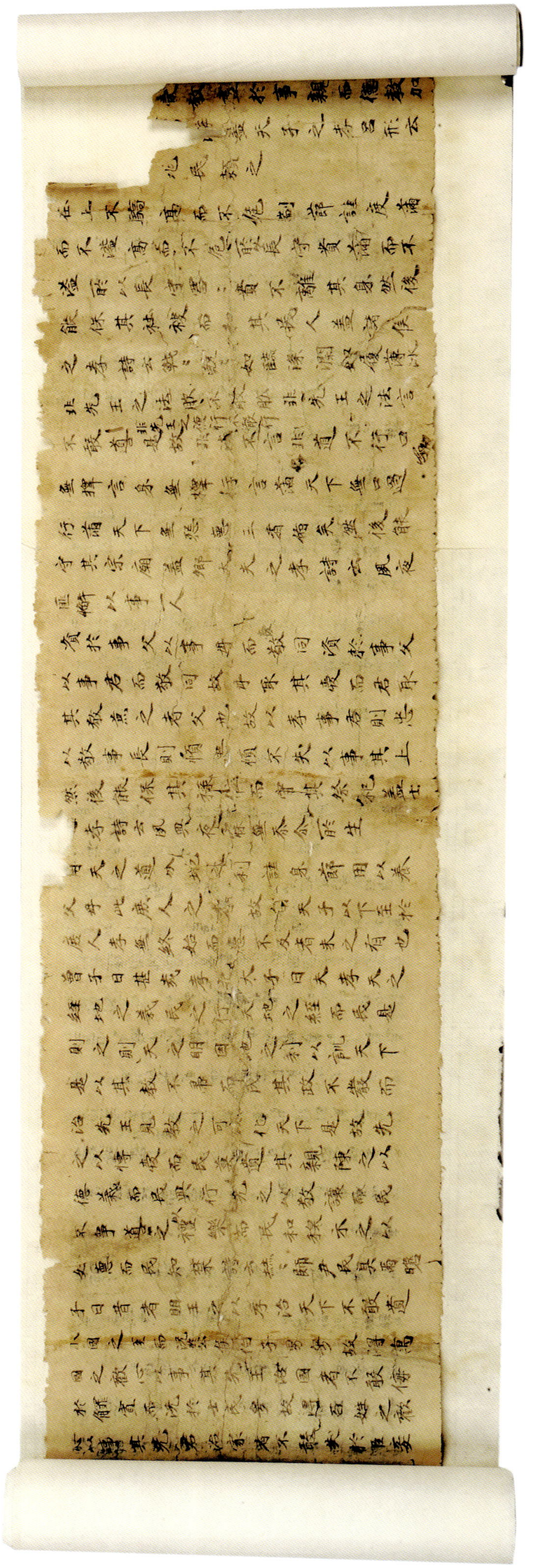

【释文】 （前闕）

1. 敬親者，不敢慢於人。愛敬盡於事親，而德教加

2. 於百姓，刑於四海。蓋天子之孝也。《吕刑》云：

3. ‘一人有慶，兆民賴之。’”

4. 在上不驕，高而不危；制節謹度，滿

5. 而不溢。高而不危，所以長守貴也。滿而不

6. 溢，所以長守富也。富貴不離其身，然後

7. 能保其社稷，而和其民人。蓋諸侯

8. 之孝也。《詩》云：“戰戰兢兢，如臨深淵，如履薄冰。”

9. 非先王之法服不敢服，非先王之法言

10. 不敢道，非先王之德行不敢行。是故非法不言，非道不行；口

11. 無擇言，身無擇行；言滿天下無口過，

12. 行滿天下無怨惡。三者備矣，然後能

13. 守其宗廟。蓋卿大夫之孝也。《詩》云：“夙夜

14. 匪懈，以事一人。”

15. 資於事父以事母，而愛同；資於事父

16. 以事君，而敬同。故母取其愛，而君取

17. 其敬，兼之者父也。故以孝事君則忠，

18. 以敬事長則順。忠順不失，以事其上，

19. 然後能保其禄位，而守其祭祀。蓋士

20. 之孝也。《詩》云："夙興夜寐，無忝尔所生。"

21. 用天之道，分地之利，謹身節用，以養

22. 父母，此庶人之孝。故自天子以下至於

23. 庶人，孝無終始，而患不及者，未之有也。

24. 曾子曰："甚哉，孝之大也！"子曰："夫孝，天之

25. 經，地之義，民之行。天地之經，而民是

26. 則之。則天之明，因地之利，以訓天下。

27. 是以其教不肅而成，其政不嚴而

28. 治。先王見教之可以化天下，是故先

29. 之以博愛，而民莫遺其親，陳之以

30. 德義，而民興行。先之以敬讓，而民

31. 不争；導之以禮樂，而民和睦；示之以

32. 好惡，而民知禁。《詩》云：'赫赫師尹，民具爾瞻。'"

33. 子曰："昔者明王之以孝治天下也，不敢遺

34. 小國之臣，而況於公侯伯子男乎？故得萬

35. 國之歡心，以事其先王。治國者，不敢侮

36. 於鰥寡，而況於士民乎？故得百姓之歡

37. 心，以事其先君。治家者，不敢失於臣妾，

（下略）

【说明】 新疆出土的《孝经》写本，还见有一种注本，与东汉郑玄注本有所不同。

《论语》写本残卷

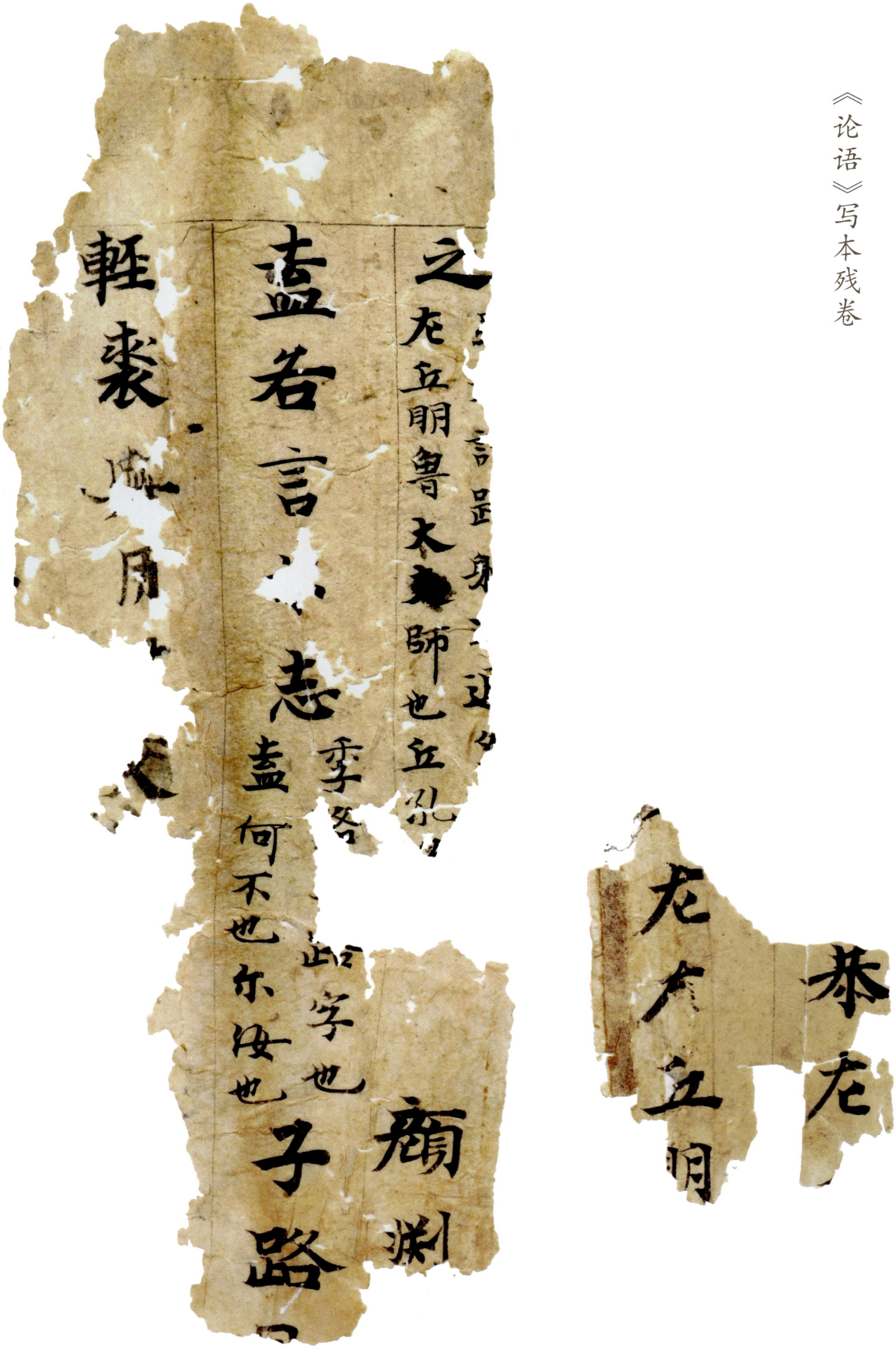

【释文】（前闕）

1. 子曰："巧言，令色，足恭，左丘明恥之，丘亦

2. 恥之。匿怨而友其人，左丘明恥之，丘亦恥

3. 之。"□□□□□□□左丘明，魯太（史）師也。丘，孔子。颜淵、季路侍。子曰：

4. "盍各言尔志。"季路，子路字也。盍，何不也。尔，汝也。子路曰："願車馬衣

5. 輕裘，與朋友共，敝之而無憾。"

（後闕）

【说明】这件残纸所写内容为《论语·公治长》中一节。双行小注文字与三国何晏集解本不同，应该是另一种《论语》注本。

《战国策》写本残卷

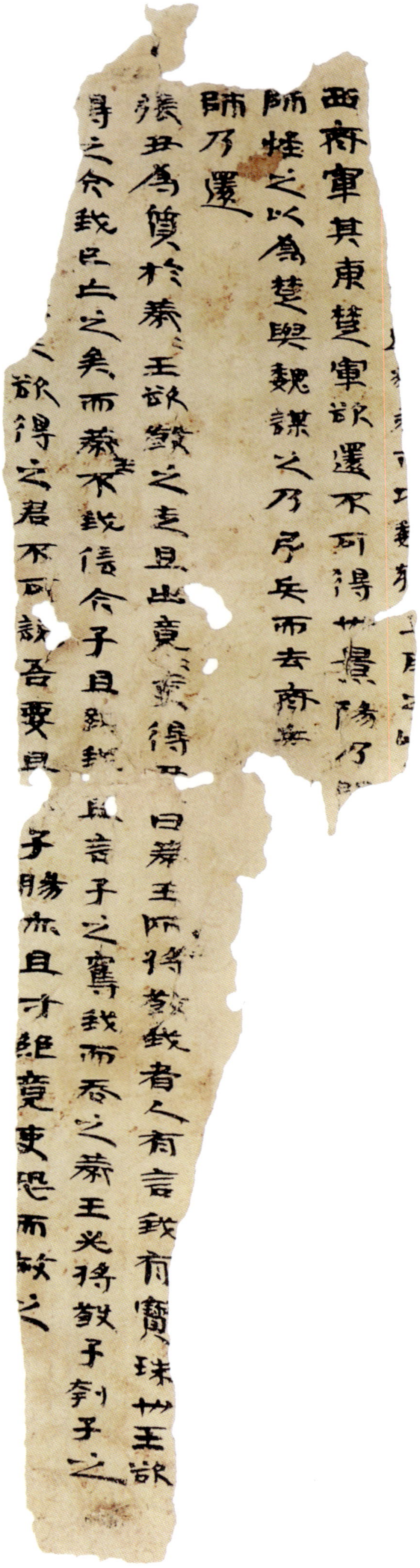

【释文】 （前闕）

1. 軍吏乃服。於是遂不救燕，而攻魏邕丘，取之以與宋。三國懼，乃罷兵。魏軍其

2. 西，齊軍其東，楚軍欲還不可得也。景陽乃開西和門，晝以車騎，暮以燭見，通使於魏。齊

3. 師怪之，以爲燕、楚與魏謀之，乃引兵而去。齊兵已去，魏失其與國，無與共擊楚，乃夜遁。楚

4. 師乃還。

5. 張丑爲質於燕，燕王欲殺之，走且出境，境吏得丑。丑曰："燕王所爲將殺我者，人有言我有寶珠也，王欲

6. 得之。今我已亡之矣，而燕王不我信。今子且致我，我且言子之奪我珠而吞之，燕王必當殺子，刳子腹及子之

7. 腸矣。夫欲得之君，不可說以利。吾要且死，子腸亦且寸絶。"境吏恐而赦之。

（後闕）

【说明】 这件残纸出土于楼兰 L.A.II.ii。所写内容为《战国策》卷三十一《燕策三》"齐韩魏共攻燕"、"张丑为质于燕"两条。

《三国志》写本残卷

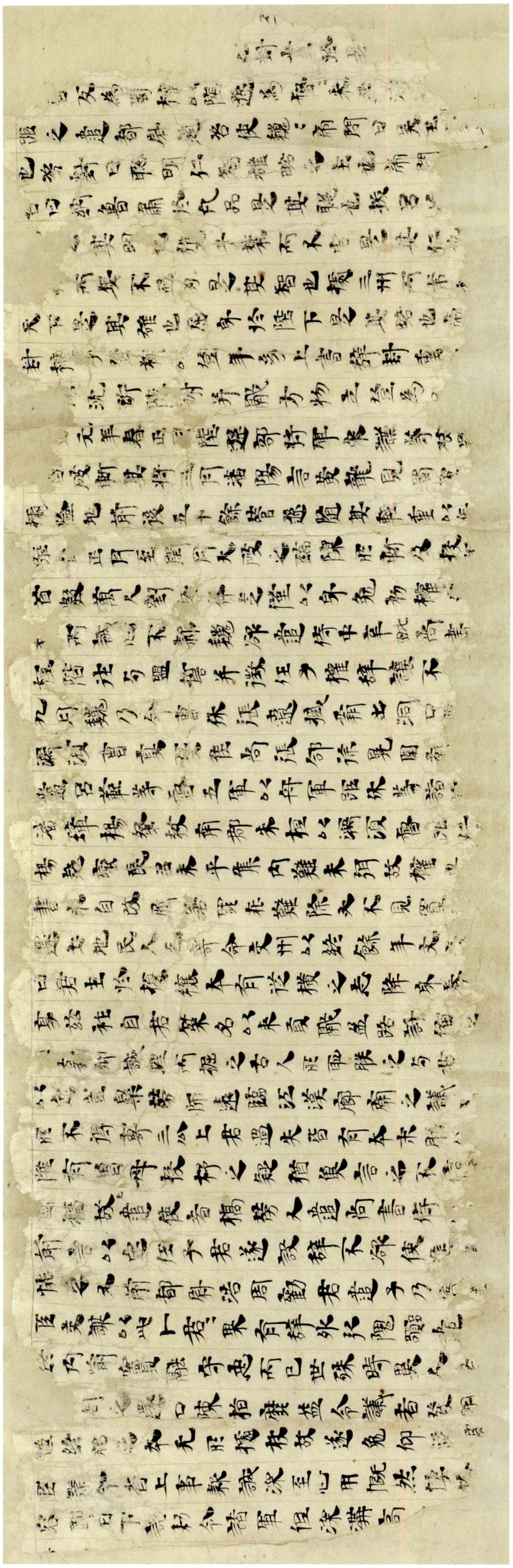

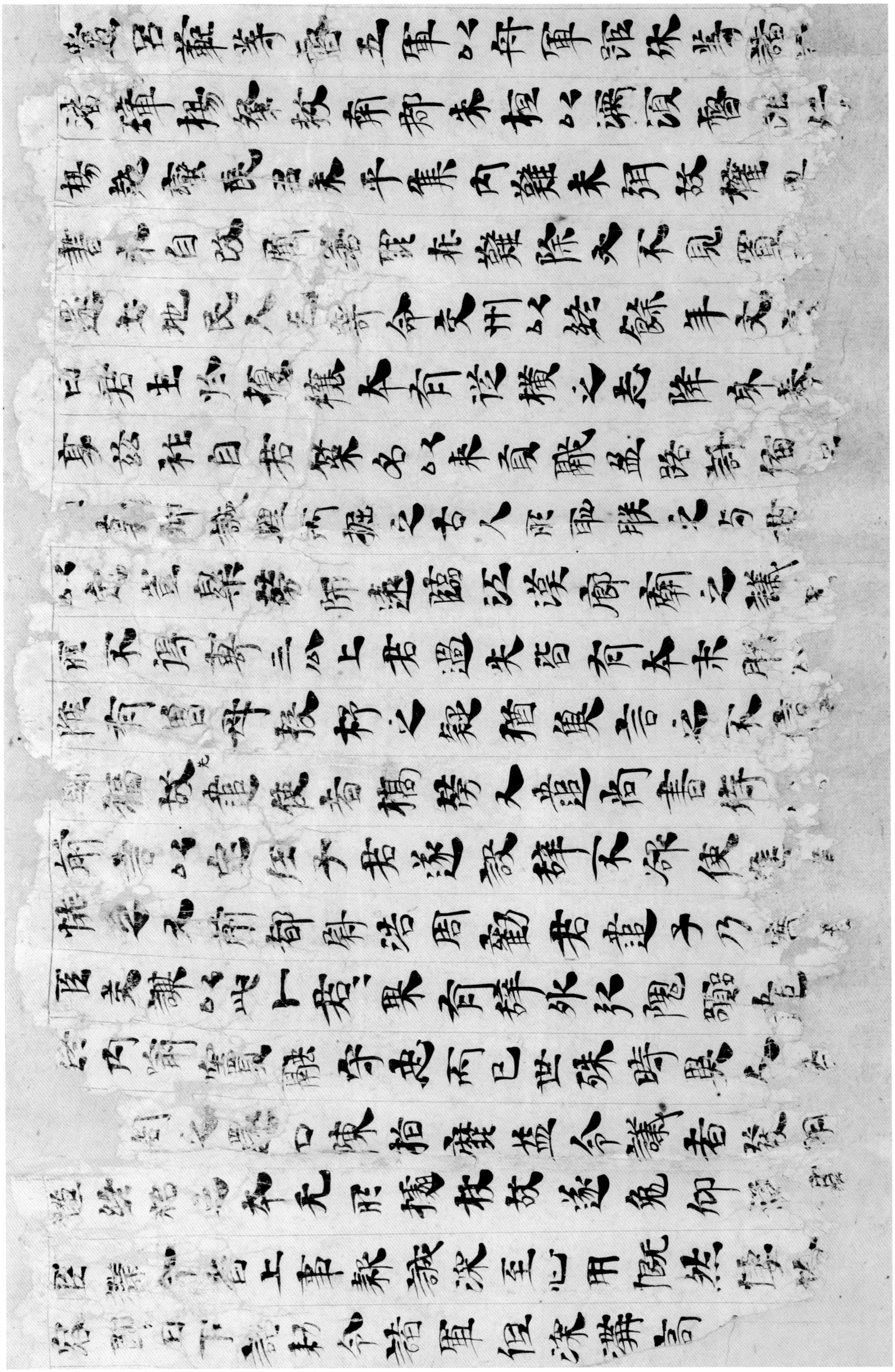

（局部一）

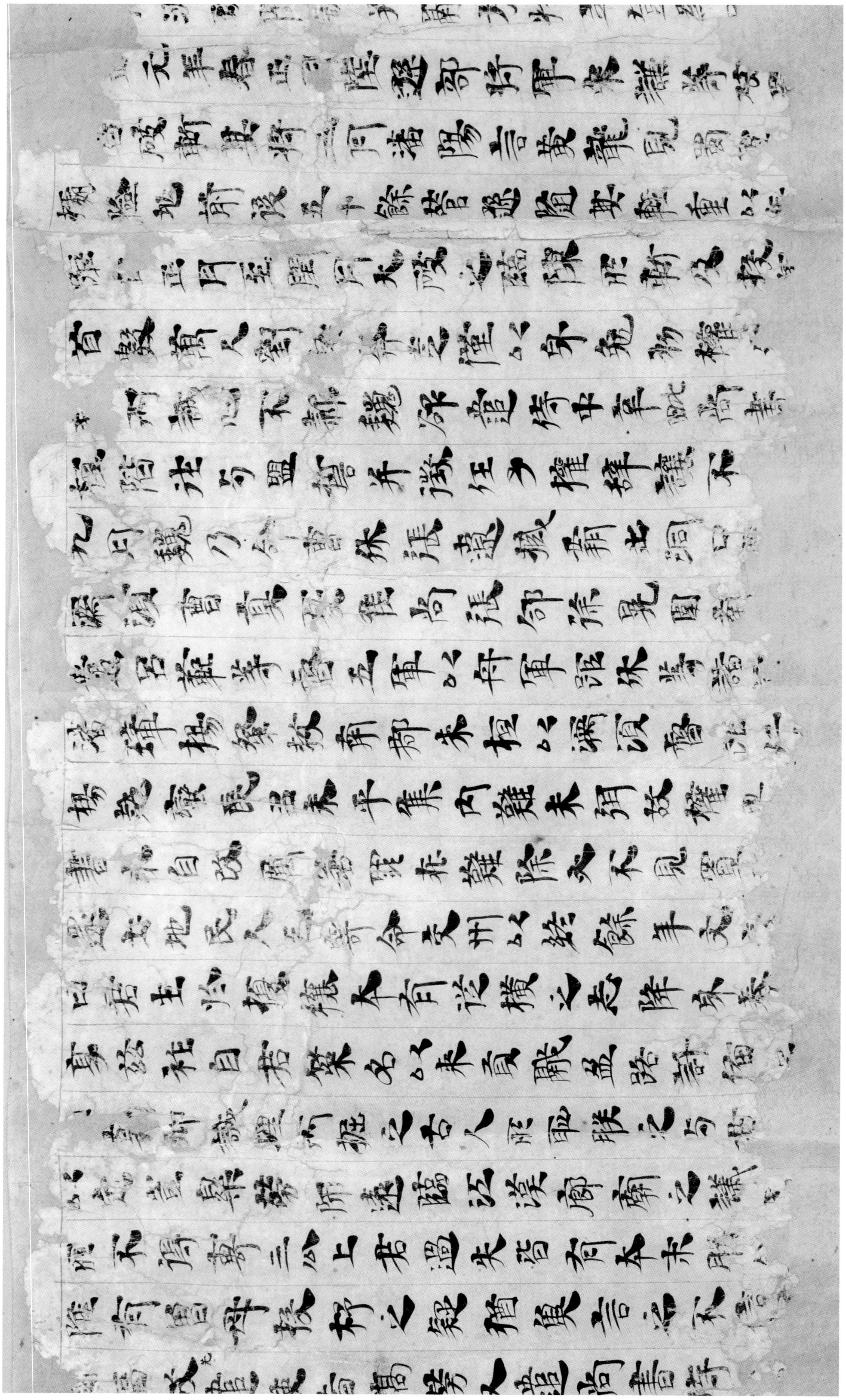

（局部二）

【释文】　（上闕）

1. 是歲，劉備帥軍來伐，至巫山、秭歸，使使誘導武
2. 陵蠻夷，假與印傳，許之封賞。於是諸縣及五谿
3. 民皆反爲蜀。權以陸遜爲督，督朱然、潘璋等以
4. 距之。遣都尉趙咨使魏。魏帝問曰：“吴王何等主
5. 也？”咨對曰：“聰明仁智，雄略之主也。”帝問其狀，
6. 咨曰：“納魯肅於凡品，是其聰也；拔吕蒙於行
7. 陳，是其明也；獲于禁而不害，是其仁也；取
8. 荆州而兵不血刃，是其智也；據三州而虎視於
9. 天下，是其雄也；屈身於陛下，是其略也。”帝欲
10. 封權子登，權以登年幼，上書辭封，重遣西
11. 曹掾沈珩陳謝，並獻方物。立登爲吴太子。
12. 黄武元年春正月，陸遜部將軍宋謙等攻蜀五
13. 屯，皆破之，斬其將。三月，鄱陽言黄龍見。蜀軍分
14. 據險地，前後五十餘營，遜隨其輕重以兵應
15. 距，自正月至閏月，大破之，臨陳所斬及投兵降
16. 首數萬人。劉備奔走，僅以身免。初，權外託事
17. 魏，而誠心不款。魏欲遣侍中辛毗、尚書
18. 桓階往與盟誓，並徵任子，權辭讓不受。秋
19. 九月，魏乃命曹休、張遼、臧霸出洞口，曹仁出
20. 濡須，曹真、夏侯尚、張郃、徐晃圍南郡。權
21. 遣吕範等督五軍，以舟軍距休等，諸葛瑾、
22. 潘璋、楊粲救南郡，朱桓以濡須督距仁。時
23. 揚、越蠻夷多未平集，内難未弭，故權卑辭上
24. 書，求自改厲，“若罪在難除，必不見置，當奉
25. 還土地民人，乞寄命交州，以終餘年。”文帝報
26. 曰：“君生於擾攘，本有從横之志，降身奉國，以
27. 享兹祚。自君策名已來，貢獻盈路。討備之功，
28. 國朝仰成。埋而掘之，古人所耻。朕之與君，大義
29. 以（已）定，豈樂勞師遠臨江漢？廊廟之議，王者
30. 所不得專；三公上君過失，皆有本末。朕以不明，

31. 雖有曾母投杼之疑，猶冀言之不信，以爲
32. 國福。故遣使者犒勞，又遣尚書、侍中踐脩
33. 前言，以定任子。君遂設辭，不欲使進，議者
34. 怪之。又前都尉浩周勸君遣子，乃實朝
35. 臣交謀，以此卜君，君果有辭，外引隗囂遣子不
36. 終，内喻竇融守忠而已。世殊時異，人各有
37. 心。浩周之還，口陳指靡（麾），益令議者發明衆
38. 嫌，終始之本，無所據仗，故遂免（俛）仰從群
39. 臣議。今省上事，款誠深至，心用慨然，悽愴動
40. 容。即日下詔，敕令諸軍但深溝高壘，不
41. 得妄進。若君必效忠節，以解疑議，登身朝到，
（下闕）

【说明】 此为陈寿《三国志》写本残卷。残存内容为《三国志》卷四十七《吴书·吴主传二》建安二十五年至黄武元年一节，文字与今通行本略有不同。①

迄今为止，新疆共出土过6件《三国志》写本。其中最著名的是两件《三国志·吴书》写本残卷。

第一件，1924年鄯善县出土。残存《三国志》卷五十七《虞翻传》至《张温传》部分内容，共八十行，一千九十余字。②原件流入日本。

第二件，就是刊印的这件残卷。该残卷1965年出土于吐鲁番安乐古城南一处佛塔遗址的陶瓮中，存四十一行，五百七十余字。同出的还有《魏书·臧洪传》残卷、佛经残卷、梵文贝叶经写本等。

郭沫若根据字体判断，第一件为东晋抄本，第二件为西晋抄本。③从新疆出土魏晋时期写本来看，这两种《三国志》写本的字体都比东晋、十六国时期简纸所见的字体更早，应该都写于西晋时期。

经鉴定，新疆出土的晋唐时期的纸本和敦煌出土古纸一样，均使用中国传统造纸原料。此件《三国志》写本残卷使用本色加工麻纤维帘纹纸，质地精良，很可能就是古代著名的“左伯纸”。④

《晋书》卷八十二《陈寿传》：

元康七年，病卒，时年六十五。梁州大中正、尚书郎范頵等上表曰：“昔汉武帝诏曰：‘司马相如病甚，可遣

① [晋]陈寿撰，[南朝宋]裴松之注：《三国志》，吴金华点校，长沙：岳麓书社，2002年，下册，第747—749页。
② 这件残卷刊本见罗振玉辑：《汉晋书影》，东京：清雅堂，1943年；[晋]陈寿撰：《三国志》，北京：中华书局，1982年，卷首。
③ 郭沫若：《新疆出土的晋人写本〈三国志〉残卷》，《文物》1972年第8期，第2—6页。
④ 潘吉星：《新疆出土古纸研究——中国古代造纸技术史专题研究之二》，《文物》1973年第10期，第52—60页。

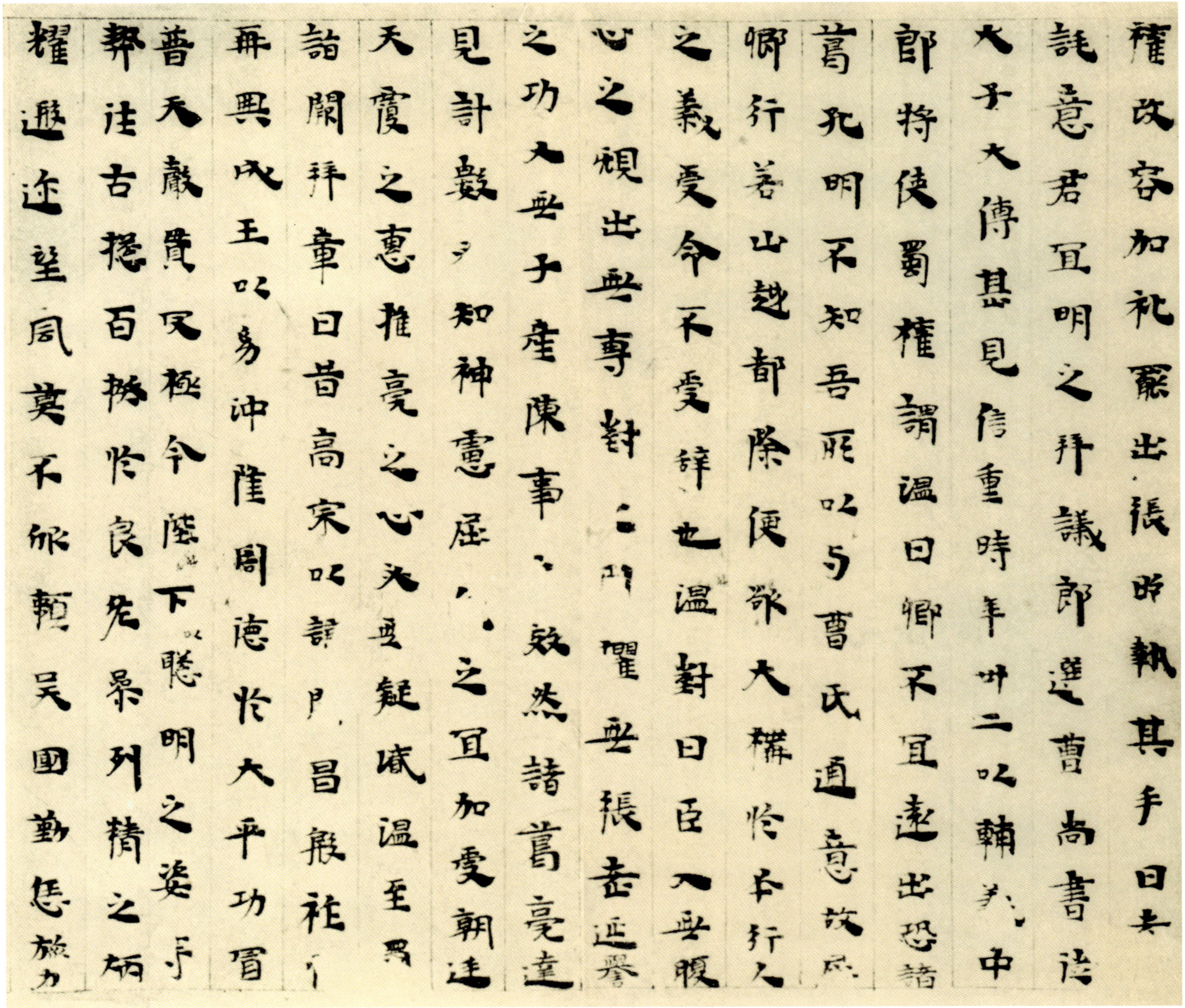
權改容加禮罷出張昭執其手曰老
託意君宜明之拜議郎選曹尚書徙
太子太傅甚見信重時年卅二以輔義中
郎將使蜀權謂溫曰卿不宜遠出恐諸
葛孔明不知吾所以与曹氏通意故屈
卿行若山越都除便欲大構於丕行人
之義受命不受辭也溫對曰臣入無腹
心之規出無專對之用懼無張老延譽
之功又無子產陳事之效然諸葛亮達
見計數必知神慮屈申之宜加受朝廷
天覆之惠推亮之心必無疑貳溫至蜀
詣闕拜章曰昔高宗以諒闇昌殷祚於
再興成王以幼沖隆周德於太平功冒
普天聲貫罔極今陛下以聰明之姿等
契往古總百揆於良佐參列精之炳
耀遐邇望風莫不欣賴吳國勤任旅力

1924年鄯善出土《三国志》写本残卷

悉取其书。’使者得其遗书，言封禅事，天子异焉。臣等按：故治书侍御史陈寿作《三国志》，辞多劝诫，明乎得失，有益风化，虽文艳不若相如，而质直过之，愿垂采录。”于是诏下河南尹、洛阳令，就家写其书。[①]

由于陈寿《三国志》善于叙事，“文质辨洽”，时人以为可以和司马迁、班固比肩。[②] 因此，当时多有传抄。

陈寿卒于西晋惠帝元康七年（297），《三国志》成书当在此之前。新疆出土的这两件写本抄于西晋时期，也就是说在陈寿成书之后到西晋灭亡（315）之前的短短二十年内，《三国志》已传写入新疆。可见当时中原文化在新疆地区传播速度之快、影响之深。

① ［唐］房玄龄等撰：《晋书》，北京：中华书局，1974年，第2138页。

② 刘勰《文心雕龙》卷四《史传篇》：“至于《后汉》纪传，发源《东观》。袁张所制，偏驳不伦；薛谢之作，疏谬少信。若司马彪之详实，华峤之准当，则其冠也。及魏代三雄，记传互出。《阳秋》《魏略》之属，《江表》《吴录》之类。或激抗难征，或疏阔寡要。唯陈寿《三志》，文质辨洽，荀张比之于迁固，非妄誉也。”见［梁］刘勰撰，杨明照校注：《增订文心雕龙校注》，北京：中华书局，2000年，上册，第206—207页。

《晋书》写本残卷

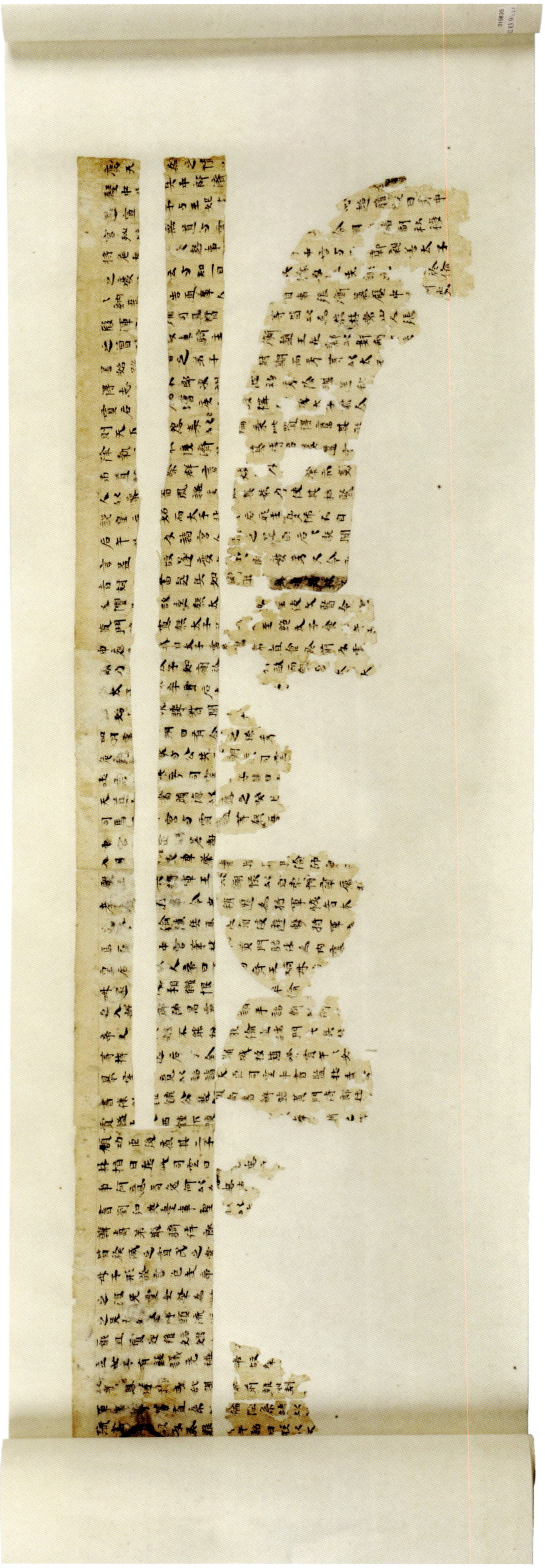

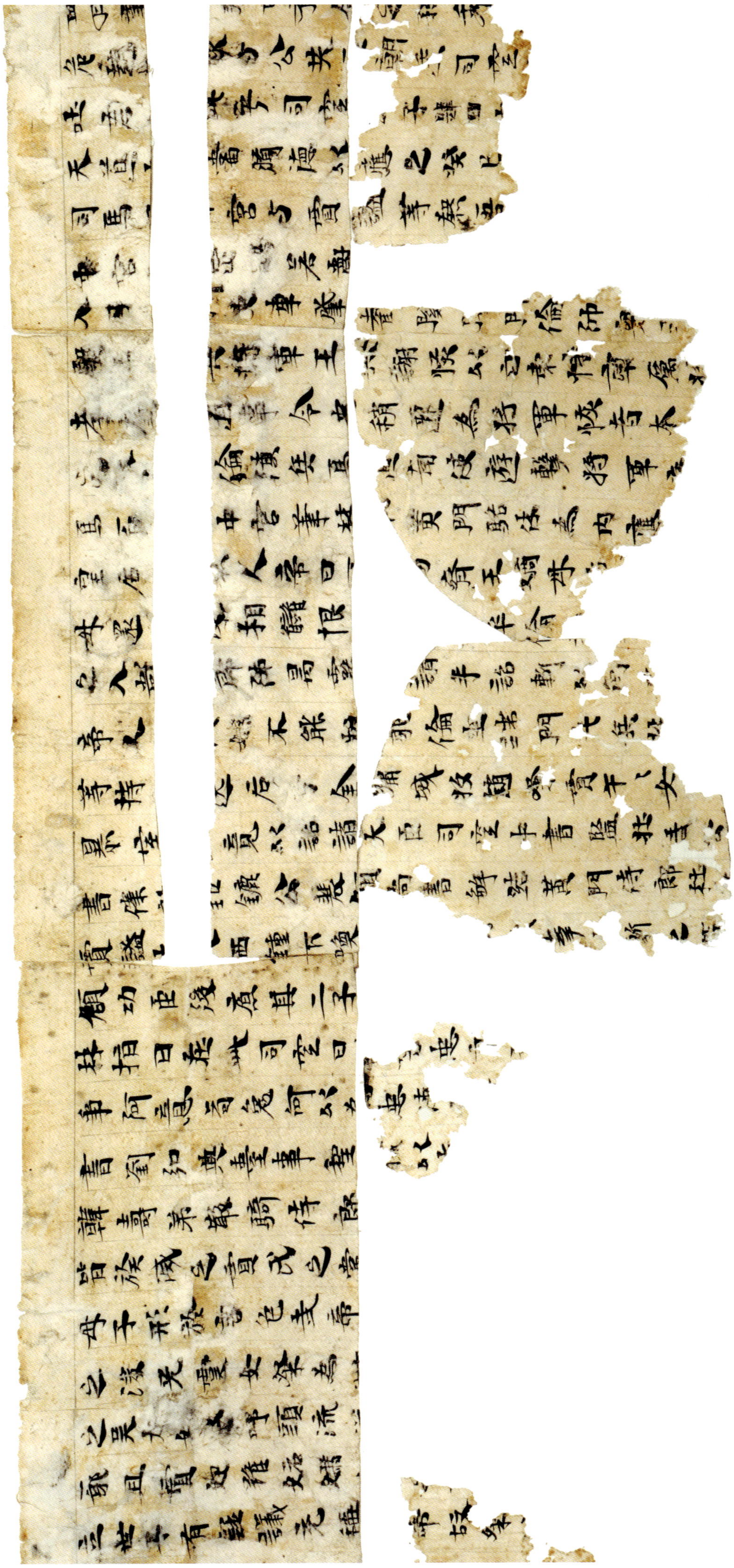

（局部）

【释文】

1. 廢天□爲之憒▭

2. 殿中□兵中郎濟▭

3. 還宣□子與王妃畫▭心超雅説曰：秀中

4. 宫殛妒無道與賈▭太□今國□儲副，社稷

5. 將危，□□大起事▭事中宫，與賈、郭親善，太子

6. 之廢，云與知。一旦▭必豫及先謀之□□於倫，

7. 倫納焉。告通事，令▭省事張衡兼殿中□御史，

8. 般渾□衛司馬，督等皆以爲然。林常山人張□□

9. 之曾孫□車騎主□□衛，趙王在鄴，以奸利□孫▭

10. 善始。路蓄之弟子□□刻期，而秀等以太子▭

11. 得志，□不即決，謀□泄。初，秀陰謀逆亂▭

12. 賈后□□增疾□□故構□成太子罪，今▭

13. 則天下□怨毒，以（已）□倫乘此釁，得奮其詐▭

14. 除執□□后濟□□篡時，后屢遣宫▭

15. 市道聽察群言，□□午及趙粲亦數▭

16. 人以參審風謡，秀知其然，乃使其私豎▭

17. 説皇后妒，而太子非皇后所生，憂怖不自▭

18. 后午粲及諸宫人聞之，還白后，后既聞▭

19. 言益□故，遂廢。太子既廢，秀又令▭

20. 者，刻□當起兵，如許迎□，或未兵杖▭

21. 又懼□欲速煞，太▭衆望使太醫令程▭

22. 黄門孫慮煞太子，□□慮至，絶太子食，□午□▭

23. 申夜□。或曰太子慮見鴆，常煮食於前。及慮▭

24. □乃□太子如厠於□□杵歐而煞之。太子大▭

25. □太子既卒，賈后表▭

26. 路始右□次飛督閭和▭

27. 四月辛□朔，日有食之，孫秀▭

28. 危趙□欲與公共匡朝廷，司空▭

29. 吐言□此乎？司空□子躂曰中

30. 天道玄□當修德以應之，癸巳

31. 司馬曰：“中宫與賈謐等煞吾

32. 中宫□□定賜若爵

33. 入因□□吏車肇截關開門，倫帥梁王

34. 殿上□兵將軍王□謝恢以白虎幡率厲將

35. 孝廉□通事令史稍遷爲將軍。恢者本

36. 之孫□，倫陳兵馬道南，使遊擊將軍□

37. 馬百□中宫華林令黄門駱休爲内應，

38. 皇后□庶人。帝曰：“□□齊王嫡母□

39. 母還□反相仇恨倫

40. 之入尚□郎師咼露□請手詔斬以徇。

41. 帝人□□婦不能救耶。倫坐端門，屯兵北

42. 等持□送后於金墉城，收趙粲、賈、午女

43. 暴室□竟以詔諸大臣，司空中書監壯武公

44. 書僕射鉅鹿公裴頠尚書解結黄門侍郎杜斌

45. 賈謐走入西鐘下，唤□牽□斬之，皆

46. 頠功臣後，原其二子，

47. 林指曰：“在此。”司空曰：“□害忠良

48. 争，阿意苟勉，何以爲忠？

49. 書劉弘典台事，程□以

50. 韓壽弟散騎侍郎

51. 皆族滅之。賈氏之黨

52. 母子形於言色。武帝

53. 之浚兄虞女粲爲

54. 之吴太妃□叩頭流涕，

55. 耶且賈妃雖妒婦

56. 立世子有疑議，充稱□帝，故粲

57. 以舊恩遂豫成亂謀。□煞爲雍州刺史______

58. 軍事華等直系□倫陷系結以______

59. 疏當遣出，故及於難。甲午，詔曰："朕以不德，______

60. 閻實任楊□，□作奸匿既______

61. 華專權漸再□□遂______

62. 永制，專樹異姓，公前______

63. 丹書之制，而弼違______

64. 闇而不周，吾不明之______

65. 勸奬。妒忿構煞太______

66. 德，而凶黨復教内立______

67. 震發與朕協勢，群奸翦______

68. 人更擇良妃，備列六宫，皆______

69. 子惟城，其大赦天下，增位二等，使______

70. 七廟。華字茂先，范陽______

71. 志好學不持□操。初，______人劉□□□欽______

72. 以其子妻之。欽數稱□，拜佐著作郎。太祖如長______

73. 郎從軍掌書疏表檄，太祖善之。還即正。晉興______

74. 華博學洽聞，圖籍無不貫練，世祖嘗問漢事，______

75. 萬户，華畫地成圖，應對如流，雖張安世不______

76. 之遷中令，加散騎常侍，在朝忠肅，謀謨慎______

77. 其闕，軍國政事，多所□□。初秀等謀______

78. 聞群小欲爲不善，公曰______華對______

79. 魏明帝業關中時遠______謂爲______

80. 山之俄而作難，華身□□口簿閲，家無______

81. 於枷藏好屬文而無□難之才，其《鷦鷯賦》______

82. 化之多端，播群形於□類，惟鷦鷯之微蟲，亦攝______

83. 翩翻之陋，體無玄黄以自貴。毛弗施於器用，肉弗______

84. 鷂過猶俄翼何懼。罿罻罦畜蒙籠是焉______

85. 飄揚翔不翕，習其□其求易給巢林不過□

86. □數粒棲無所滞，遊□

【说明】 1972年出土于吐鲁番阿斯塔那151号墓，纸本乌丝栏，残存86行。此写本残卷有一部分内容是西晋赵王伦杀贾后事，但又与唐房玄龄《晋书》有所不同，可能是某种佚失的《晋书》。或推定为孙盛《晋阳秋》。[①]

从西晋开始，就陆续有人编修晋史。赵翼《廿二史札记》卷七《晋书》条："唐初修《晋书》，以臧荣绪本为主，而兼考诸家成之。今据《晋》《宋》等书列传所载，诸家之为《晋书》者无虑数十种。"[②] 安史之乱后，诸家《晋书》散亡。[③]

从字体判断，此残卷可能是5世纪时期左右的写本。

①《吐鲁番出土文书》(图文版)，北京：文物出版社，1994年，第二册，第112—115页。

②［清］赵翼著，王树民校证：《廿二史札记校证》(订补本)，北京：中华书局，2001年，上册，第151—152页。

③［清］钱大昕：《十驾斋养新录》卷六《新晋书》条，《嘉定钱大昕全集》，南京：江苏古籍出版社，1997年，第七册，第160—161页。

刘向《说苑》写本残纸

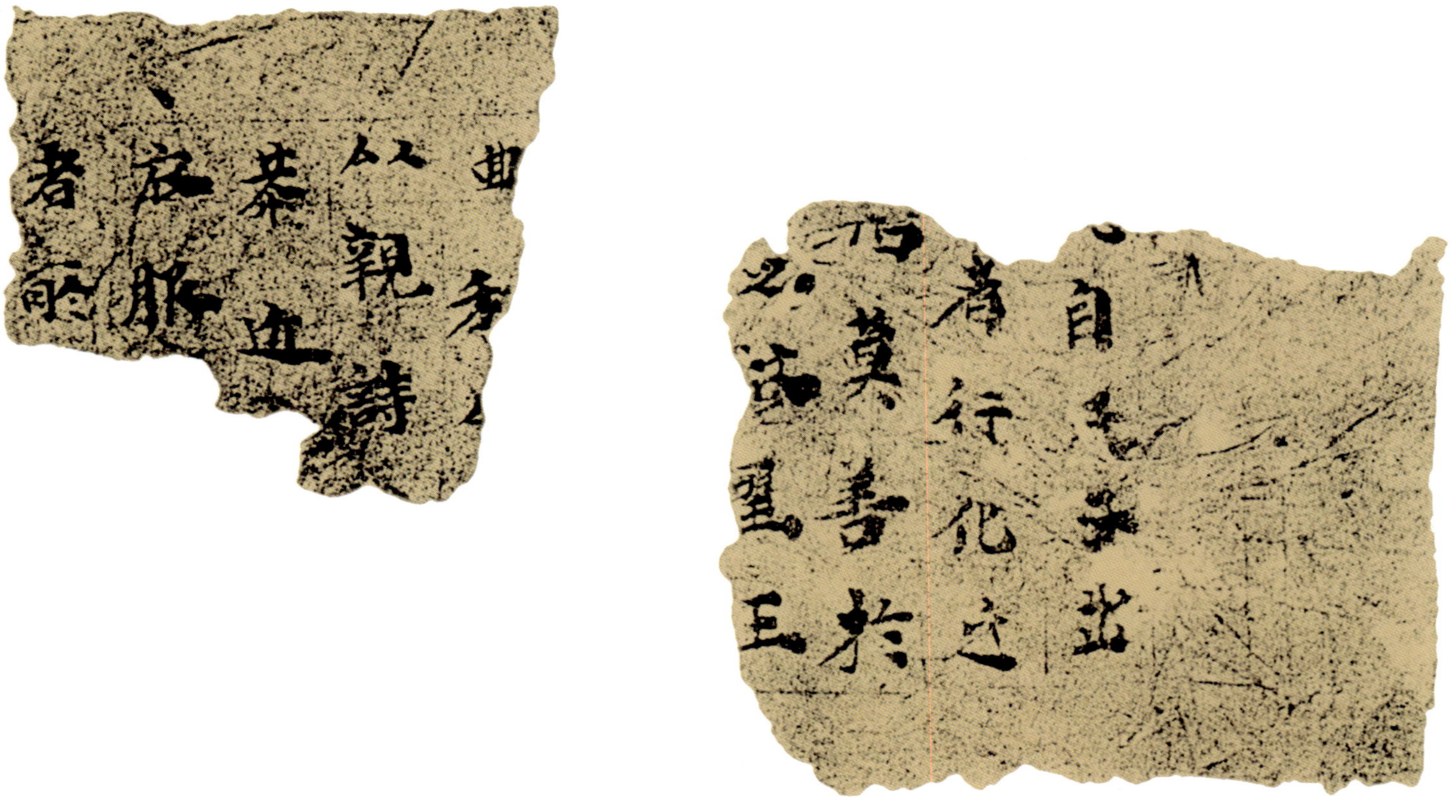

【释文】 （前闕）

1. 自天子出。夫功成制禮，治定作樂。禮樂

2. 者行化之大者也。孔子曰："移風易

3. 俗，莫善於樂；安上治民，莫善於禮。"

4. 是故聖王修禮文，設庠序，陳鐘鼓，

（後闕）

（前闕）

1. 曲，和以順；其以入州里族黨之中，和

2. 以親。《诗》曰："温温恭人，惟德之基。"孔子曰：

3. "恭近於禮，遠恥辱也。"

4. 衣服容貌者，所以悦目也。聲音應對

5. 者，所以悦耳也。嗜欲好惡者，所以悦

（後闕）

【说明】 这两张残纸所写内容为西汉刘向所著《说苑》卷十九《修文》的三个片段，由此可知原为《说苑》写本。三个片段内容如下：

天下有道，则礼乐征伐自天子出。夫功成制礼，治定作乐。礼乐者，行化之大者也。孔子曰："移风易俗，莫善于乐；安上治民，莫善于礼。"是故圣王修礼文，设庠序，陈钟鼓，天子辟雍，诸侯泮宫，所以行德化。《诗》云："镐京辟雍，自西自东。自南自北，无思不服。"此之谓也。

《书》曰："五事：一曰貌。"貌者，男子之所以恭敬，妇人之所以姣好也。行步中矩，折旋中规。立则磬折，拱则抱鼓。其以入君朝，尊以严；其以入宗庙，敬以忠；其以入乡曲，和以顺；其以入州里族党之中，和以亲。《诗》曰："温温恭人，惟德之基。"孔子曰："恭近于礼，远耻辱也。"

衣服容貌者，所以悦目也。声音应对者，所以悦耳也。嗜欲好恶者，所以悦心也。君子衣服中，容貌得，则民之目悦矣。言语顺，应对给，则民之耳悦矣。就仁去不仁，则民之心悦矣。三者存乎心，畅乎体，形乎动静，虽不在位，谓之素行。故忠心好善，而日新之。独居乐德，内悦而形。《诗》曰："何其处也？必有与也；何其久也？必有以也。"惟有以者为能长生久视，而无累于物也。[①]

① ［汉］刘向撰，向宗鲁校证：《说苑校证》，北京：中华书局，1987 年，第 476、480—481 页。

《孙子》抄本残卷

【释文】 （前闕）

1. 輔周則國必强，輔隙則國［必］弱。□相親也。𡒄間隙也。故君之所

2. 以患於軍者三：不知軍之不可以進而謂

3. 之進；不知軍之不可以退而謂之退，是

4. 謂縻軍。不知軍中之事而同軍中之

5. 政者，則軍士惑矣。不知三軍之任，而同三

6. 軍之任，則軍士疑矣。覆敗也。軍士既惑

7. 且疑，則諸侯之難至矣，是謂亂軍

8. 引勝。故知勝有五：知可以戰與不

9. 可以戰者勝，識衆寡之用者勝，上下同

10. 欲者勝，將能而君不禦者勝。以虞待

11. 不虞者勝，此五者，知勝之道也。故

12. 曰：知彼知己者，百戰不殆；不知彼而知己，

13. 一勝一負；不知彼不知己，每戰必殆。

14. 孫子曰：昔之善戰者，先爲不可勝，以待

（後闕）

【说明】 此卷出自吐鲁番吐峪沟石窟，残存《孙子》中《谋攻》《形篇》两篇部分内容。不过文字和《十一家注本孙子》略有不同。这份残卷字体与《沮渠安周碑》《沮渠封戴墓表》十分接近，应该也是北凉时代遗物。

《急就章》写本残卷

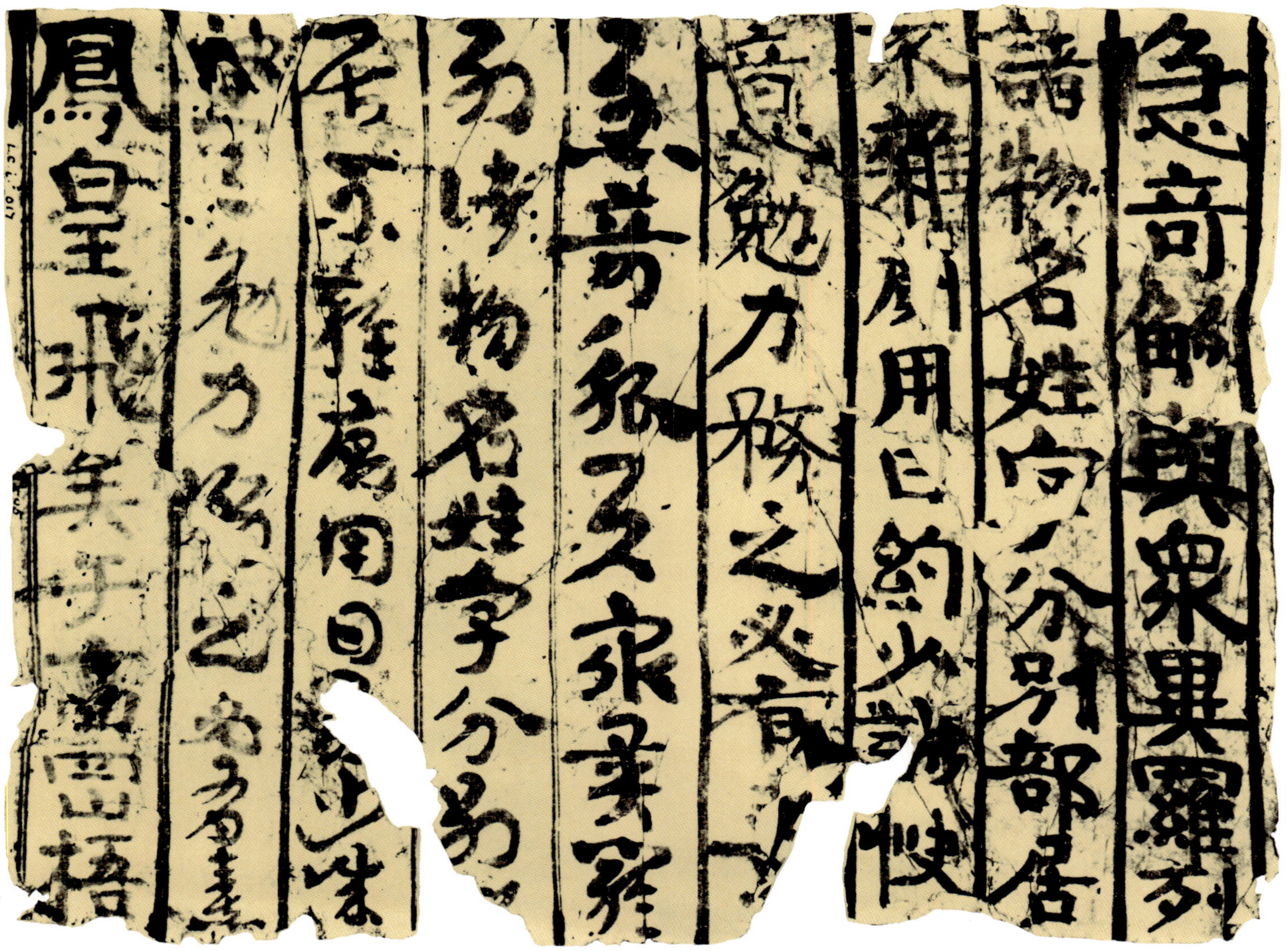
急奇觚與衆異羅列
諸物名姓字分別部居
不雜廁用日約少誠快
意勉力務之必有喜
急奇觚與衆異羅
諸物名姓字分別
居不雜廁用日[illegible]
[illegible]快意勉力務之必有喜
鳳皇飛集于[illegible]梧

正面

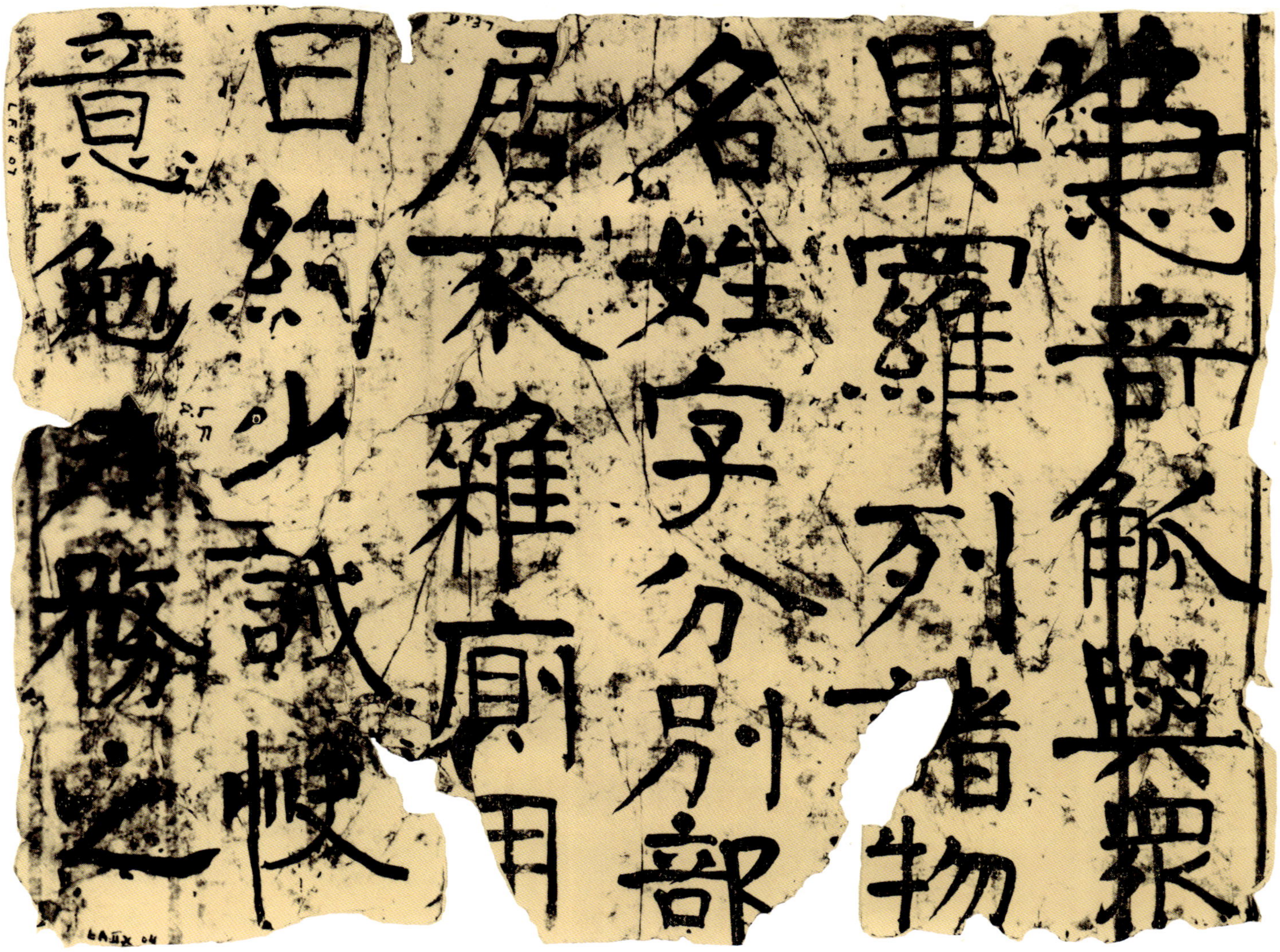
急就奇觚與眾
異羅列諸物
名姓字分別部
居不雜廁用
日約少誠快
意勉力務之

背面

【释文】〔正面〕

1. 急（就）奇觚與衆異，羅列

2. 諸物名姓字，分别部居

3. 不雜厠。用日約少誠快

4. 意，勉力務之必有熹。

5. 急（就）奇觚與衆異，羅

6. 列諸物名姓字，分别部

7. 居不雜厠。用日約少誠

8. 快意，勉力務之必有熹。

9. 鳳皇飛矣于高崗，梧

（後闕）

〔背面〕

1. 急（就）奇觚與衆

2. 異，羅列諸物

3. 名姓字，分别部

4. 居不雜厠。用

5. 日約少誠快

6. 意，勉力務之

（後闕）

【说明】这件文书出自楼兰遗址，出土时分为多个残片，拼合后正、背面两面都写有《急就章》的前面5句，字迹介于隶楷之间，可能是一份练字的残纸。

背面为隶楷。正面前4行为隶楷《急就章》的前面5句，中间4行为章草书写同一段文字。最后一行出自《诗经》。

《诗经·大雅·卷阿》：

有卷者阿，飘风自南。岂弟君子，来游来歌，以矢其音。

伴奂尔游矣，优游尔休矣。岂弟君子，俾尔弥尔性，似先公酋矣。

尔土宇昄章，亦孔之厚矣。岂弟君子，俾尔弥尔性，百神尔主矣。

尔受命长矣，茀禄尔康矣。岂弟君子，俾尔弥尔性，纯嘏尔常矣。

有冯有翼，有孝有德，以引以翼。岂弟君子，四方为则。

颙颙卬卬，如圭如璋，令闻令望。岂弟君子，四方为纲。

凤凰于飞，翙翙其羽，亦集爰止。蔼蔼王多吉士，维君子使，媚于天子。

凤凰于飞，翙翙其羽，亦傅于天。蔼蔼王多吉人，维君子命，媚于庶人。

凤凰鸣矣，于彼高冈。梧桐生矣，于彼朝阳。菶菶萋萋，雝雝喈喈。

君子之车，既庶且多。君子之马，既闲且驰。矢诗不多，维以遂歌。

残卷正面最后一行“凤皇飞矣于高冈，梧”，怀疑是“凤凰鸣矣，于彼高冈。梧桐生矣，于彼朝阳”一句的误写。

《急就章》又名《急就篇》。《汉书·艺文志》载：“《急就》一篇。元帝时黄门令史游作。”《急就章》“杂记姓名、诸物、五官等字，以教童蒙。《急就》者，谓字之难知者，缓急可就而求焉”[①]。汉晋南北朝时代，《急就章》是识字的重要读本。《晋书》卷五十五《夏侯湛传》载，西晋武帝泰始年间，夏侯湛作《抵疑》。其中称：

今天子以茂德临天下，以八方六合为四境，海内无虞，万国玄静，九夷之从王化，犹洪声之收清响；黎苗之乐函夏，若游形之招惠景。乡曲之徒，一介之士，曾讽《急就》、习甲子者，皆奋笔扬文，议制论道。出草苗，起林薮，御青琐，入金墉者，无日不有。[②]

《晋书》卷六十二《祖逖传附祖纳传》，王隐规劝祖纳时称（参同书卷八十二《王隐传》）：

盖闻古人遭逢，则以功达其道，若其不遇，则以言达其道。古必有之，今亦宜然。当晋未有书，而天下大乱，旧事荡灭，君少长五都，游臣四方，华裔成败，皆当闻见，何不记述而有裁成？应仲远作《风俗通》，崔子真作《政论》，蔡伯喈作《劝学篇》，史游作《急就章》，犹皆行于世，便成没而不朽。[③]

前燕慕容皝“亲造《太上章》以代《急就》，又著《典诫》十五篇，以教胄子”。[④]北魏太武帝曾令崔浩“解《急就章》《孝经》《论语》《诗》《尚书》《春秋》《礼记》《周易》”。

从上举诸例可知，当时《急就章》流播极广，影响甚大。史游《急就章》可用于识字，又整理草法，相当于是一个章草标准写本，因此“自昔善小学者多书此”[⑤]。汉晋时代张芝、崔瑗、皇象、钟繇、卫夫人、王羲之、索靖等名家都传摹过《急就章》。《急就章》文字古奥，意义不易通晓，因此历来有不少人为之做注，其中最著名和通行的是颜师古的《急就篇注》。[⑥]

这件残纸出自楼兰 LAii 遗址，从字迹判断，应该是 4—5 世纪时候的遗物，是目前所知传入新疆地区较早的一件古代小学读物。由此可见，即使远在新疆，当时的识字和章草书写标准也和内地保持一致。

---

① [宋]晁公武撰，孙猛校证：《郡斋读书志校证》卷四小学类，上海：上海古籍出版社，1990 年，第 149 页。

②《晋书》，第 1493 页。

③《晋书》，第 1698 页。

②《晋书》卷一〇九《慕容皝载记》，第 2826 页。

⑤《郡斋读书志》卷四小学类，第 149 页。

② 颜师古《急就篇注》和传世松江本皇象《急就章》文字略有不同。参见高二适：《新定急就章及考证》，上海：上海古籍出版社，1982 年。

《急就章》写本残卷二

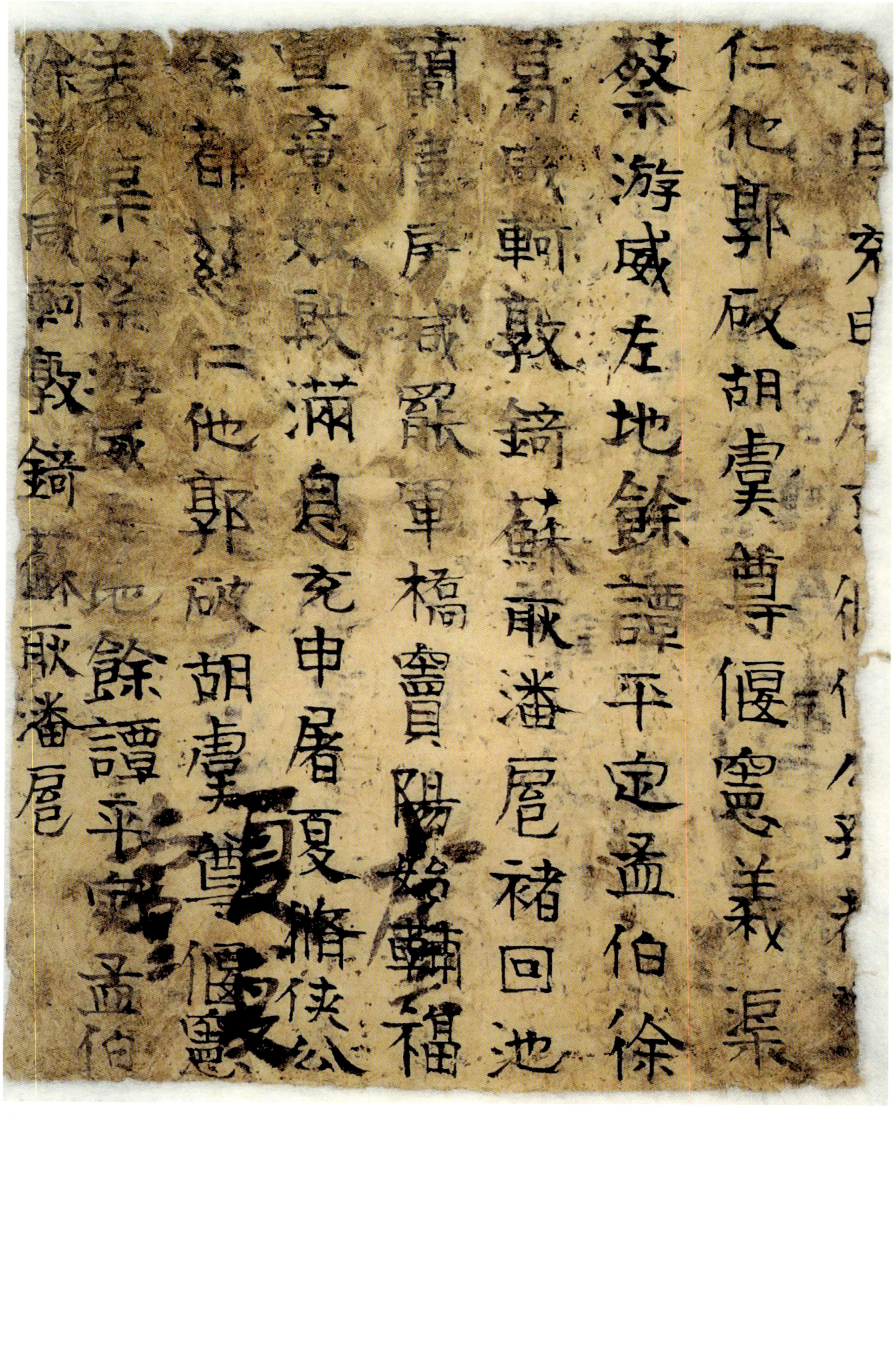

【释文】 （前闕）

1.［满息充申屠夏修侠公孫都慈］

2. 仁他郭破胡虞尊偃憲義渠

3. 蔡游威左地餘譚平定孟伯徐

4. 葛咸軻敦錡蘇耿潘扈褚回池

5. 蘭偉房減罷軍橋竇陽始輔福

6. 宣棄奴殷满息充申屠夏修侠公

7. 孫都慈仁他郭破胡虞尊偃憲

8. 義渠蔡游威左地余譚平定孟伯

9. 徐葛咸軻敦錡蘇耿潘扈

（後闕）

【说明】 1988 年，日本学者福田俊昭到瑞典留学，时值斯德哥尔摩大学东方语言研究所罗森（S.Rosen）教授主持整理瑞典国立民族学博物馆（The National Museum of Ethnography in Sweden）藏斯文·赫定中亚收集品。罗森请福田氏帮助鉴定斯文·赫定收集品中的五件相当完整的汉语纸文书。这些文书用油纸精心包裹，封存于茶色纸筒中。福田认为它们大概是斯文·赫定在楼兰城发现的文书。回日本数月后，福田做了报道，不仅给出录文，而且刊布了黑白照片。① 事隔十年，京都大学人文科学研究所冨谷至教授发表了他们对新刊楼兰文书的最新研究成果，并首次公布了五件文书的彩色原大照片。② 此为其中的一件，时代应在 4 世纪初。③

① 福田俊昭：《〈ヘデイン文書〉新たに5片を"發現"》，《書道美術新聞》第 257 号，1989 年；福田俊昭：《樓蘭文書の發見》，《東洋研究》第 96 卷，第 43—62 页。斯文·赫定为何没有及时公布这几件文书，目前尚不得而知。

② 冨谷至主编：《流沙出土の文字資料——樓蘭·尼雅文書を中心に》，第 177—214 页。

③ 陈凌：《斯文·赫定收集品的新刊楼兰文书》，载《欧亚学刊》第 5 辑，第 105—131 页。

《千字文》写本残片

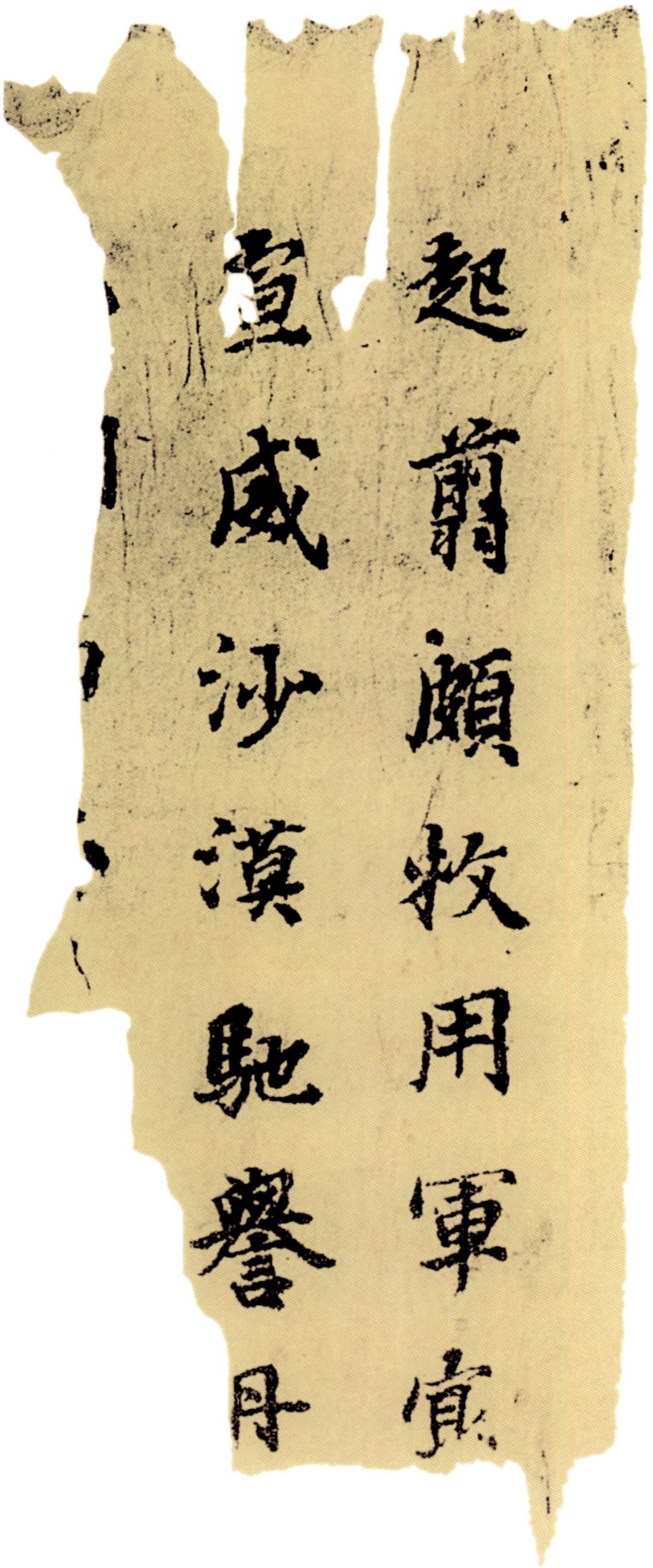

【释文】

（前闕）

1. 起翦頗牧，用軍最精。

2. 宣威沙漠，馳譽丹青。

3. 九州禹迹，百郡秦并。

（後闕）

吐鲁番出土唐写本《千字文》	隋僧智永《真草千字文》	库车出土唐写本《千字文》习字
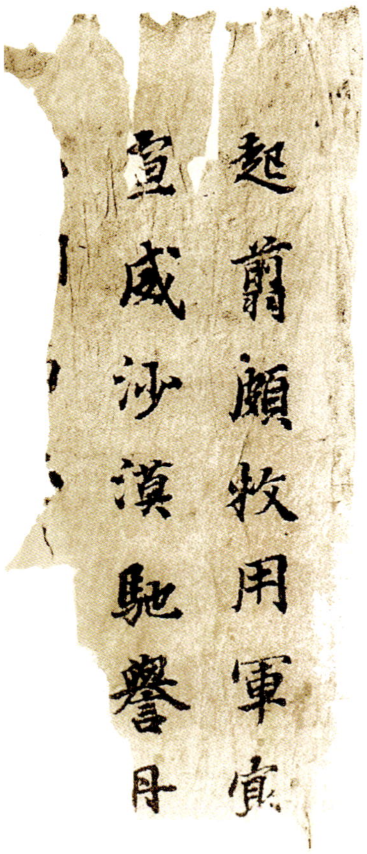	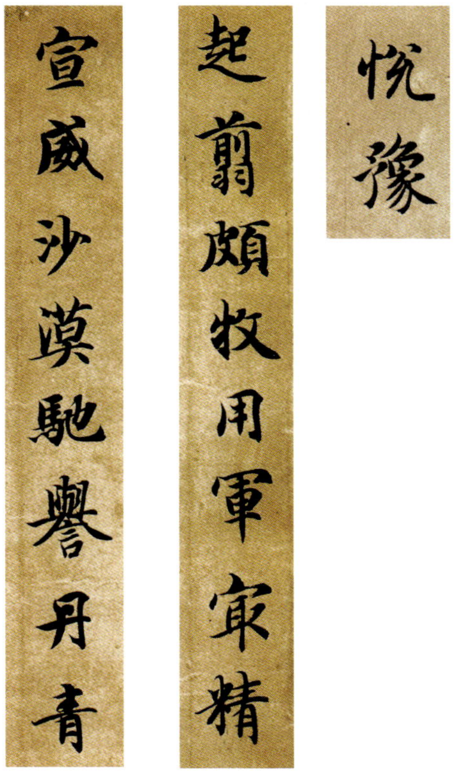	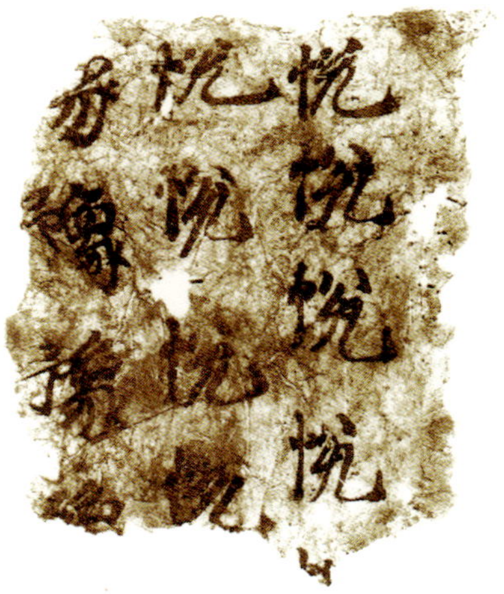

【说明】 这件《千字文》残片出自吐鲁番吐峪沟石窟。从残存文字可知，原写本每行八字，现残存两行半。从字迹判断知为唐代写本。吐鲁番阿斯塔那墓地也出土过数件唐代写本《千字文》残片。除此之外，法国探险队在库车还发现过一件唐代《千字文》习字残片。

南朝梁武帝（502—549年在位）命员外散骑侍郎周兴嗣撰成《千字文》。此后《千字文》成为重要的蒙学读物，在隋唐时期极为流行。新疆地区发现唐代写本《千字文》，可见《千字文》的流行之广。把吐鲁番、库车等地出土的唐代《千字文》写本和楼兰出土的魏晋时期《急就章》写本联系起来，就可以看出这时期新疆的蒙学教育保持着与中原一致的步调。

如果将这件残片与流落日本的传世隋僧智永《真草千字文》墨迹相比较，可见二者结字颇为相近。有理由认为，智永所写《千字文》当时已经传入新疆，成为人们习学的范本。不过用笔体势上，智永千字文更显秀媚，而此件残片则更内敛含蓄。

贰·公文书信

李柏文书

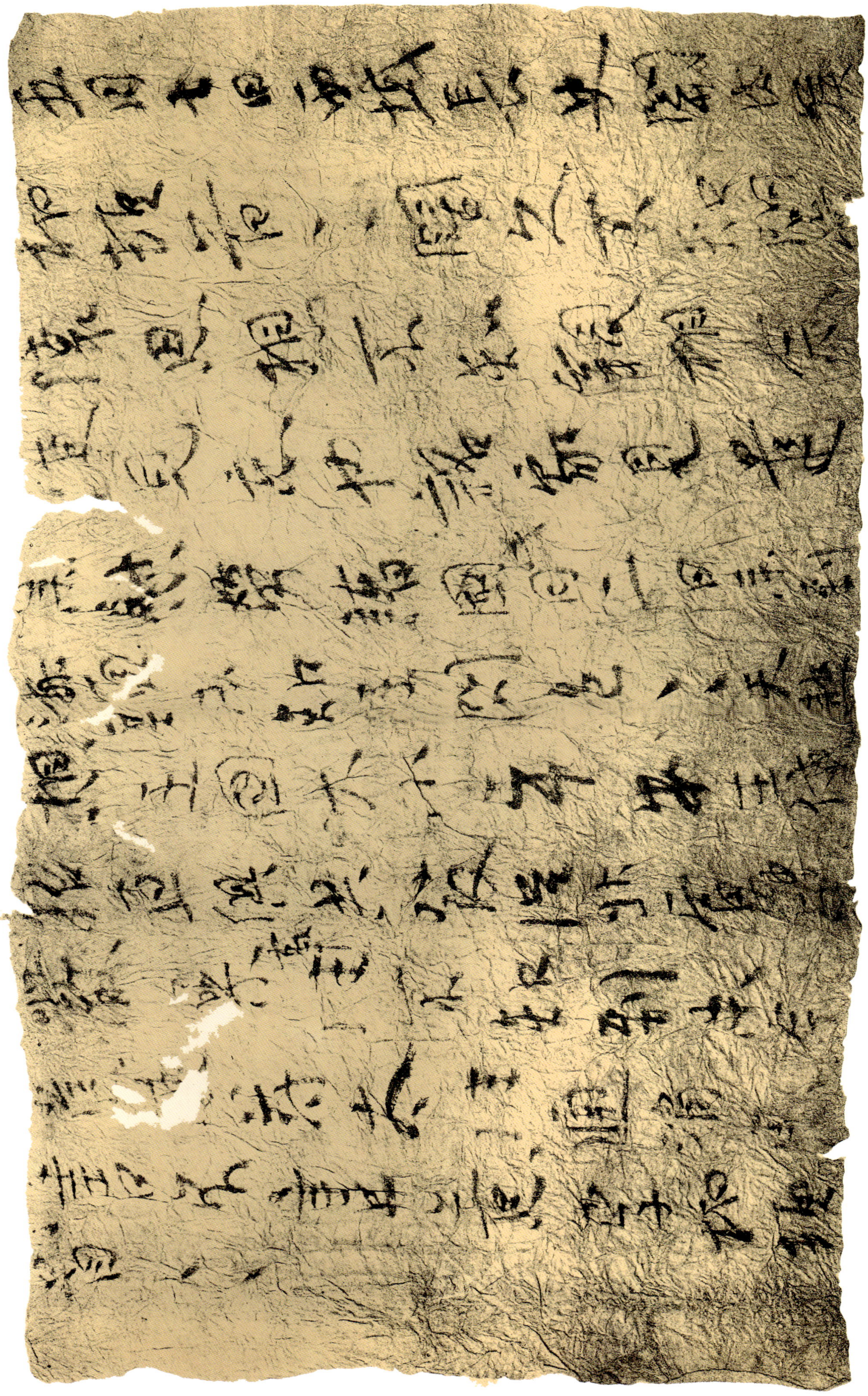

之一（538A）

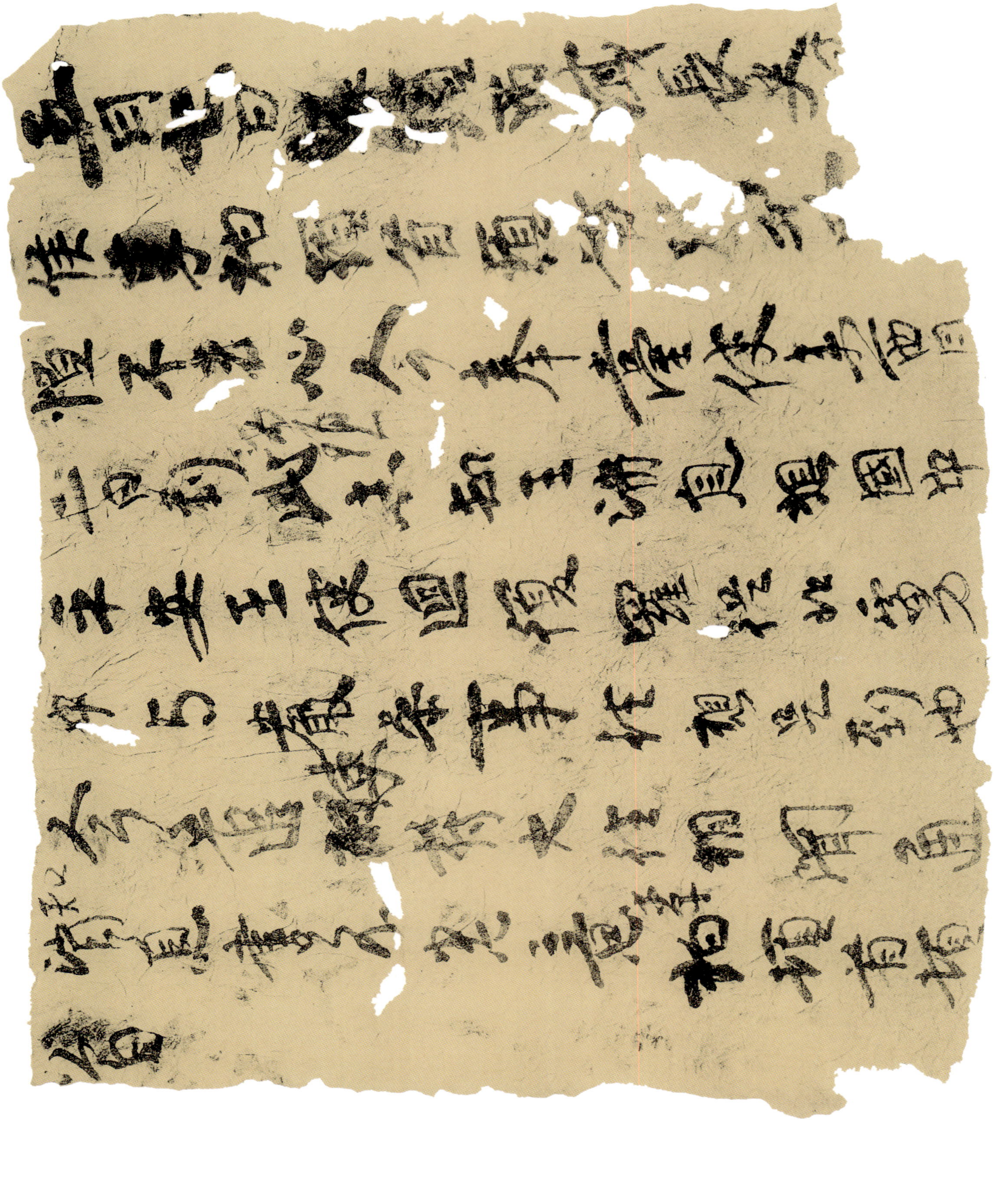

之二（538B）

之一（538A）

【释文】 1. 五月七日西域長史關内侯

2. 柏頓首頓首。闊久不知問，常

3. 懷思想，不知親相念

4. 便見忘也。詔家見遣，

5. 來慰勞諸國。此月二日來到

6. 海頭，未知王問，邑邑。天熱，

7. 想王國大小平安。王使

8. 招过，俱共發，從北虜與

9. 嚴参事往，不知到未。今

10. 遣使苻太往通消息。

11. 書不盡意，李柏頓

12. 首頓首

之二（538B）

【释文】 1. 五月七日海頭西域長史關内

2. 侯李柏頓首頓首□□□□□

3. 恒不去心。今奉臺使来西，月

4. 二日到此海头。未知王消息，想國中

5. 平安。王使迴復羅從北虜

6. 中与嚴参事往，想是到也。

7. 今遣使苻大往相聞，通

8. 知消息。書不悉意。李柏頓首頓

9. 首。

【说明】 《李柏文书》是西域长史李柏的两份书信稿件，是日本大谷光瑞考察队在楼兰发现的最重要的文书。除这两件首尾完具的信稿之外，另有39件残片也与此有关。这批文书现藏日本龙谷大学图书馆。《李柏文书》之一编号538A，《李柏文书》之二编号538B。

《李柏文书》中的西域长史李柏，见于《晋书》卷八十六《张骏传》：

西域长史李柏请击叛将赵贞，为贞所败。议者以柏造谋致败，请诛之。骏曰："吾每以汉世宗之杀王恢，不如秦穆之赦孟明。”竟以减死论，群心咸悦。[①]

根据同传：

咸和初，惧为刘曜所逼，使将军宋辑、魏纂将兵徙陇西南安人二千余家于姑臧，使聘于李雄，修邻好。及曜攻枹罕，护军辛晏告急，骏使韩璞、辛岩率步骑二万击之，战于临洮，大为曜军所败，璞等退走，追至令居，骏遂失河南之地。初，戊己校尉赵贞不附于骏，至是，骏击擒之，以其地为高昌郡。[②]

《晋书》卷七《成帝纪》咸和二年（324）十月：“刘曜使其子胤侵枹罕，遂略河南地。”[③] 前凉建兴十五年（327），张骏攻高昌，擒戊己校尉赵贞，置高昌郡。[④] 西域长史李柏击赵贞，为赵贞所败，发生在前凉建兴十二年（324）五月张骏初立至建兴十五年之间。[⑤] 李柏就在这段时间前后担任西域长史。

对于《李柏文书》书写的时间，学术界有多种不同意见。综合看来，《李柏文书》写于击赵贞之时的可能性较大一些。

《李柏文书》准确的出土地点，国际学术界也存在较大争议。有必要简略叙述一下其发现和刊布的背景。

大谷光瑞考察队是20世纪初掠夺丝绸之路古代文物的外国探险队之一，主持者大谷光瑞为日本真宗西本愿寺第22代宗主。斯文·赫定、斯坦因在新疆探险的收获在西方产生巨大反响时，大谷光瑞正在英国留学。受其影响，大谷在日本组建中亚考察队，先后三次到中国西部考察。[⑥]

1908—1909年，大谷光瑞考察队第二次到新疆探险。大谷光瑞委派橘瑞超、野村荣三郎两人分别负责丝绸之路南道和北道。橘瑞超在楼兰、尼雅一带获得大批汉文和佉卢文书。著名的《李柏文书》就是橘瑞超在这次探险中于楼兰发现的。

1914年5月，本愿寺内部财政问题疑狱事件发生后，大谷光瑞辞位出国，他领导的中亚考察因此中断。大谷考察队第一次考察所获古物寄存帝国京都博物馆，第二和第三次考察的收集品则存放神户郊外大谷光瑞别墅二乐庄。后来因理财不善，大谷售出二乐庄及部分文物。不久，这些文物（主要是壁画残片）再次转手给日本的朝鲜总督寺内正毅，借以充实朝鲜总督府博物馆（今首尔国立中央博物馆）。大谷后来在大连长住，大谷考察队的主要收集品随他运至大连。1916年起，这些收集品由关东都督府满蒙物产馆保存。1945

①《晋书》，第2235页。

②《晋书》，第2238页。

②《晋书》，第171页。参《资治通鉴》卷九十三咸和二年“张骏闻赵兵为后赵所败”条记事，第2944页。

③［唐］徐坚《初学记》卷八《州郡部·陇右道第六》“车师国”引《地舆志》云：“晋咸和二年置高昌郡，立田地县。”北京：中华书局，2004年，第181页。

④ 唐长孺：《高昌郡纪年》，《魏晋南北朝隋唐史资料》第3辑，武汉大学历史系魏晋南北朝隋唐史研究室编，1981年，第21页。

① 小田义久：《谈龙谷大学图书馆所藏大谷文书》，《敦煌吐鲁番文献研究论集》第5集，北京：北京大学出版社，1990年，第619~646页；林梅村：《日本大谷考察队在新疆的考察》，《文物天地》1988年第4期，第36~37页；荣新江：《龙谷大学图书馆藏敦煌西域文献及研究状况》，《中国敦煌吐鲁番学会研究通讯》（北京）1991年第2期。

年日本战败，相当一部分大谷收集品被运回京都本愿寺，未运走部分保存于大连旅顺博物馆。此后，大谷文物的收藏点又有变化。1944 年京都博物馆的大谷收集品经木村贞造之手，转卖给了东京国立博物馆。1949 年，本愿寺将大谷收集品移交龙谷大学保存。橘瑞超从大连带回的大谷文物后来也交由龙谷大学收藏。1951 年，旅顺博物馆所藏大谷收集品中的敦煌文书全被调入北京图书馆保存。

1912—1914 年，橘瑞超将所获新疆文物编印成四册《二乐丛书》出版。1915 年，香川默识所编两卷本《西域考古图谱》也刊布了大谷收集品。1937 年，上原芳太郎所编《新西域记》发表了大谷考察队的考察日记。不过，由于日本考察队成员缺乏基本的科学训练，他们的日记没有文物出土的必要记录，而只是一些旅程记录，学术价值不大。

《李柏文书》的发现，引起了国际学术界广泛关注。橘瑞超在日记中有西域探险的详细记录，然而这些日记大部分却因日本大正十三年（1924）寺院失火而付之一炬。[①]因此，目前探讨《李柏文书》出土地点问题，只能依靠橘瑞超的讲演概要《新疆探险记》或《中亚探险》，[②]以及学者们的研究成果。

1912 年，橘瑞超在《中亚探险》一书中介绍发现《李柏文书》的情况。1915 年，《西域考古图谱》刊布了大谷考察队发掘楼兰所获汉文文书图版及部分释文。不过，他们的著作中叙述的发现地点并不准确。1909 年底，橘瑞超在伦敦会见斯坦因时，出示了《李柏文书》的照片，两人共同认定这些文书出自 LA 遗址。斯坦因后来在撰写《西域考古记》（*Serindia*）时十分肯定地说《李柏文书》出自 LA.ii.iv。[③]后来西方学界多从斯坦因之说。

1914 年，王国维先生在《流沙坠简・序》中最先对《李柏文书》出土地点提出质疑。他说："余由斯氏所得简牍及日本橘瑞超氏于此所得之西域长史李柏二书知此地决非古楼兰，其地当前凉之世实名海头，而《汉书・西域传》《魏略・西戎传》之居卢仓，《水经注》之龙城皆是地也。"[④]王氏的理由是：（1）根据文书之例，斯坦因所获写有"楼兰"的简牍乃是从楼兰寄到出土地的；（2）据《水经注》等书记载，楼兰应在塔里木河入罗布淖尔处之西北，而发现文书之地在罗布淖尔的东北，地理位置不合；（3）《李柏文书》为草稿，可知是写于当地，文书中"此"字旁注"海头"二字，可知此地前凉时名为海头。[⑤]王国维是近世硕学大儒，其说影响甚巨。

1959 年，森鹿三拜访了橘瑞超，他根据橘氏提供的照片作出了新的解释。他以橘氏所提供的照片对照斯坦因考古报告，认为发现文书的地点是 LK 遗址。他认为这一重要的发现对当年王国维先生之说是有利

① 上原芳太郎：《新西域记》下卷，东京：有光社，1937 年，第 724、732、802 页。对日记残存部分的介绍，见片山章雄：《大谷探险队关系记录拾遗Ⅳ》，《东西交涉季刊》5 卷 2 号，1986 年 6 月，第 3—4 页。

②《新疆探险记》，东京：民友社，1912 年 8 月 28 日；《中亚探险》，东京：博文馆，1912 年 12 月 28 日。

③ *Serindia*, p.409.

①《流沙坠简》，第 7 页。

②《流沙坠简》，第 7—11 页。

的。[①] 其后日本学者多从森氏之说。[②]

1984 年，侯灿发表《李柏文书出土于 LK 说》，提出李柏文书“当在公元 346 年及其以后不久写成”。他以为楼兰城的废弃大约在公元 330 年之后，原因是塔里木河下游水系的变迁。侯氏认为，LK 城址的位置，正处于牢兰海的北端，是名副其实的海头。[③]

1993 年，余太山先生《关于“李柏文书”》一文对李柏文书重新做了一番考察，提出“凡属证成 LA 说的理由皆确凿可从”。余太山认为没有理由支持《李柏文书》出自 LK。[④]

斯坦因于 1906 年和 1914 年两度对罗布泊进行考察。他将过去发现的遗址和墓葬区，从 LA 到 LT 编了二十个号。除 LN、LO、LP 三个号外，其余编号见于斯坦因《亚洲腹地》(*Innermost Asia*) 与贝格曼《新疆考古记》(*Archaeological Researches in Sinkiang*) 两书图中。1980 年经新疆社会科学院考古研究所调查队的重新测量，LA 遗址位于东经 89° 55′ 22″，北纬 40° 29′ 55″。残存的城垣东面长 333.5 米，南面长 329 米，西、北面各长 327 米。总面积 108，240 平方米，平面是一个不太规则的正方形。这一测量纠正了 1907 年斯坦因测绘中的一些错误。[⑤] 从调查的情况来看，这个遗址使用的时间较长。

LK 遗址位于 LA 西南约 50 公里，在米兰遗址东北约 100 公里。按斯坦因《亚洲腹地》记载，LK 呈长方形，东北和西南两面墙长约 189 米，东南和西北两墙长约 106 米，总面积约 20，139 平方米。

近年，瑞典新刊布了斯文 · 赫定收集的几件完整的楼兰文书，其中比较重要的是张超济、马厉的信稿。在以往刊布的楼兰文书中，也有不少与张超济、马厉有关。这些文书均出自 LA 遗址，并且有的还可以和大谷收集品相系联。这就为《李柏文书》出土于 LA 提供了新的佐证。[⑥] 两件《李柏文书》明显都是草稿，也说明文书出土地点为书信发出地，而不是收件地。换而言之，斯坦因所命名的 LA 应该就是《李柏文书》中提到的“海头”，也就是西域长史的驻地。“海头”一名可能是当时人的习惯叫法，与其位于罗布泊北端有关。

两件《李柏文书》的笔迹颇不相同，应该分别出自李柏手下两位书吏之手。虽然已经无法考知究竟何人，但这两件信稿的书写者只是普通书吏应该没有问题。从书法史角度来看，这两件出自普通人的手稿却有重要的价值。

众所周知，汉晋之际是中国古代书体变迁的一个关键时期。虽然演变的大体线索基本清楚，但还有许多环节仍然不甚明了。20 世纪以前，人们主要通过汉碑了解汉代书法。汉碑字体以篆、隶为主，而古代刻帖中汉代书迹则多数可疑。河西汉塞简牍的出土，提供了大量研究汉代书体演变的珍贵材料。而新疆出土

---

③ 森鹿三：《李柏文書の出土地點》，《龍谷史壇》第 45 号，1959 年，第 9—22 页。

④ 片山章雄：《李柏文書の出土地》，《中國古代の法と社会會——栗原益男先生古稀記念論集》，第 161—179 页，东京：汲古书院，1988 年。汉译载《新疆文物》1998 年第 4 期。

⑤ 侯灿：《李柏文书出土于 LK 说》，《新疆社会科学》1984 年第 3 期，第 118—124 页。

④ 余太山：《关于“李柏文书”》，同著《两汉魏晋南北朝与西域关系史研究》，北京：中国社会科学出版社，1995 年，第 271—278 页。

① 侯灿：《论楼兰城的发展及其衰废》，《中国社会科学》1984 年第 2 期，第 159 页。

② 陈凌：《斯文 · 赫定收集品的新刊楼兰文书》，《欧亚学刊》第 5 辑，第 105—131 页。

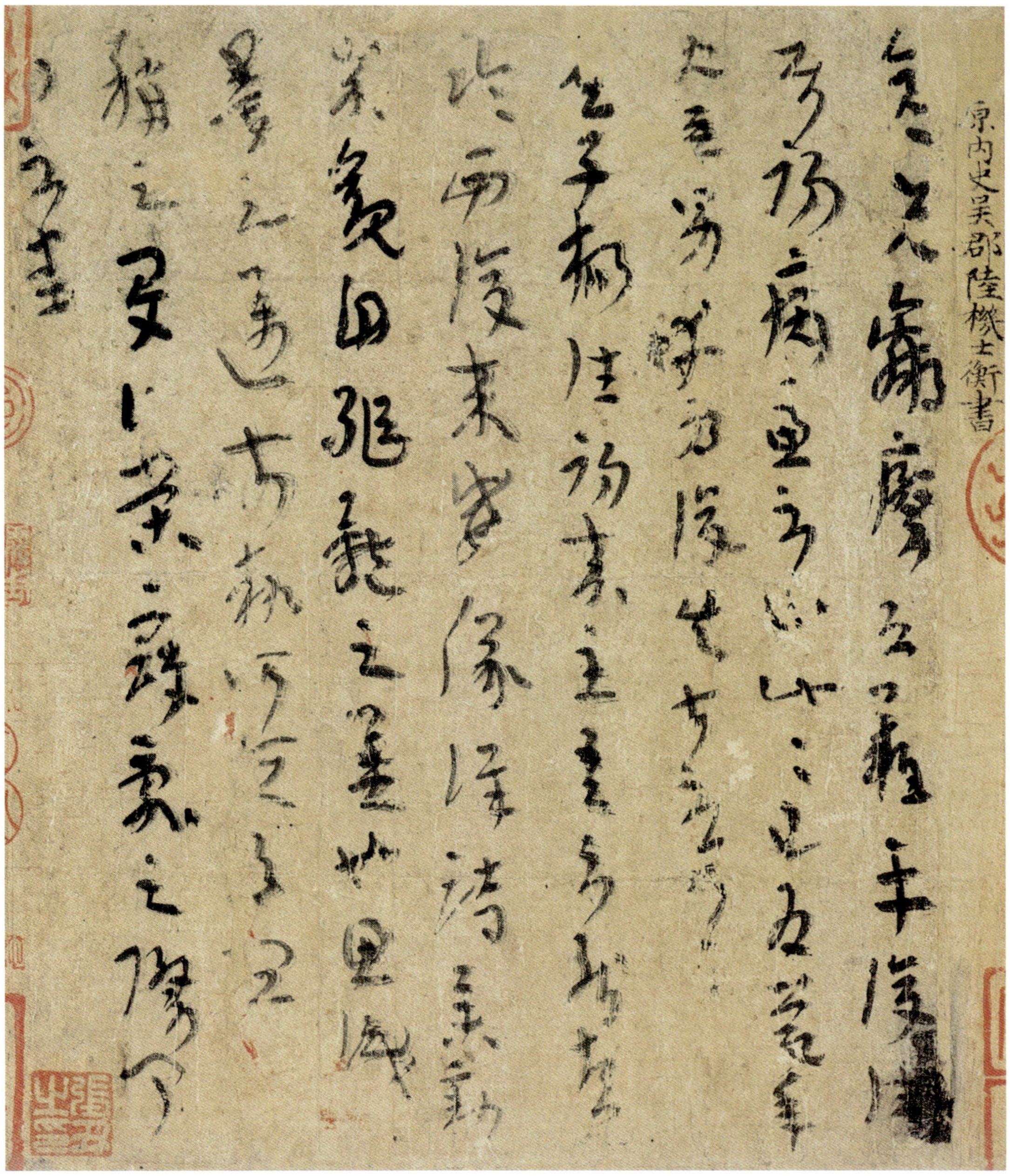

晋·陆机《平复帖》
（纸本，23.7×20.6cm 故宫博物院藏）

的汉晋简纸，则是研究这一时期书体演变最重要的一批资料。

传世的魏晋书迹，比较重要的有：钟繇（151—230）《宣示表》《荐季直表》《贺捷表》《戎路帖》《丙舍帖》，皇象《急就章》，索靖（239—303）《月仪帖》，陆机（261—303）《平复帖》等。其中，除《平复帖》为纸本外，其余均是刻本。[①] 新疆汉晋简纸出土之前，《平复帖》一直是传世最没有争议的唯一西晋真迹。《平复帖》的书体是章草，《李柏文书》时代去《平复帖》不远，《李柏文书》（538A）是典型的楷行，《李柏文书》（538B）隶意盎然，不妨称为隶行。章草出于隶书，较为严谨；隶行是以楷写隶，放而为行（草）；楷行则是以行写楷。这样一来，大致就可以看出汉晋时期隶、行（草）、楷演化的轨迹。

两件《李柏文书》以及楼兰出土的其他较完整魏晋纸本纸幅高度均为 23 厘米左右，《平复帖》高度大约 23 厘米，合汉代一尺大小。可知魏晋时期纸本翰札以汉代一尺高度为通行规制。

① 《荐季直表》可能还有一件纸本存世，但目前仅见照片，真迹不见刊布，年代待考。

张超济文书之一

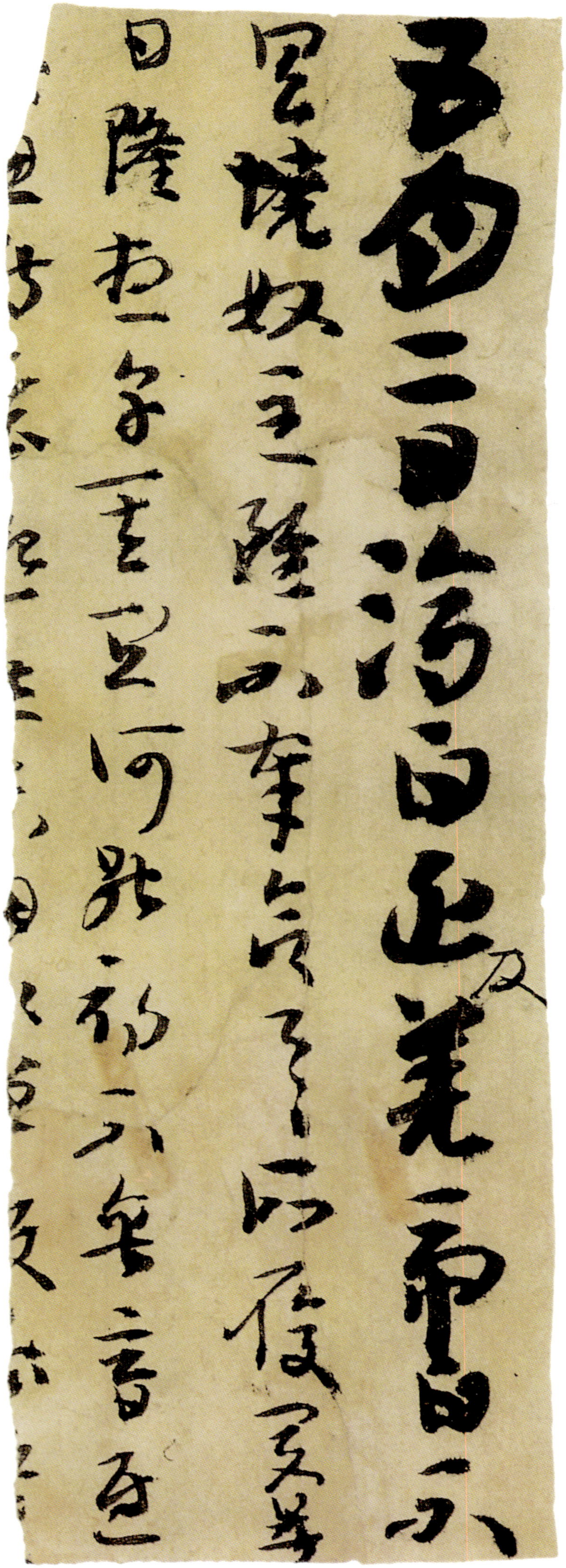

【释文】 1. 五月二日濟白：近及羌虎白，不

2. 具。燒奴至，雖不奉命，具所履，夏暑

3. 日隆，想享其宜，何能。初不無音慰。

4. □□□□□□□□□□□□□

【说明】 楼兰 L.A.II.ii 遗址出土过多件与张超济有关的文书，此为其中一件。出土的张超济文书字体或楷书，或行书，或草书，虽然书体不同，但风格基本一致，可以判断出自一人之手，很可能就是张超济个人所写。从各方面情况判断，这些文书的年代大体在西晋末年愍帝时期。单从张超济文书中几件草书来看，写法结字大多与《淳化阁帖》中晋人，尤其是王羲之的风格很接近。这些文书对于研究两晋时代草书的演变，以及南北书风的交流有重要价值。

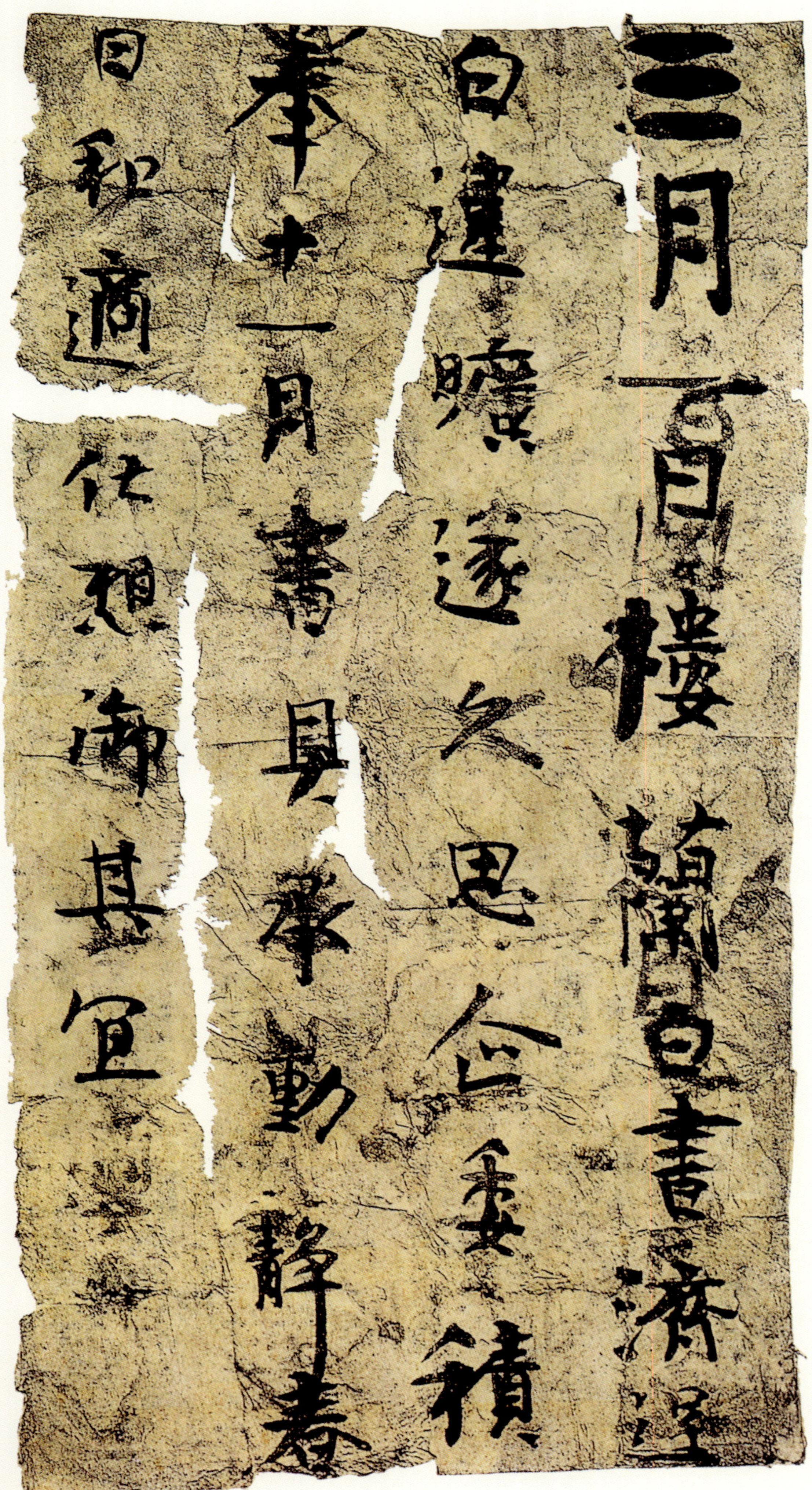
三月一日樓蘭白書濟逞
白違曠遂久思企委積
奉十一月書具承動静春
日和適佳想御其宜

张超济文书之二

【释文】 1. 三月一日樓蘭白書，濟逞

2. 白，違曠遂久，思企委積。

3. 奉十一月書，具承動静。春

4. 日和適，伏想御其宜。

【说明】 将这件文书与后一件文书放在一起比观，很可以窥见魏晋时期日常书写中是如何在楷行之间转换的。这对于研究和理解那些传世书迹无疑是大有裨益的。

张超济文书之三

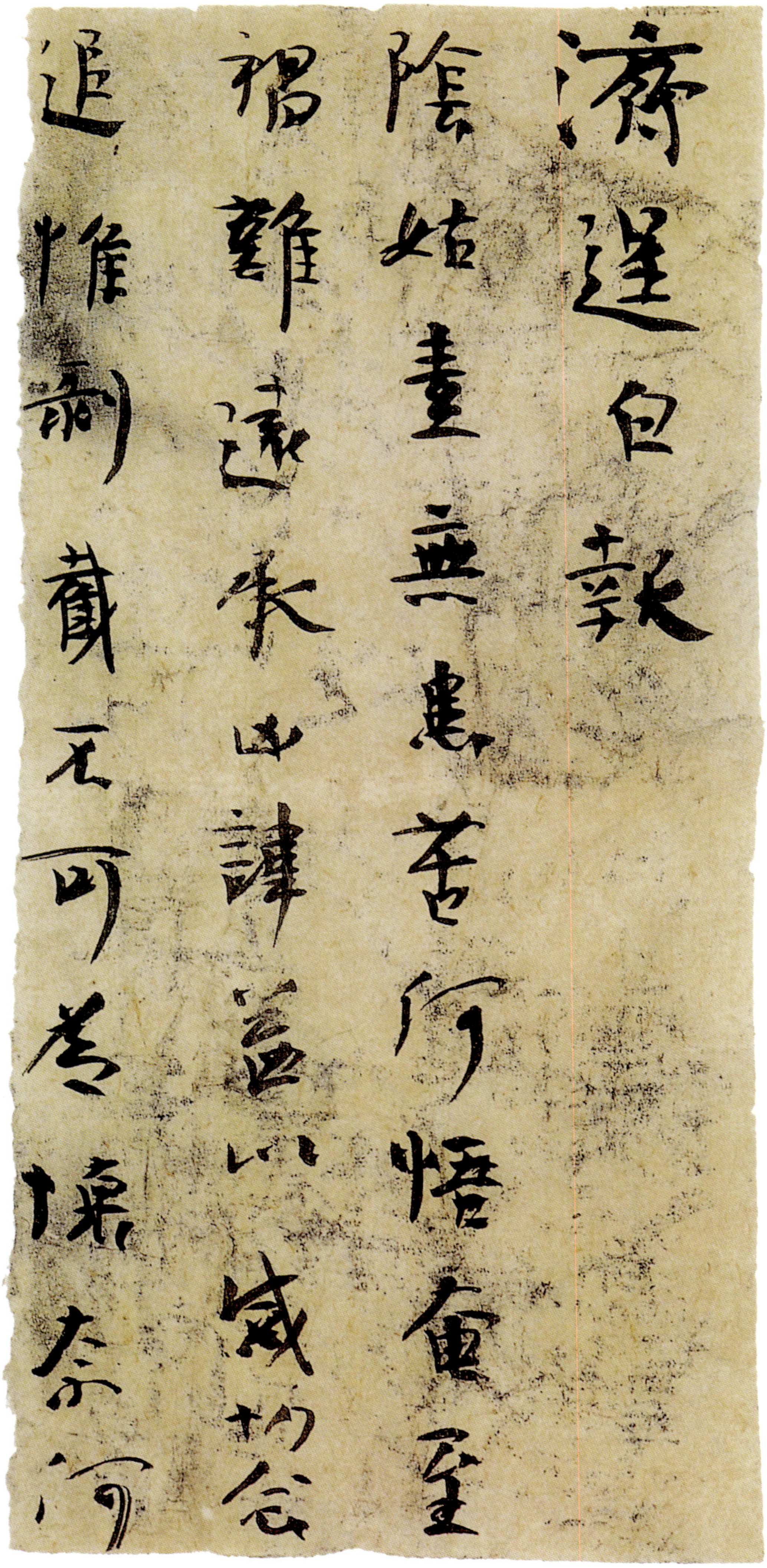

【释文】 1. 濟逞白報，

2. 陰姑素無患苦，何悟奄至

3. 禍難。遠承凶諱，益以感切！念

4. 追惟剥截，不可爲懷。奈何！

【说明】 这件张超济文书字体取扁势，行书而略带隶意，与传本王羲之《姨母帖》异曲同工。这件文书字距与行距都拉得比较开，显得比较宽松淡雅。以往一般认为这种布白方式是五代杨凝式《韭花帖》才有的。

张超济文书之四

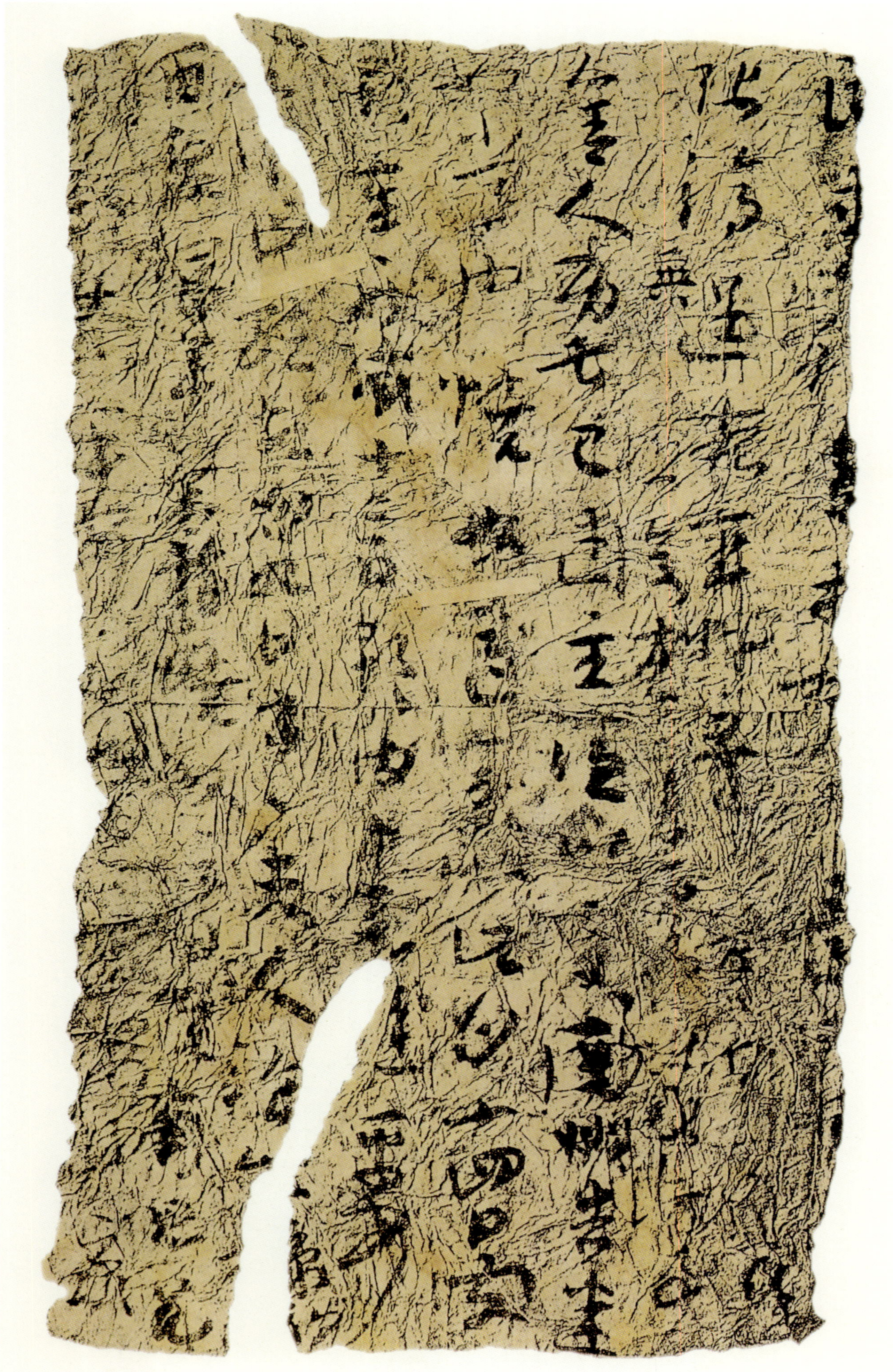

背面

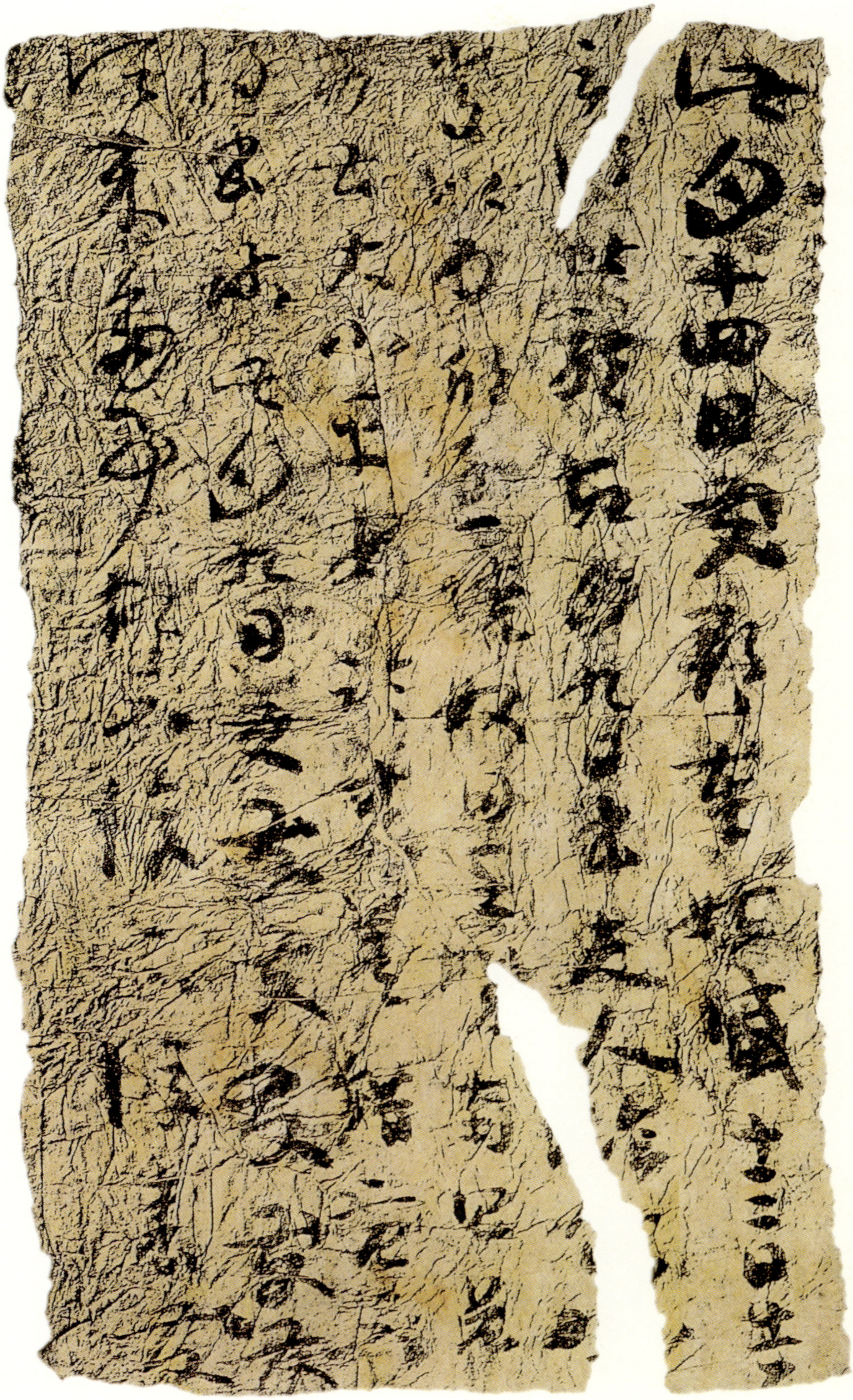

正面

【释文】　〔正面〕

1. 此月十四日發郡，奉姑臧十三日告

2. 云得世龍故月九日書，夫人湌飲如

3. 常，以爲欣慰。燒奴曰至城南，見兄

4. 劳甚。小大平安。臨書差錯，二兄不

5. 得書疏，此月九日發發發發發發

6. 頃來多事，故不復不復悉發

〔背面〕

1. □□□□□□□□□□

2. 張濟逞報再拜還□□□□

3. 舍人劳甚已无復来述，主簿以□南州告悉

4. 如常也。燒奴白□□此月十四日發

5. 郡奉姑臧十三日郡内□□悉平安

6. □□□故月九日書書夫人湌飲康□

7. 酒泉□□□□燒奴至城南見兄

8. 弟□大小平　　平安□康

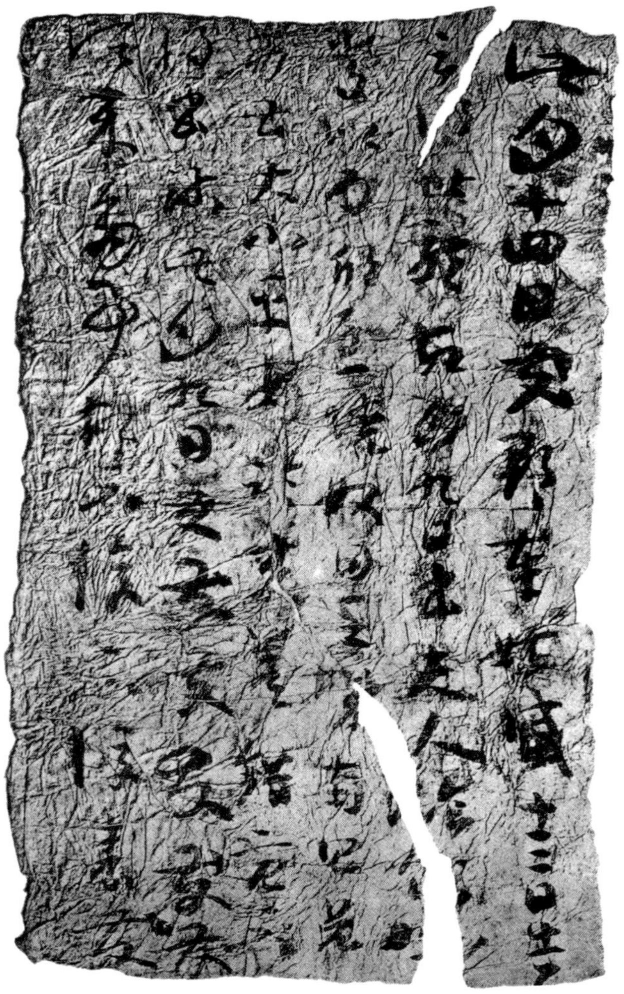

张超济文书

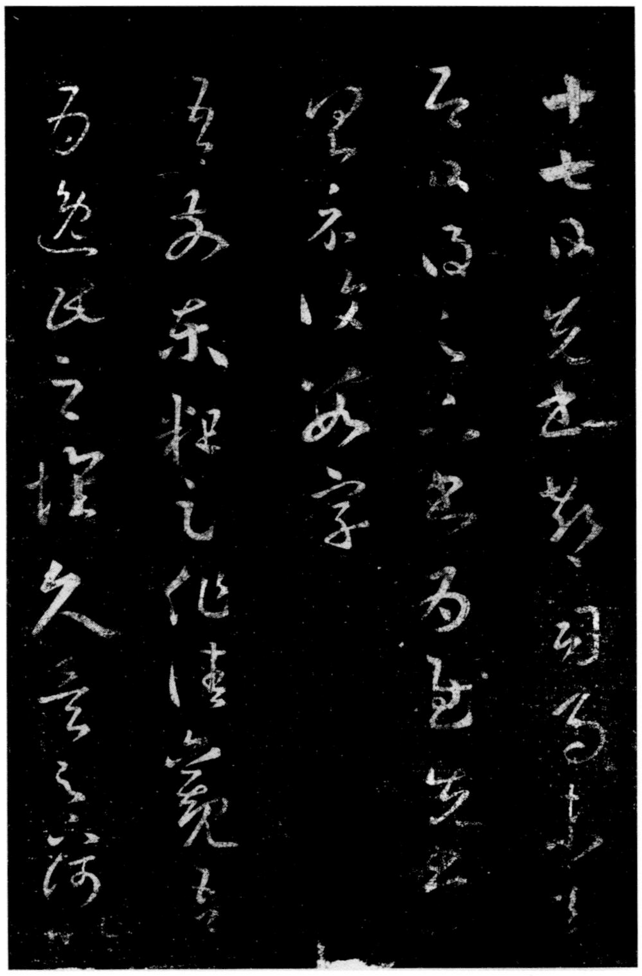

王羲之《十七帖》

【说明】　这件张超济文书正背两面都用草书书写，与东晋人书迹相比照，可以看出两者书法相似度极高，而其年代则比王羲之还要早数十年。

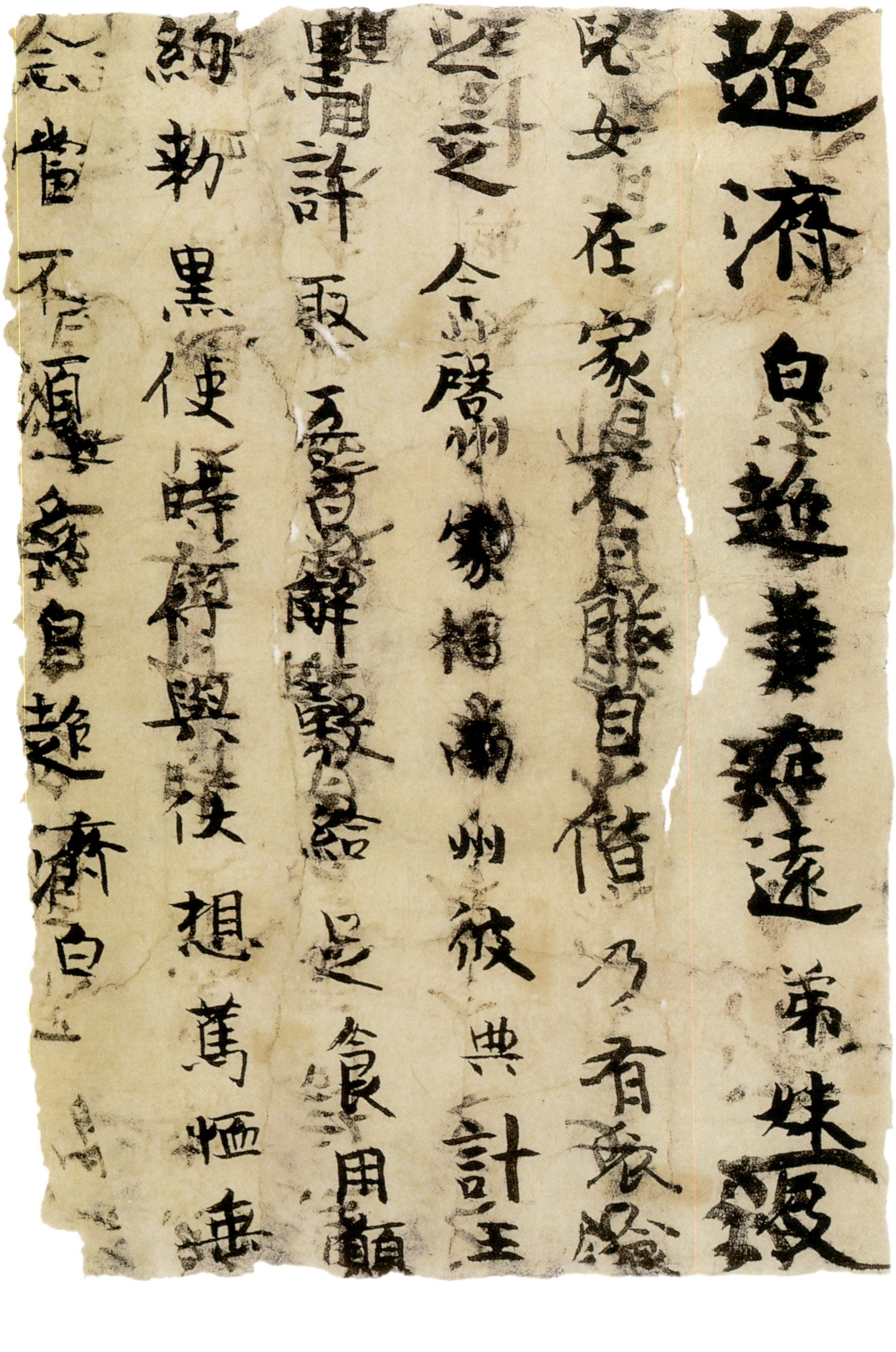

张超济文书之五

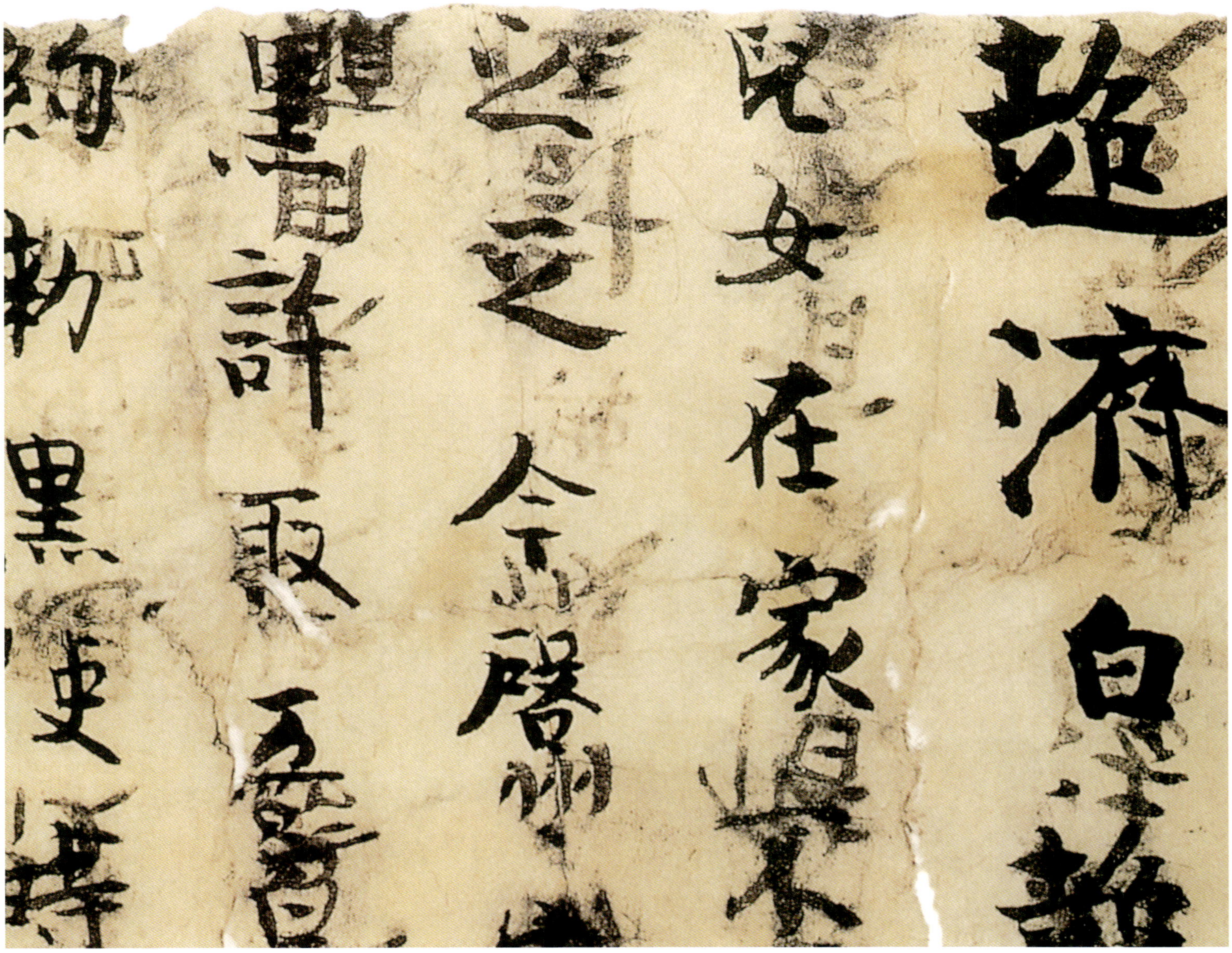

（局部）

【释文】

1. 超濟白，超等在遠，弟妹及
2. 兒女在家，不能相偕，乃有衣食
3. 之乏。今啓家詣南州，彼典計王
4. 黑許取五百解穀給足食用。願
5. 約敕黑，使時付與。伏想篤恤垂
6. 念，當不須多白。超濟白。

张超济文书之六

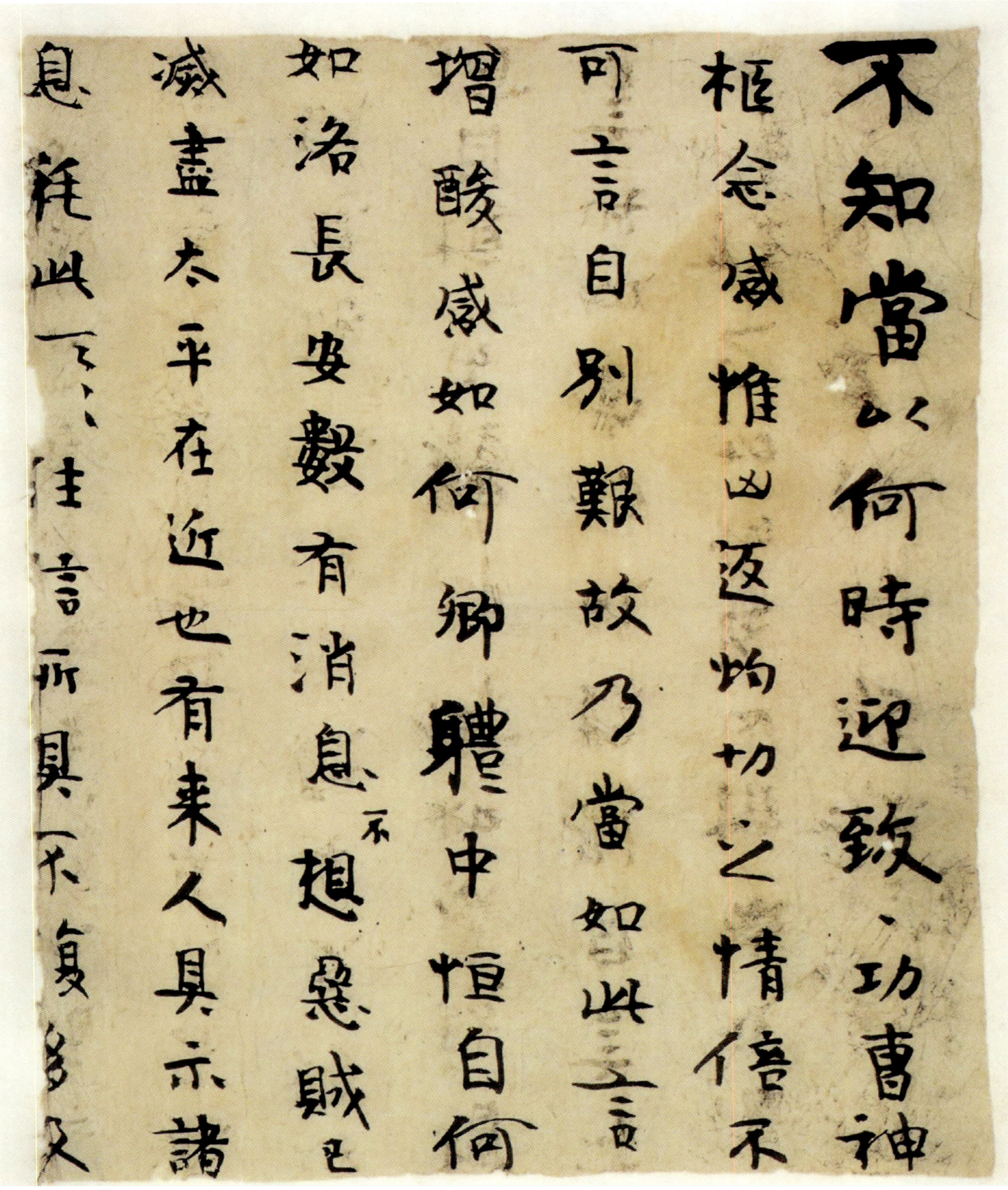
不知當以何時迎致、功書神
枢念感惟幽返灼切之情倍不
可言自别艱故乃當如此之言
增酸感如何卿體中恒自何
如洛長安數有消息不想惡賊已
滅盡太平在近也有来人具示諸
息耗此々々往言所具不复多及

【释文】 1. 不知當以何時迎致功曹神

2. 柩。念感惟凶返，灼切之情，倍不

3. 可言。自别艱故，乃當如此！言

4. 增酸感。如何！卿體中恒自何

5. 如？洛、長安數有消息不。想惡賊已

6. 滅盡，太平在近也。有來人具示諸

7. 息秏，此一＝＝往信所具，不復多及。

【说明】 史载永嘉五年（311）六月，刘曜、王弥等攻入洛阳。八月，兵入长安。十月，石勒杀王弥。永嘉六年（312）三月，张轨檄关中，共尊辅秦王司马业。在楼兰的张超济对此应当会有耳闻。此时，洛阳与长安都还在汉兵控制之下。而张超济的消息又得自洛阳长安，因此文书不可能写于永嘉六年三月以前。永嘉六年四月，贾匹等迎秦王司马业至长安。刘曜虽多次进逼，但长安始终控制在司马业一方手中。永嘉七年（313）正月，汉主刘聪杀晋怀帝。四月，司马业在长安即位，改元建兴。此后凉州张氏直至东晋还使用建兴这个年号。[①]此时算是长安情况相对较好的时候。建兴二年（314）二月，晋封张轨为太尉、凉州牧，封西平郡公。五月，张轨死，张寔代立。十月，晋以张寔为都督凉州诸军事、凉州刺史、西平公。建兴三年（315）九月，刘曜拔冯翊，转寇上郡。长安以西不复贡奉朝廷。建兴四年（316）四月，张寔遣兵入援长安，且送诸郡贡计。诏拜张寔都督陕西诸军事，以张茂为秦州刺史。八月，刘曜逼长安。九月刘曜攻长安，张寔叔父张肃请击刘曜。张寔没有同意。[②]这些事情，张超济在楼兰当也有耳闻。十一月刘曜入长安，晋愍帝出降，西晋灭亡。建兴五年（317）三月，司马睿即晋王位于建康。[③]

据上述永嘉、建兴年间发生的史事，可知文书年代不会晚于建兴四年九月。文书中的“太平在近”当指司马业入长安称帝后的时局。由此，也就可以推知楼兰出土的一批张超济文书的书写年代都在公元4世纪初。

---

①《晋书》卷八十六《张骏传》称：“时骏尽有陇西之地，士马强盛，虽称臣于晋，而不行中兴正朔。”楼兰出土的简牍证明了这一点。楼兰出土所见纪年最晚的有建兴十八年（330），建兴十八年也即东晋成帝咸和五年。

②《晋书》卷八十六《张寔传》，第2228页。

③本段所述史事主要依据《晋书》《资治通鉴》相关记载，并参考了唐长孺：《高昌郡纪年》，《魏晋南北朝隋唐史资料》第1—7辑。

张超济文书之七

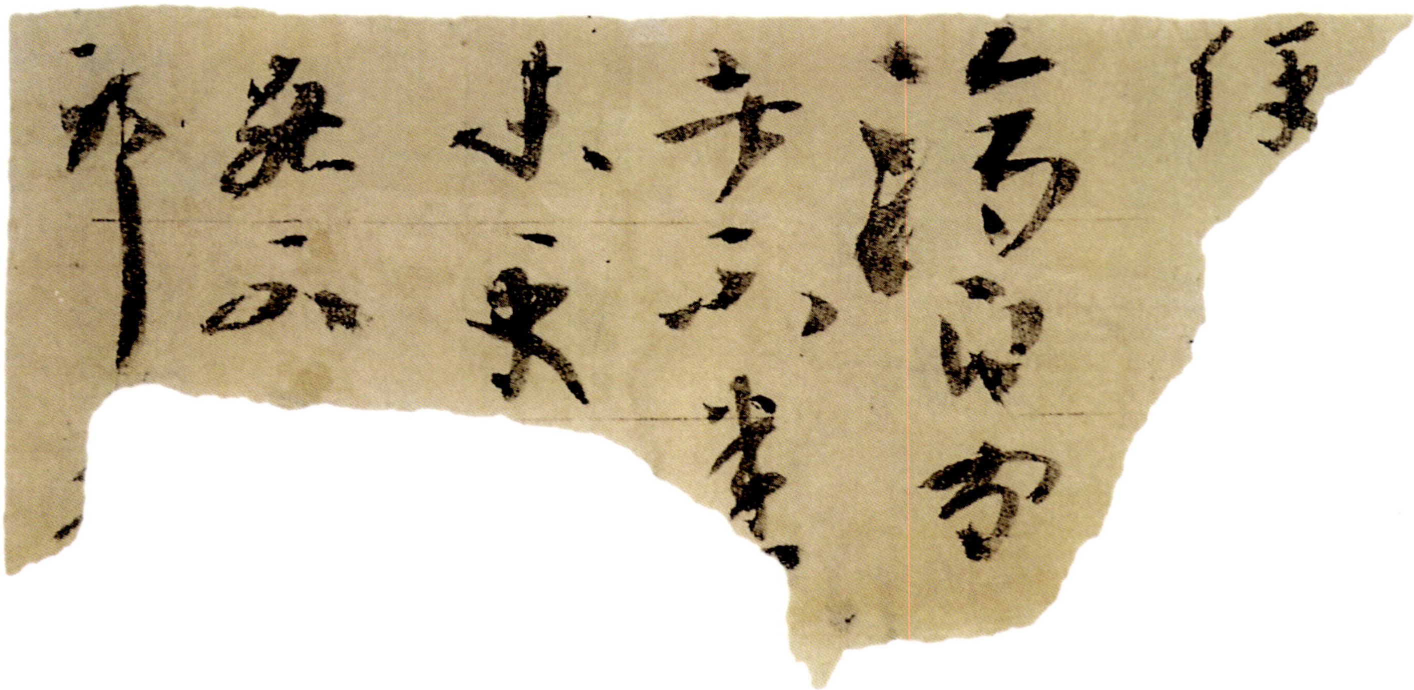

正面

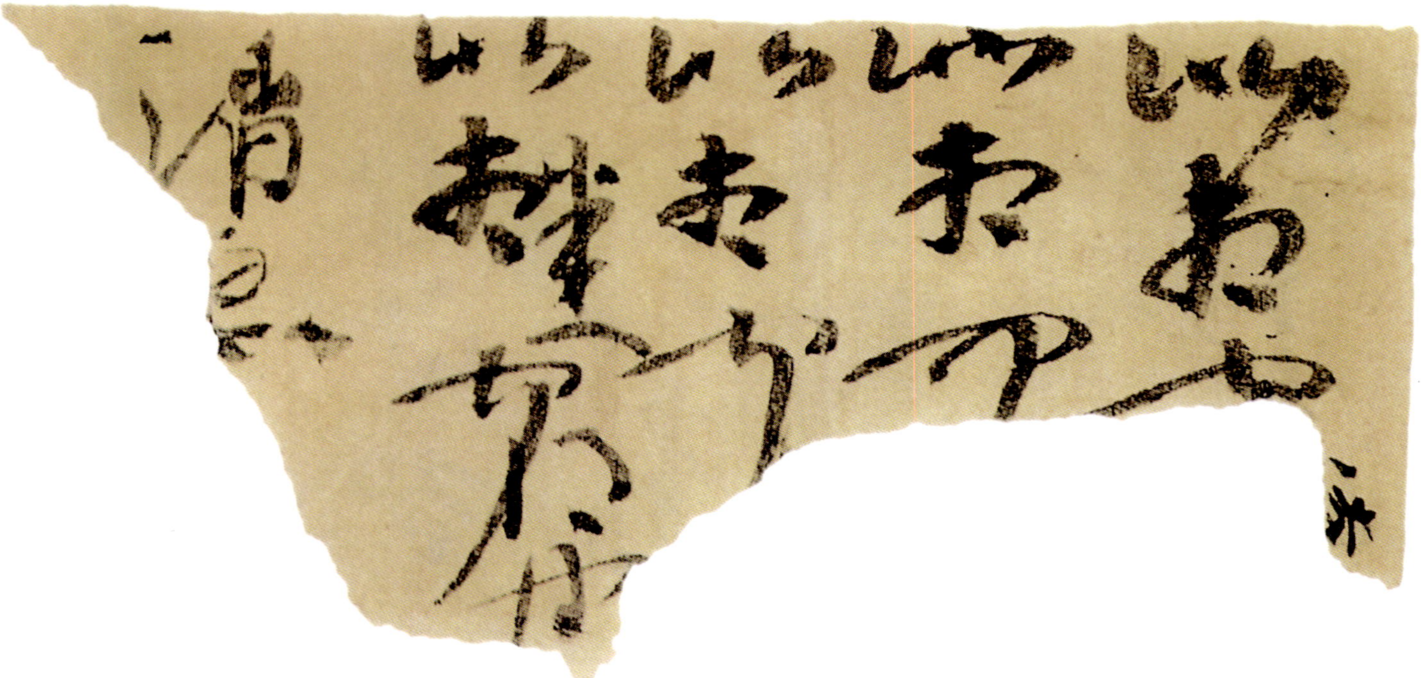

背面

【释文】〔正面〕

（前闕）

1. 便▭

2. 濟白，間▭

3. 者不悉▭

4. 未更▭

5. 能不▭

6. 耶▭

（後闕）

〔背面〕

1. 比相聞▭

2. 比相聞▭

3. 比相聞▭

4. 比相悉聞得□▭

5. 消息▭

【说明】从内容判断，这件应该也是张超济所作的一封书信草稿。

追惟悲剥书信残纸

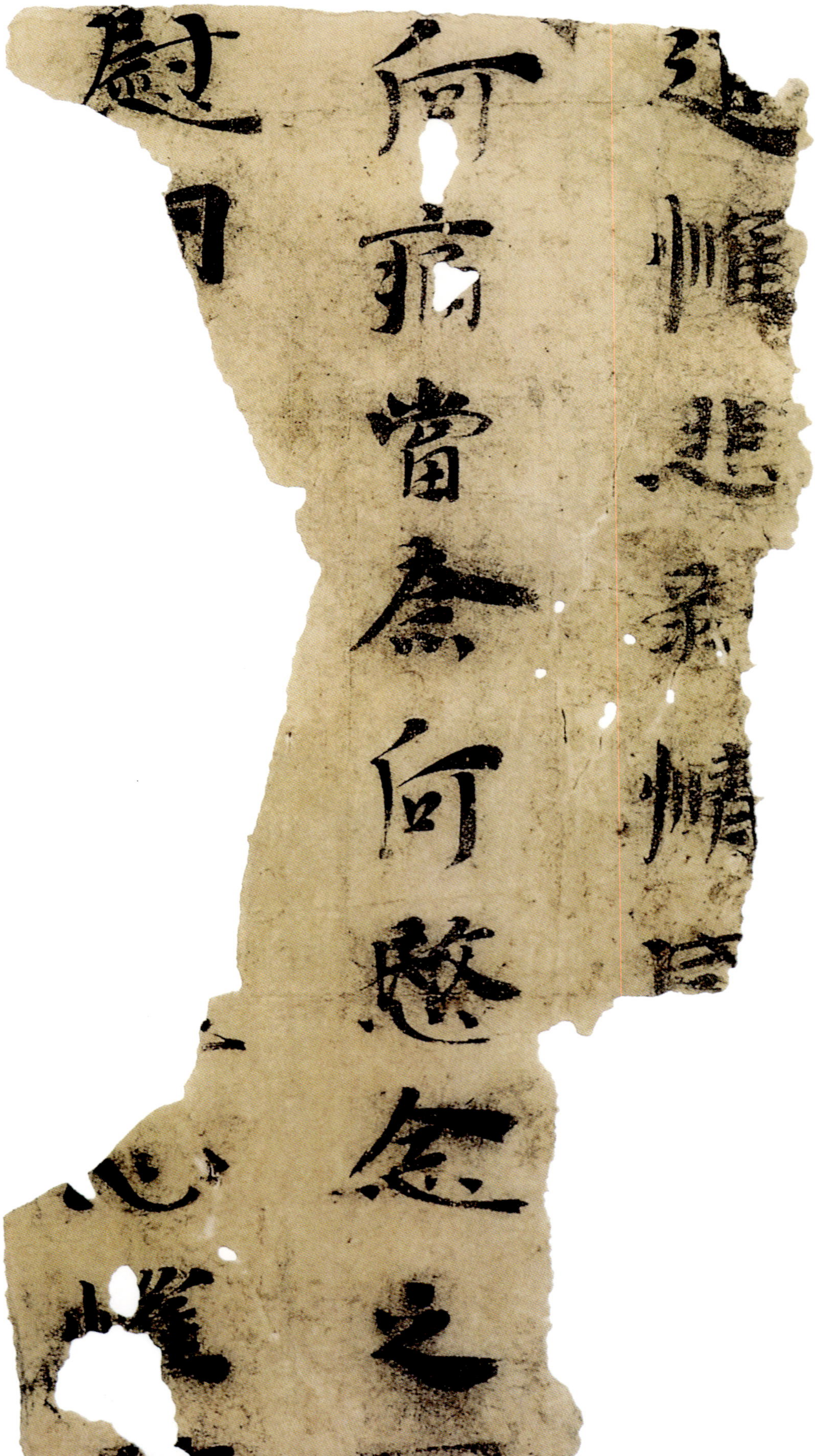
追惟悲剝情
何痛當奈何懸急之
慰

【释文】 （前闕）

1. 追惟悲剥，情感________

2. 何。痛當奈何。恐念之至________

3. 慰________心摧傷________

（後闕）

【说明】 这件残片出自 L.A.II.ii。从字迹看，似乎也与张超济有关。字体风格也是以隶入行，极富韵味。

悼痛书信残纸

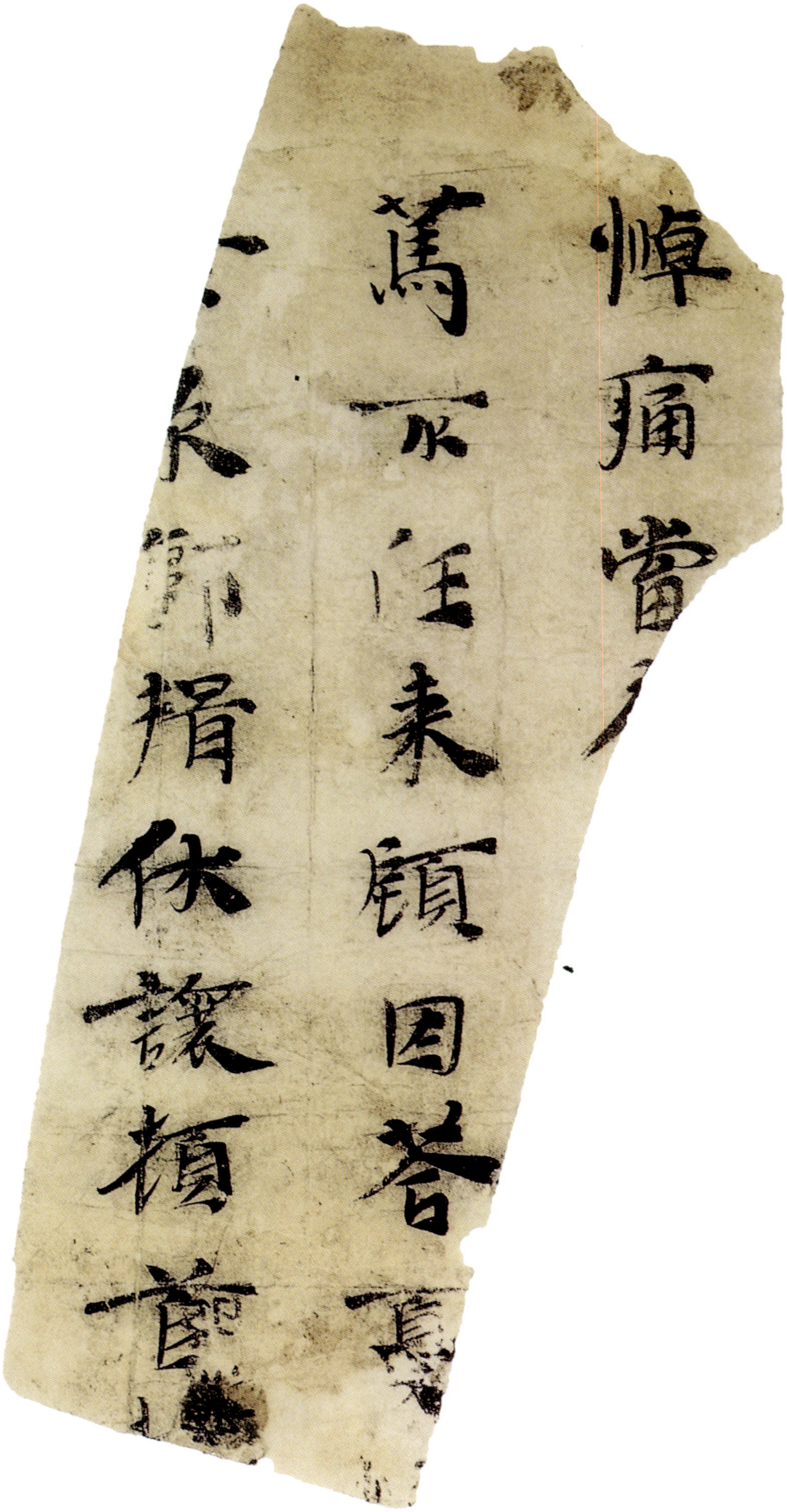

【释文】（前闕）

1. 悼痛當[奈][何]▭

2. 篤，不任來顧，因答憂▭

3. □[款][郭]揖休讓頓首

（後闕）

【说明】这件残片出自 L.A.II.ii。字迹与上一件相仿，应出自同一人之手。

绝域之地文书（三件）

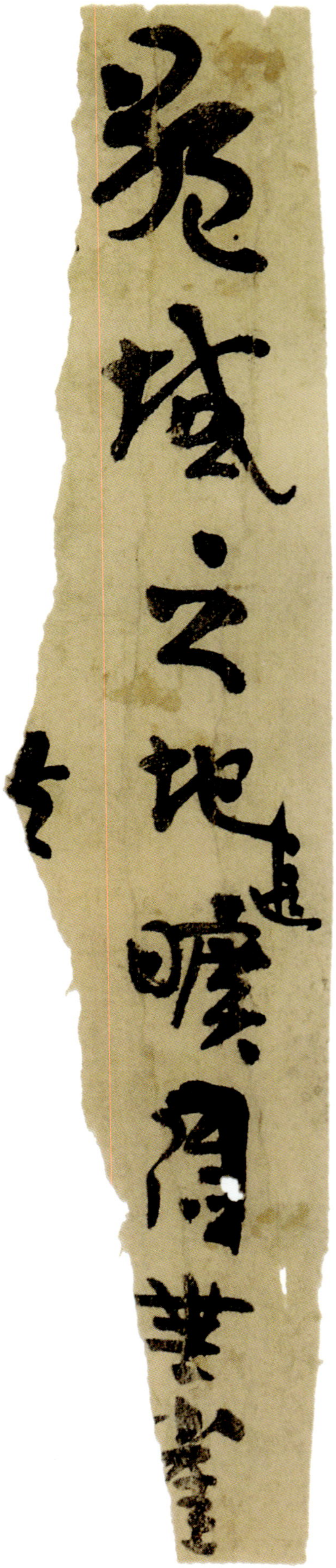

之一

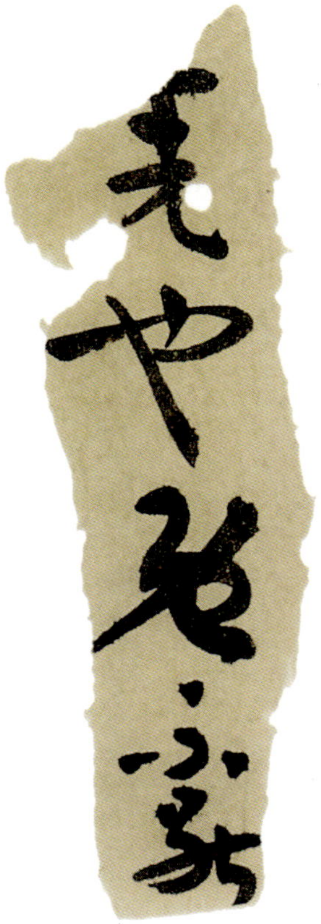

之二

之三

之一

【释文】 絕域之地 遐 曠險無崖

之二

【释文】 羌也既不能

之三

【释文】 □復晝日而數

【说明】 这三件字迹相似，应该出自同一人之手。其中，之一可能是诗赋类的作品，之二、三应是书信残件。

得必安文书

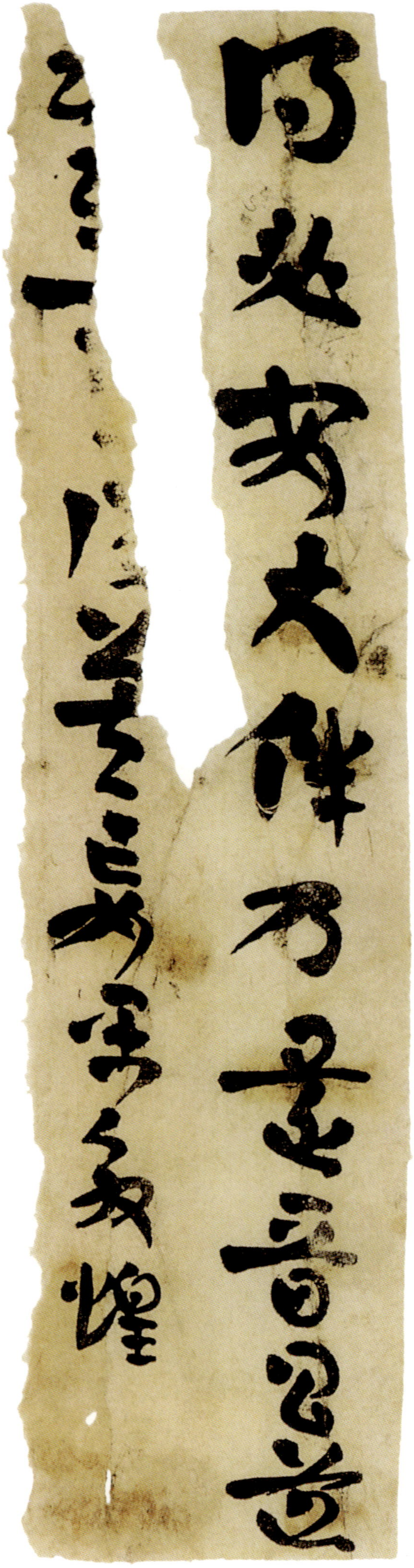

【释文】

1. 得必安大伴乃還昏昌道

2. □□□復莫安到敦煌

缘展怀文书

【释文】（前阙）

1. ______为歎也

2. 缘展懷所以为歎也

（後阙）

【说明】根据笔画残存判断，两行文字应该是重复书写同一内容。因此，可以推知，这是一件书信草稿。

楼兰主国文书

【释文】（前闕）

樓蘭主國胡那羡

（後闕）

九月十一日文书

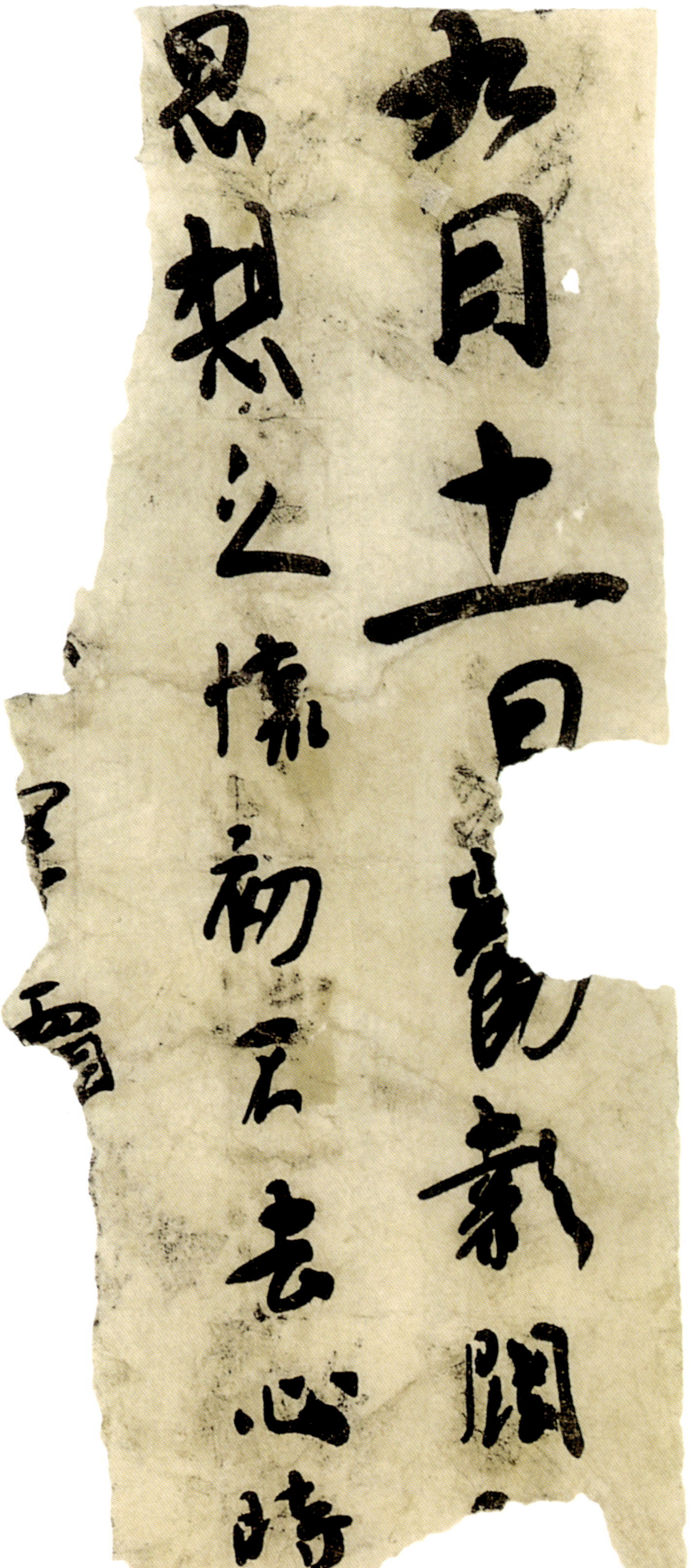

【释文】 （前闕）

1. 九月十一日當報闊别______

2. 思想之懷，初不去心。時

3. ______霜______

（後闕）

王羲之《姨母帖》

王羲之《孔侍中帖》

《九月十一日文书》

【说明】 此件残纸也出自楼兰。正面是一封书信，行草而略带隶意，体势可与传世王羲之《孔侍中帖》《姨母帖》相参看，可见彼此的相似性。

闻报文书

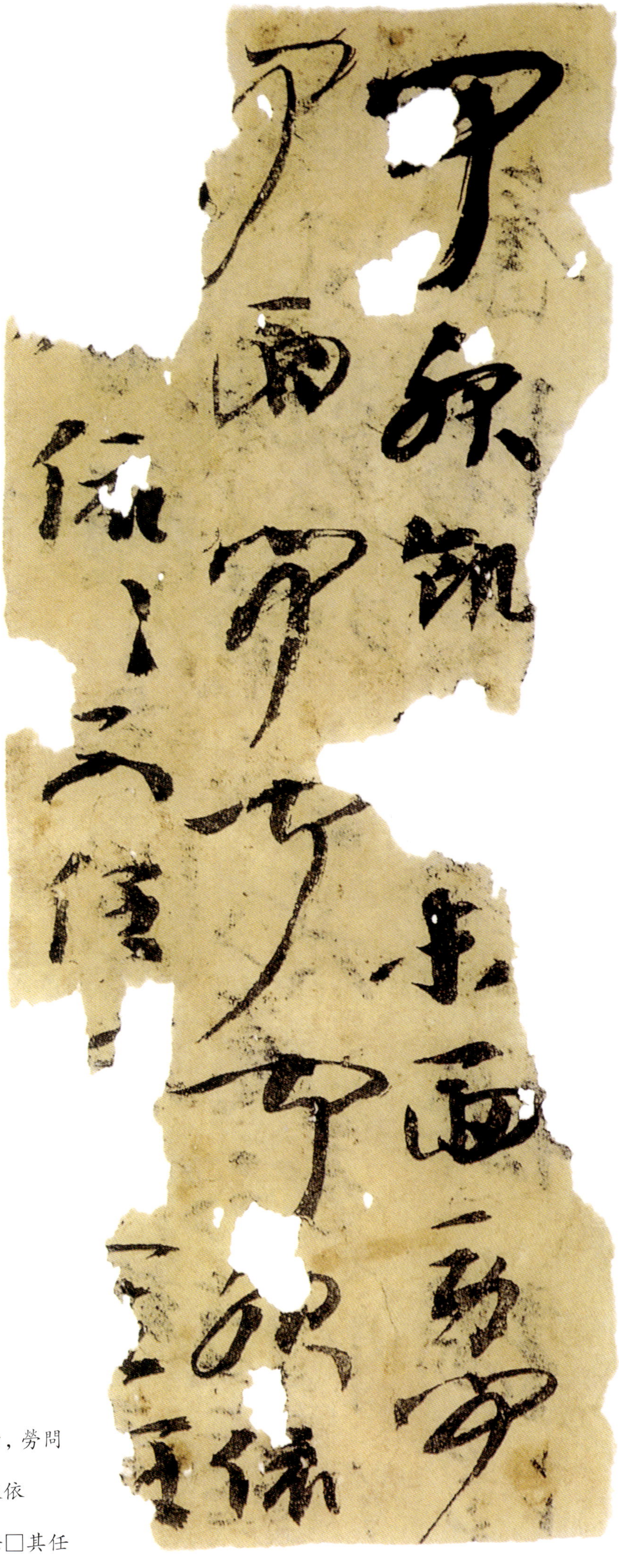

【释文】

1. 聞報飢□未面，勞問

2. 聞面聞聞聞報依

3. □□依依不任□其任

宋政文书

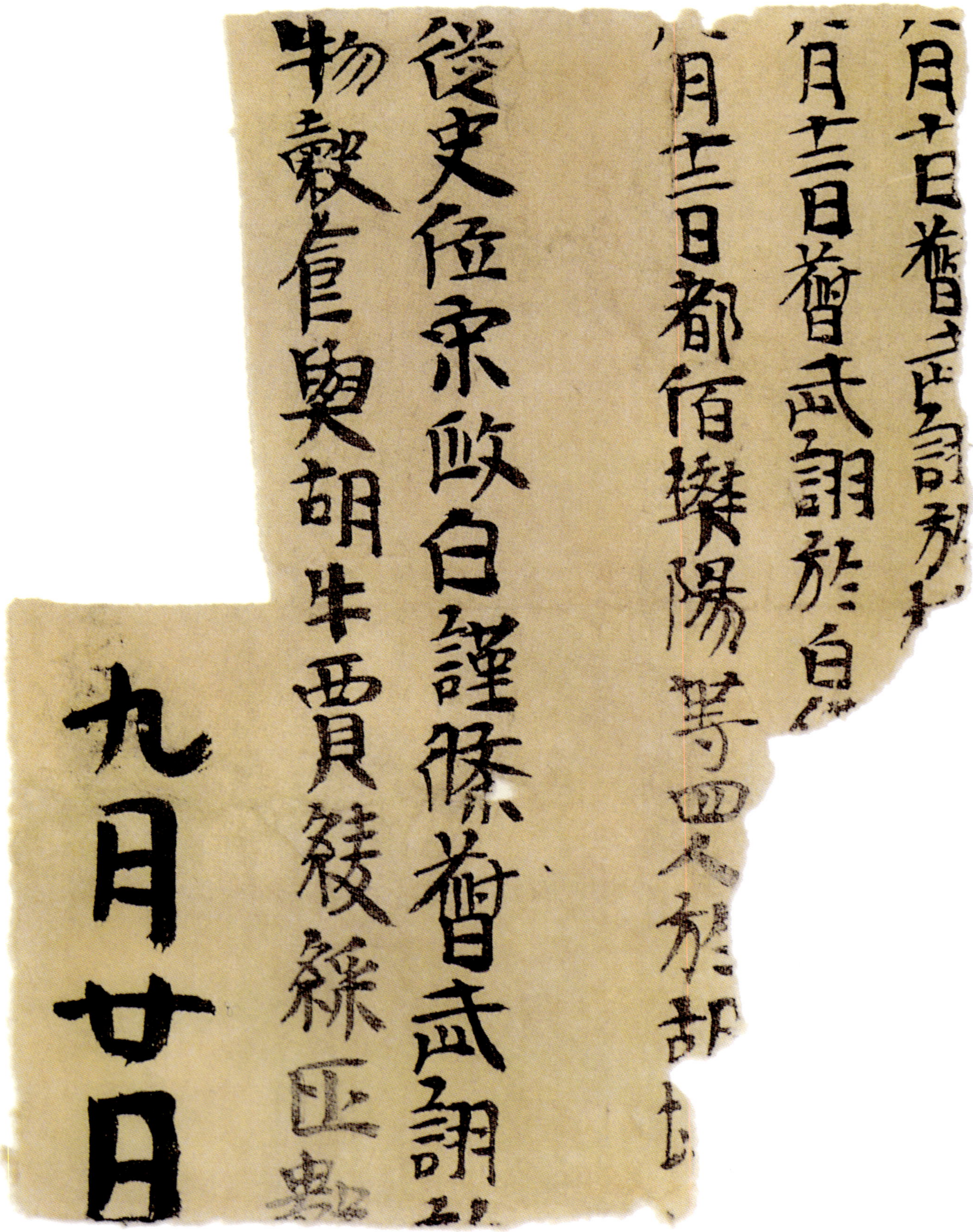
月十日曹武謂於
月十三日曹武謂於白
月十三日都佰樊陽等四人於胡坊
從史任宋政白謹條曹武謂於
物穀食與胡牛賈綾綵匹數
九月廿日

【释文】

1. 八月十日督武翊於樊□

2. 八月十二日督武翊於白□

3. 八月十二日都佰樊陽等四人於胡□□

4. 從史位宋政白，謹條督武翊於□

5. 物穀食與胡牛賈綾綵匹數□

6. 九月廿日

【说明】 此件出自楼兰 L.A.II.ii。

马厉文书之一

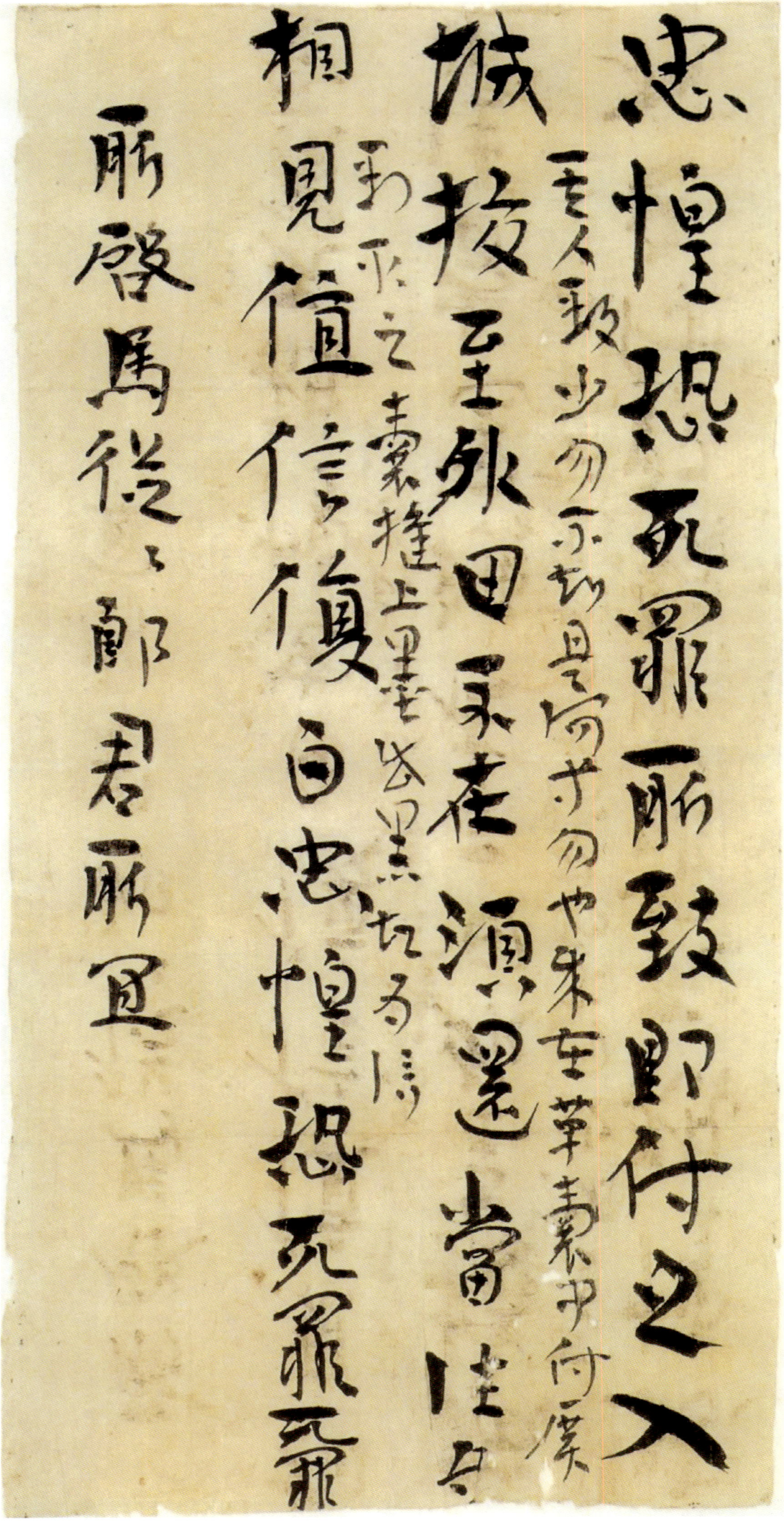
忠惶恐死罪所致即付之入
言人致少物不知是何等物也未在草素書何候
城接至張田求在須還當住
到來之素撻上墨迹黑知為信
桐覓值信復白忠惶恐死罪死罪
所啓馬從〻郎君所置

【释文】 1. 忠惶恐死罪。所致即付之，入

2. 其人致少勿（物），不知是何等勿（物）也，成（盛）在革囊中，付廣。

3. 城校，至外田，不在須還。當往與

4. 到取之。囊揵（縫）上，墨緘（？）黑記为信。

5. 相見，值信復白，忠惶恐死罪，死罪。

6. 所啓馬從 = 郎君所宜。

【说明】 这件文书提到的“马从 = 郎君”，也许就是楼兰文书常见的“马厉”。该文书时代在晋武帝泰始至咸宁时期。

蔡邕《独断》卷上说：“凡群臣之上书于天子者有四名，一曰章，二曰奏，三曰表，四曰驳议。”《独断》还提到表的格式是“表者不需头。上言臣某言，下言臣某诚惶诚恐，稽首顿首，死罪死罪”。[①] 这件文书的格式，前用“惶恐死罪”，后用“惶恐死罪死罪”，虽然与《独断》所言表一类的文书颇为接近，但实际上并非表文。因为上书的对象并非天子，而是“马从 = 郎君”。所以它应属于笺之类的文书。梁刘勰《文心雕龙》卷五《书记第二十五》云：“战国以前，君臣同书；秦汉立仪，始有表奏；王公国内，亦称奏书。张敞奏书于胶后，其义美矣。迄至后汉，稍有名品，公府奏记，而郡将奏笺。记之言志，进己志也。笺者，表也，表识其情也。”又“原笺记之为式，既上窥乎表，亦下睨乎书，使敬而不慑，简而无傲，清美以惠其才，彪蔚以文其响，盖笺记之分也。”[②] 可见行之于公府的笺与表有十分相近的地方，但是对象却有很大的不同。表是呈给皇帝的，而笺、启却是“于其长亦为之，非公文所施”。[③]《文选》卷四十所载笺的格式形式与表相近，前言“死罪死罪”，后言“死罪死罪”。该文书所致者是“马从郎君”，又不是“公文所施”，因此是笺。

① ［汉］蔡邕：《独断》（影印四库全书本），上海：上海古籍出版社，1990 年，第 4 页。
① 范文澜：《文心雕龙注》，北京：人民文学出版社，1958 年，下册，第 456—457 页。
②《大唐六典》（影印广池千九郎本）卷一“左右司郎中员外郎”条注，西安：三秦出版社，1991 年，第 19 页。

马厉文书之二

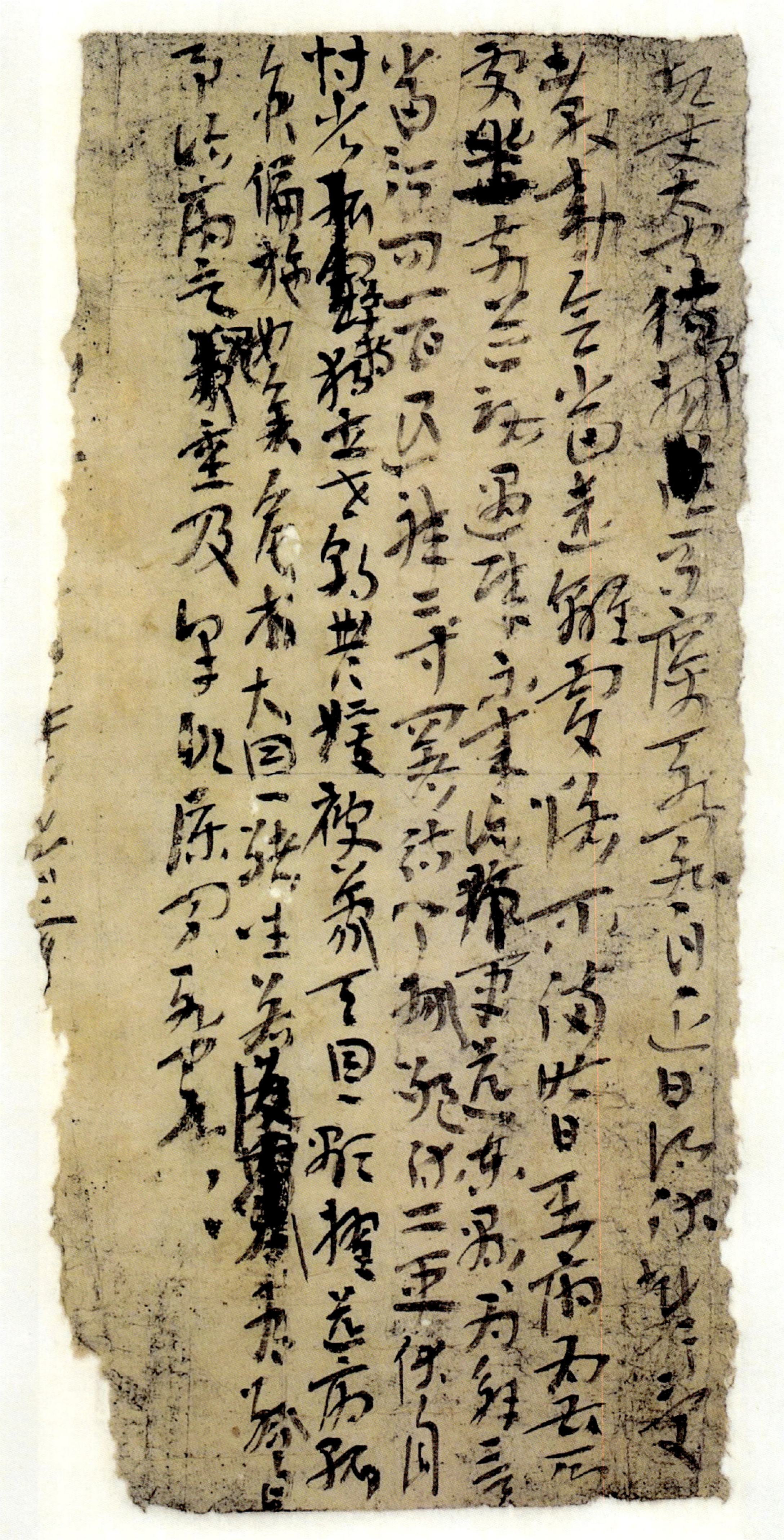

【释文】

1. 故吏太守從[事]掾 [~~拉~~] 馬厲死罪白。近日得伏賊。受

2. 教敕，會當遠離，虔恪不備。昨日到府，为曹所

3. 處，坐前道路遇賊，不來治郡，更道東縣，=为解，言

4. 當行問(聞)，一百匹，職二等，署從事掾。絶休二更，伏自

5. 忖省，~~孤宦~~單持獨立，世朝無媛(援)，被蒙天恩，顯擢道府，孤

6. 負偏施，如集危木，大恩緒坐若~~目目~~为掾，白

7. 事治府，乞~~蒙~~[見] 垂及。謹以陳聞。死罪 ==。

8. □□□□□□□□

【说明】

从人名、字迹、职官看，此件的作者即楼兰文书中常见的“马厉”。该文书前言“故吏太守从事掾马厉死罪白”，后言“谨以陈闻死罪死罪”，是笺或奏记之类。《文选》卷四十谢玄晖《拜中军记室辞隋王笺》前称“故吏文学谢眺死罪死罪”，同卷任彦昇《到大司马记室笺》末云“谨诣厅奉白笺谢闻，昉死罪死罪”；阮籍《为郑冲劝晋王笺》末云“敢以陈闻”。[①] 皆与此件相似。出土地点应在楼兰 LA 遗址。[②]

---

① [梁]萧统编，[唐]李善注：《文选》，北京：中华书局，1977 年，中册，第 568—570 页。

② 陈凌：《斯文·赫定收集品的新刊楼兰文书》，《欧亚学刊》第 5 辑，第 105—131 页。

及以残纸

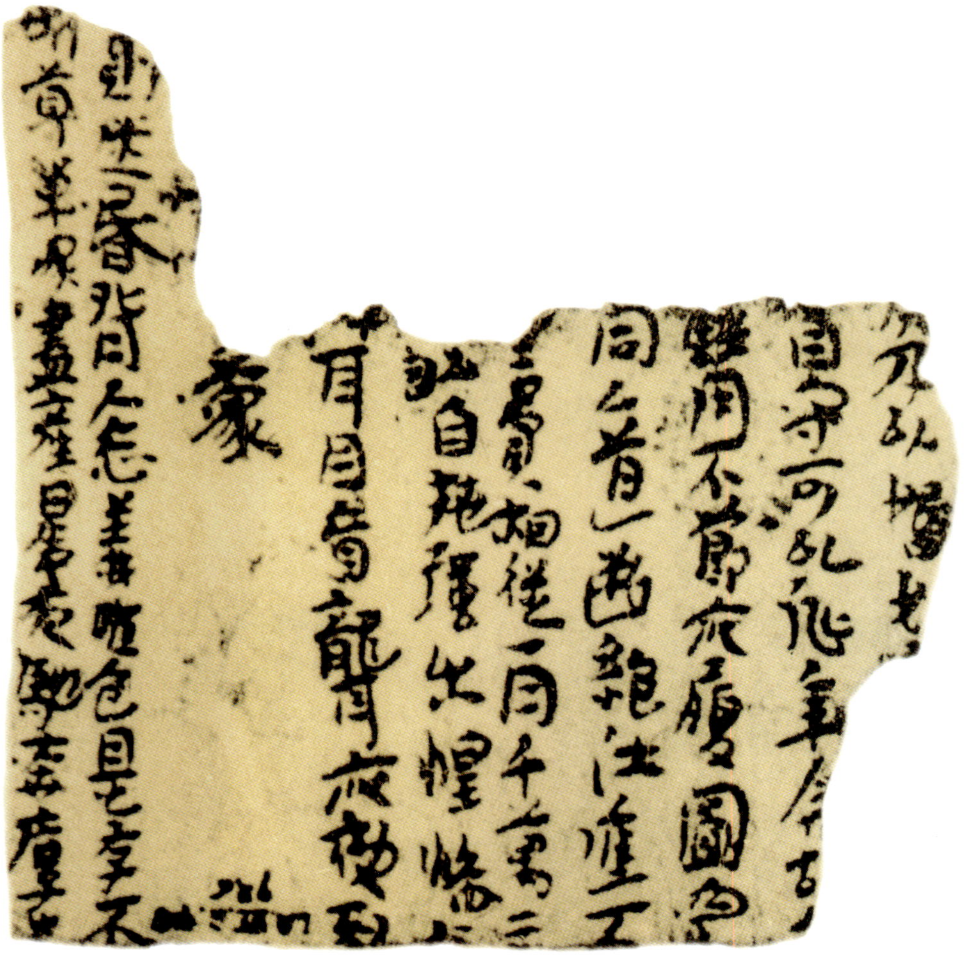

正面

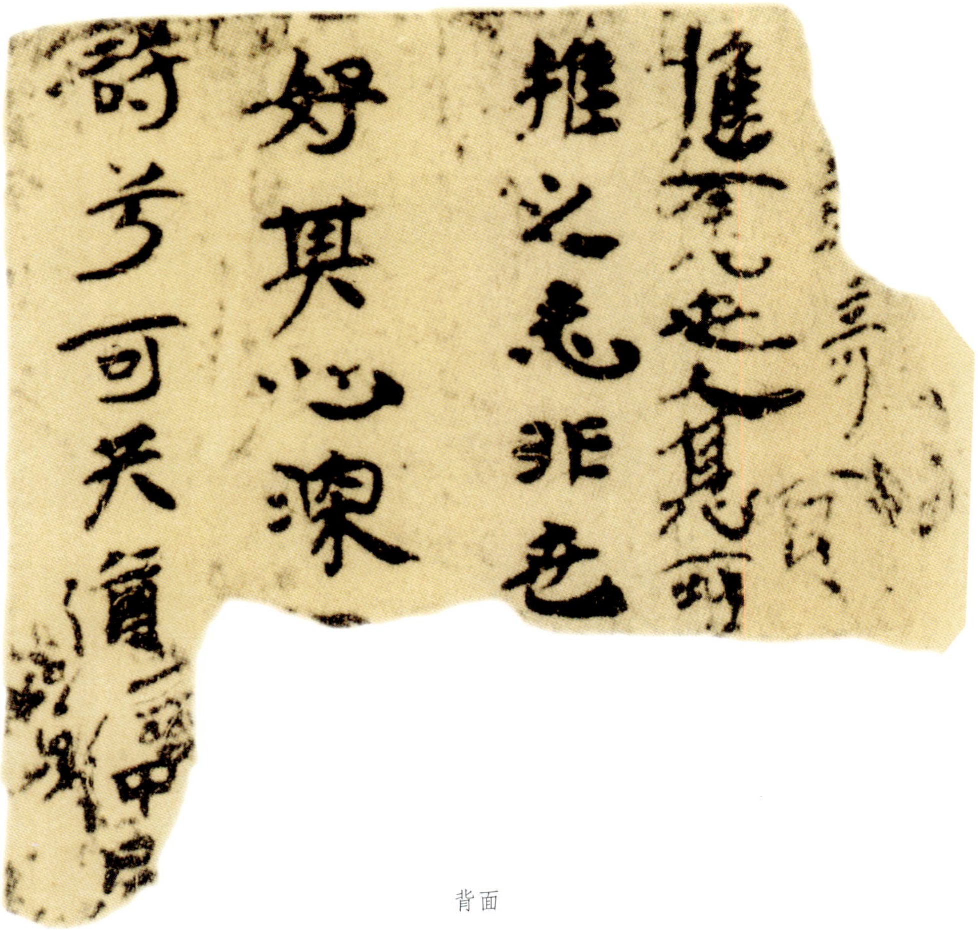

背面

【释文】 〔正面〕

（前闕）

1. ▭□及以婚□▭

2. ▭自守，可以永年，念□□▭

3. ▭輕用不節，衣履圖[空]▭

4. ▭同人道斷，絶仕進不▭

5. ▭□賁相從一月千萬二▭

6. ▭□自扯强出惶怖□▭

7. ▭耳目盲聾，衣袂[裂]▭

8. ▭蒙

9. □則迷昏，背人忘義，唯色是存。不▭

10. □尊，單家盡産，晨夜馳奔，厚□▭

（後闕）

〔背面〕

（前闕）

1. □□奇▭

2. 惟念世人息可▭

3. 推之志非世▭

4. 好其心深▭

5. 詩兮可共遵仲[尼]▭

（後闕）

【说明】 此件残片出自 LA.VI.ii。所写内容可能是汉代韵文，字迹奇古，隶意章草兼具，当是楼兰出土时代最早的纸本之一。[①]

①《流沙坠简》，第 232 页。

焉耆玄书信残纸

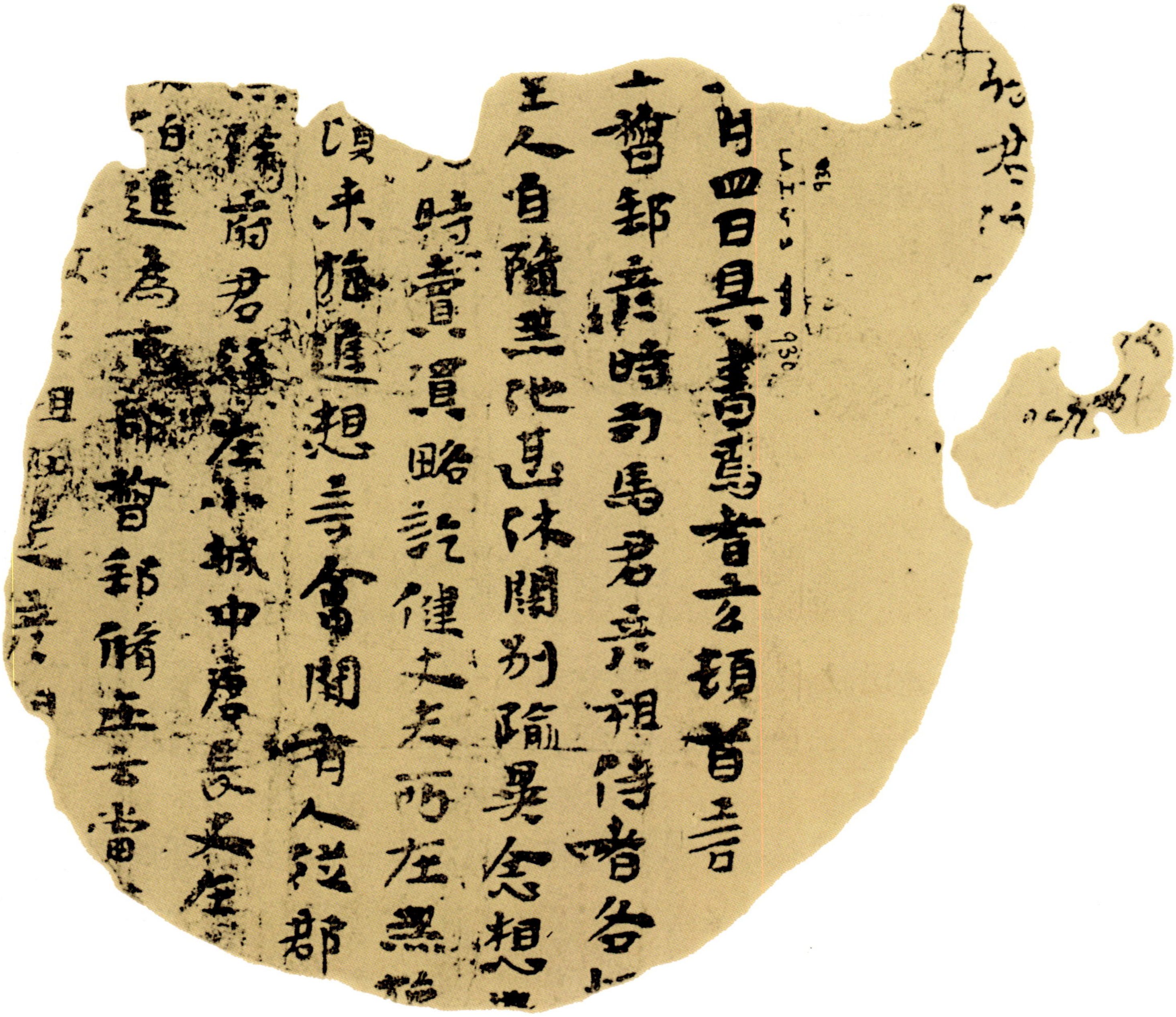

【释文】

1. 二月四日具書，焉耆玄頓首言
2. 王督郵彥時、司馬君彥祖、侍者各□
3. 主人自隨，無他甚休。闊别踰異，念想□
4. □□時賣買略訖。健丈夫所在無施
5. □頃來旋進想言，會聞有人從郡□
6. □徐府君繕在小城中，唐長史在□
7. □□伯進爲東部督郵。修正云當□□
8. □□□□□□如是彥祖______

（後闕）

【说明】

此件出自 L.A.I.iv.2。根据字体风格判断，应该是西晋时期文书。这件文书的结体与用笔，可以和传世的钟繇《宣示表》《荐季直表》相参证。

《荐季直表》局部

三月十五日书信残纸

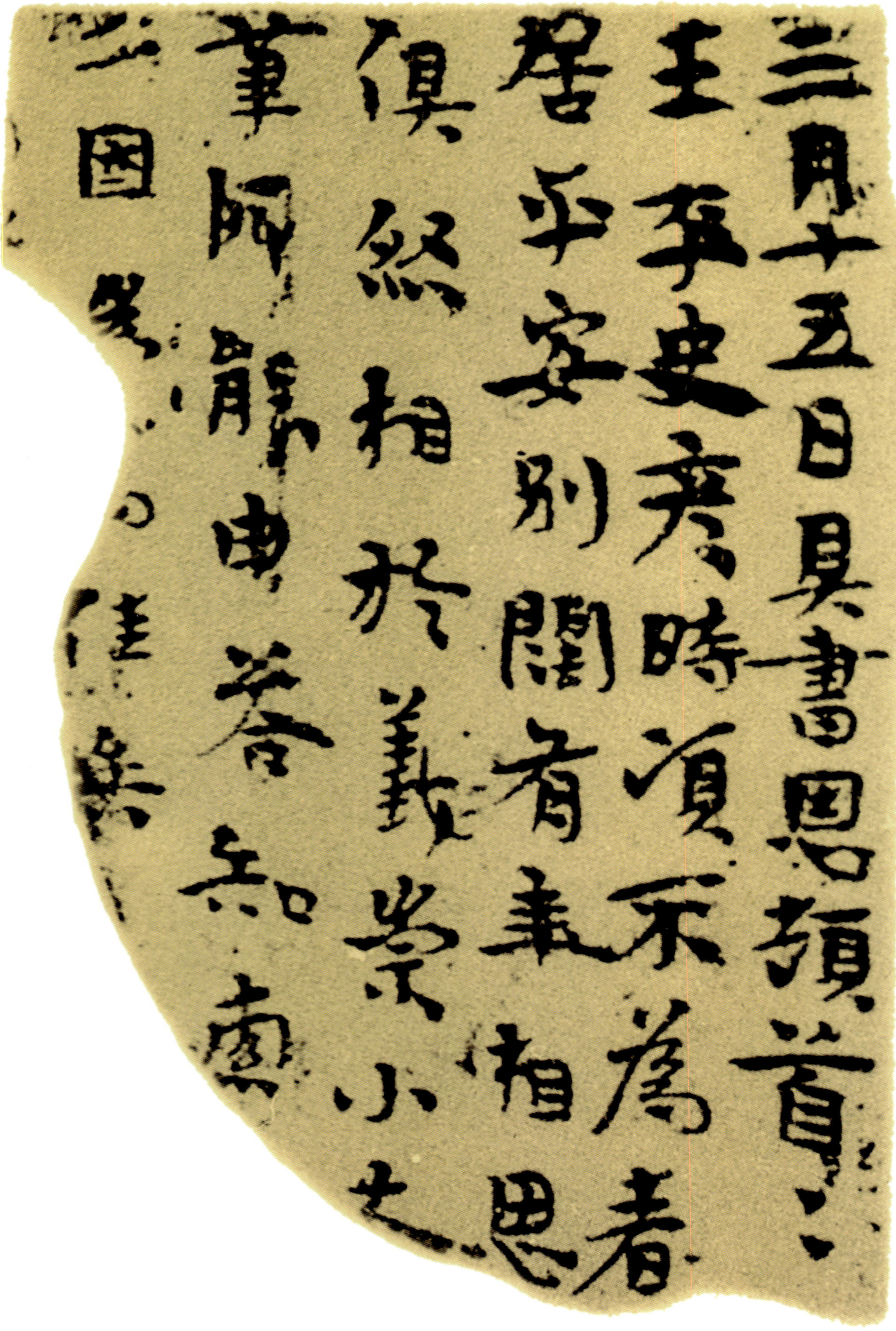

【释文】 1. 三月十五日具書，恩頓首 ==

2. 王長史彥時頃不爲，春

3. 居平安。别闊有年，相思

4. 俱然，相於義崇。小大

5. 筆所能申答，知索▭

6. ▭二▭國爲□佳矣。▭

（後闕）

【说明】 此件出自 L.A.I.iv.2。这里的“王长史彦时”应该就是前件文书中的“王督邮彦时”，由此可知这也是西晋时期文书。文书中第二行“长”字，在汉晋砖文中可以找到类似的写法。

袁羌书信残纸

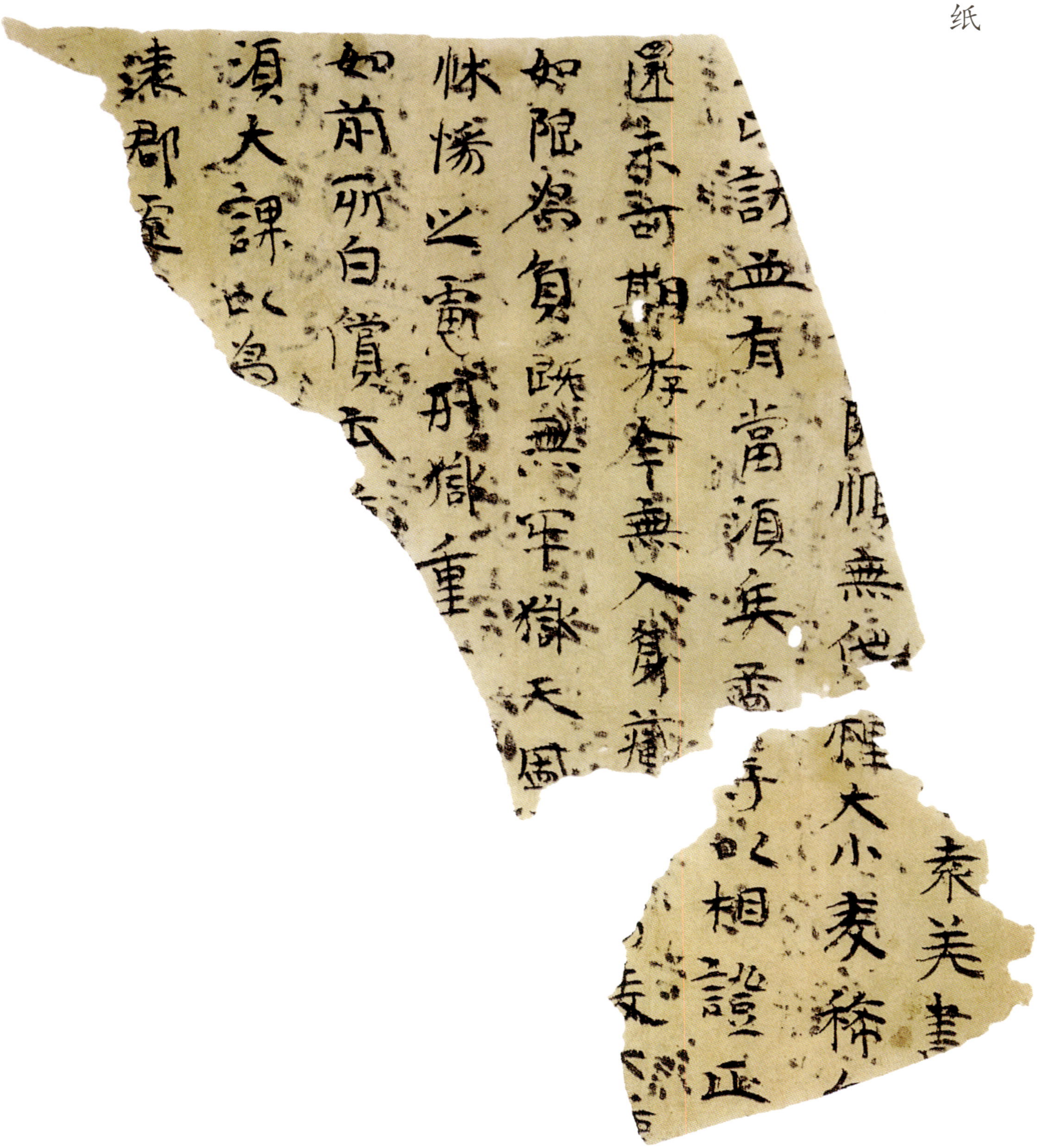

【释文】　（前闕）

1. ▭袁羌書▭

2. ▭□惟無他種大小麥稀▭

3. ▭訪血有當須兵孟等以相證正▭

4. 還未可期游今無入身瘇□□麥[大][種]▭

5. 如限爲負既無牢獄无盛▭

6. 怵惕之慮刑獄重▭

7. 如前所償云▭

8. 須大課以爲▭

9. 表郡處▭

（後闕）

【说明】　这件残片出自 L.A.II.ii。也应该是西晋时期的文书。

佚书残本

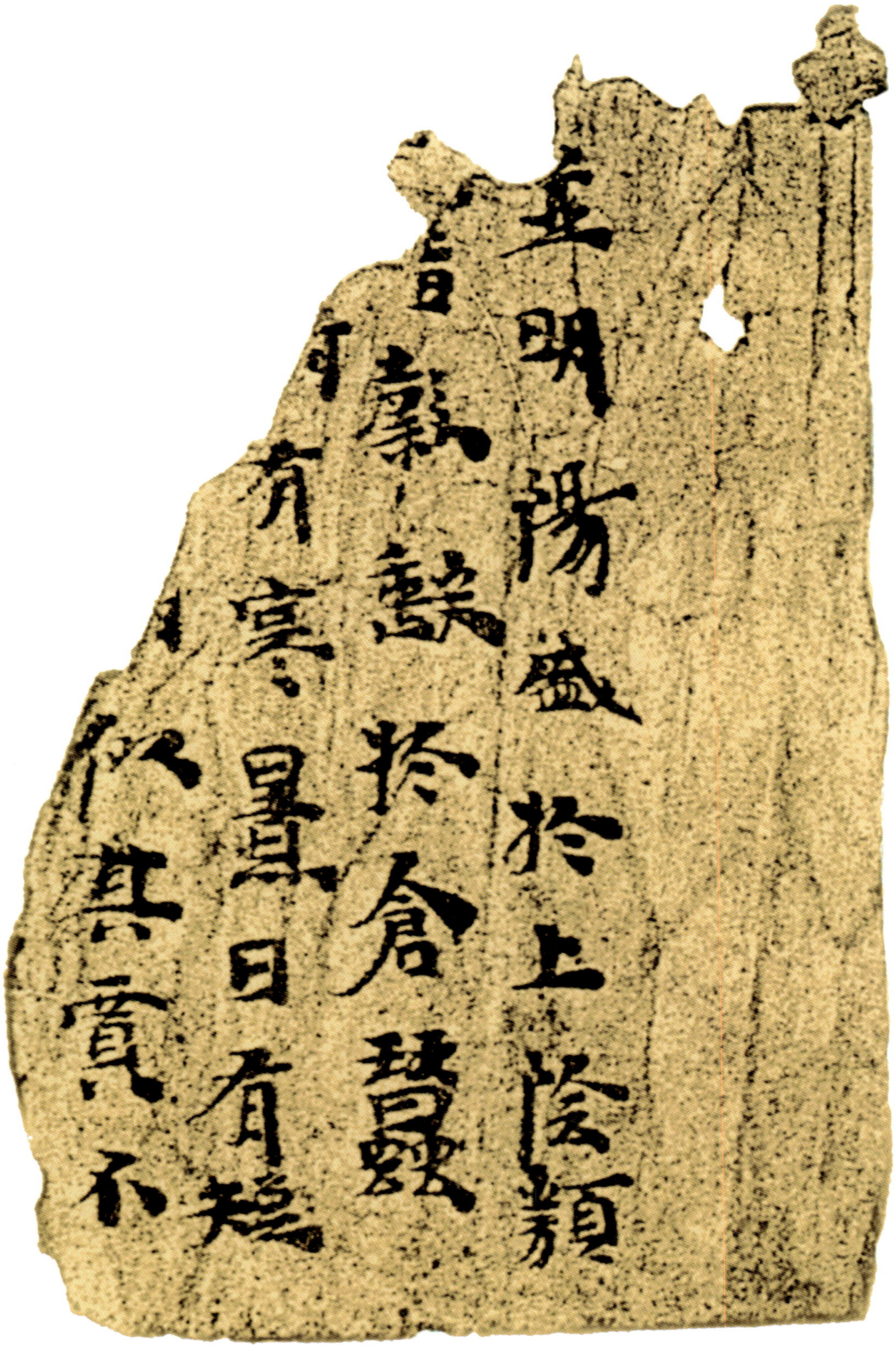
至明陽盛於上陰頹
音毅鼓於倉瑟
有寒暑日有短
似其實不

【释文】（前闕）

1. ▭並明，陽盛於上，陰類

2. ▭□聲缺於倉蠶

3. ▭時有寒暑，日有短

4. ▭□似其貫不

（後闕）

【说明】 这件写本出自 LM 遗址。根据残存的内容判断，应该是一部佚书，暂置于此。从字迹的风格推测，可能写于 3—4 世纪。

六月十二日书

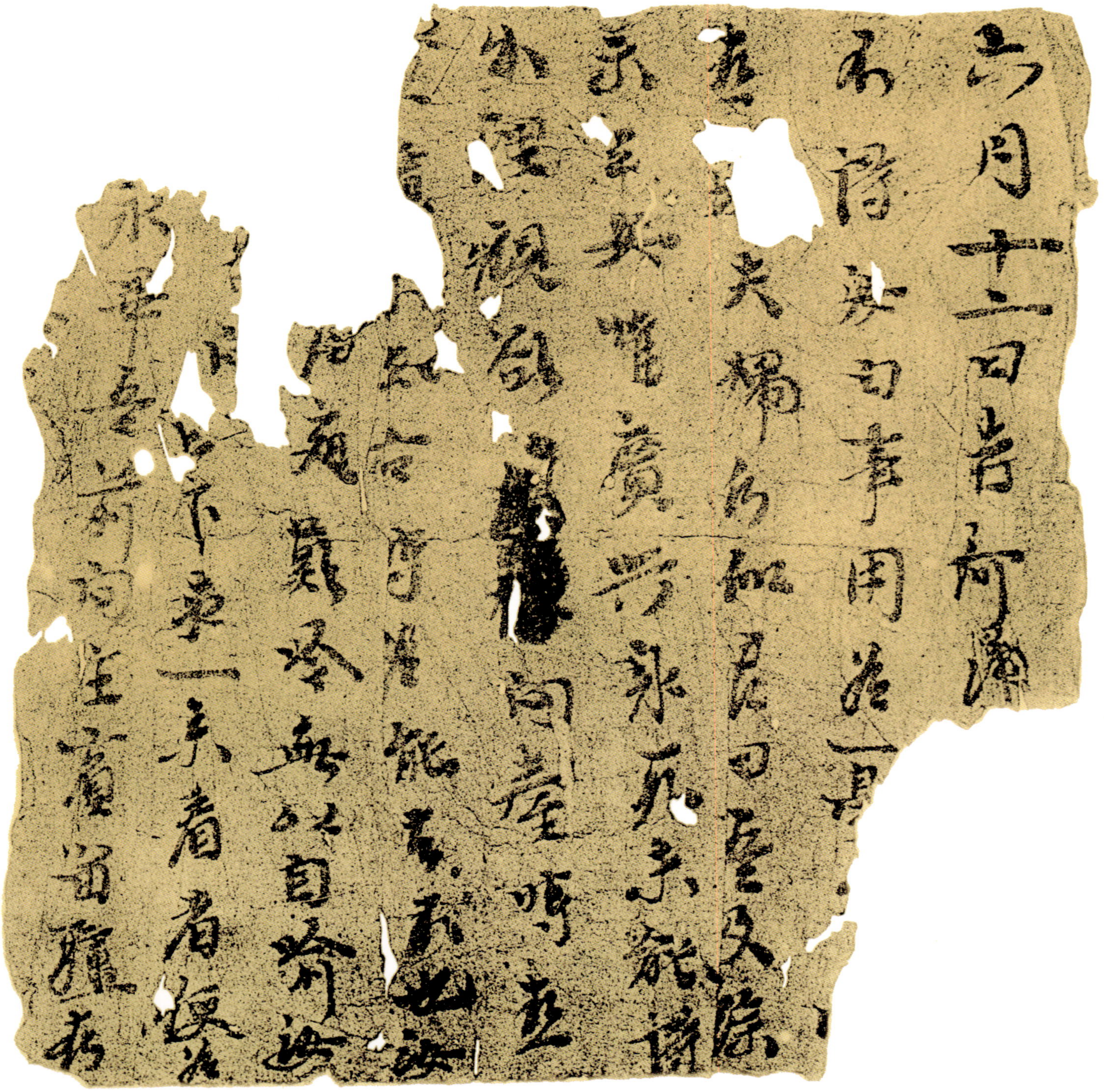

【释文】

1. 六月十二日告何歸□□□□

2. 不得汝白事用爲憂□。□□

3. 熱□，夫婦願似君問。吾及徐

4. 来平安，唯廣興身死，未能得

5. 出理視。欲＝問臺，時熱

6. □□，不知右時爲能去不也汝

7. □□□夜歎吟，無以自喻。汝

8. □□□問上下，求一來看，者便爲

9. □□永畢。吾前問主賓，留驢在

（後闕）

【说明】 此件残纸出自楼兰LM.I.ii，当为一封书信。风格奇古，虽然是行书，但体势与《沮渠安周碑》《沮渠封戴墓表》《沮渠封戴木表》、宋庆石塔等极为相近，应为北凉时期文书。

善至文书

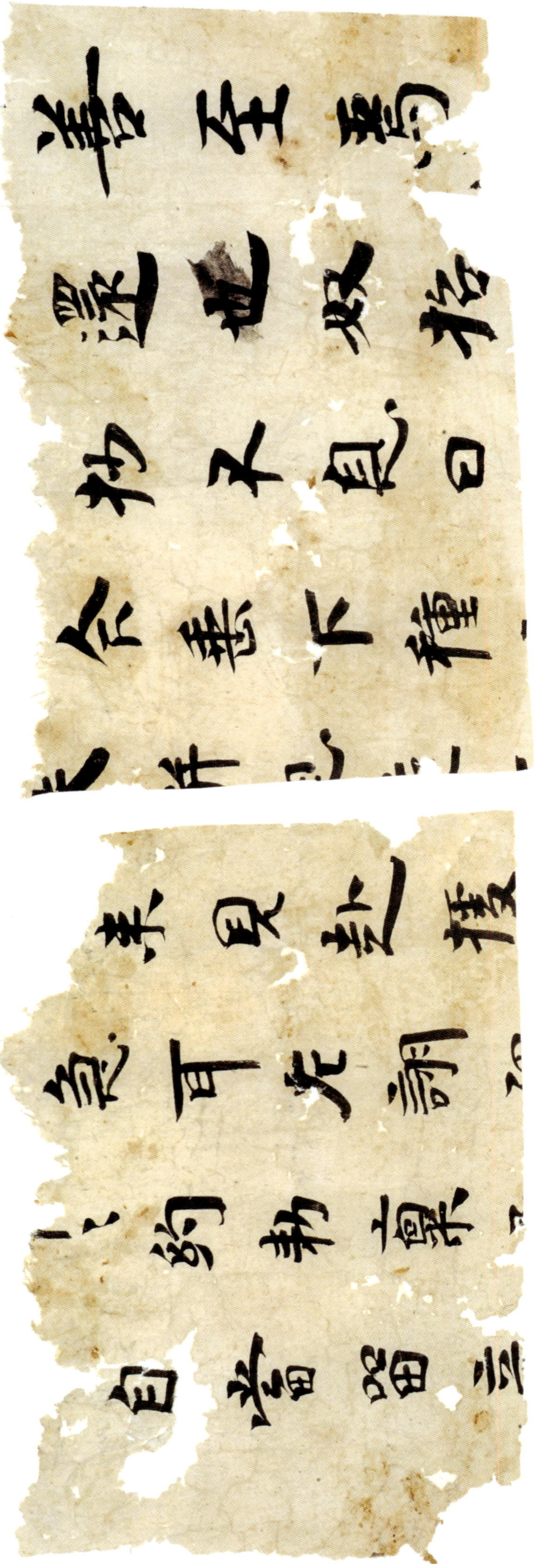

【释文】 （前闕）

1. 善至焉▭

2. 還也。奴招▭

3. 抄不息，曰▭

4. 今垂下種，▭

5. 夫并[息]□□▭

6. 來見赴，據▭

7. 急耳。左詡□▭

8. □□約敕稟□，▭

9. 自當留[意]。▭

（後闕）

【说明】 这件文书出自吐鲁番，内容与屯田耕种有关。从字体风格判断，书写时间应在公元4世纪。

阚连典贷马文书

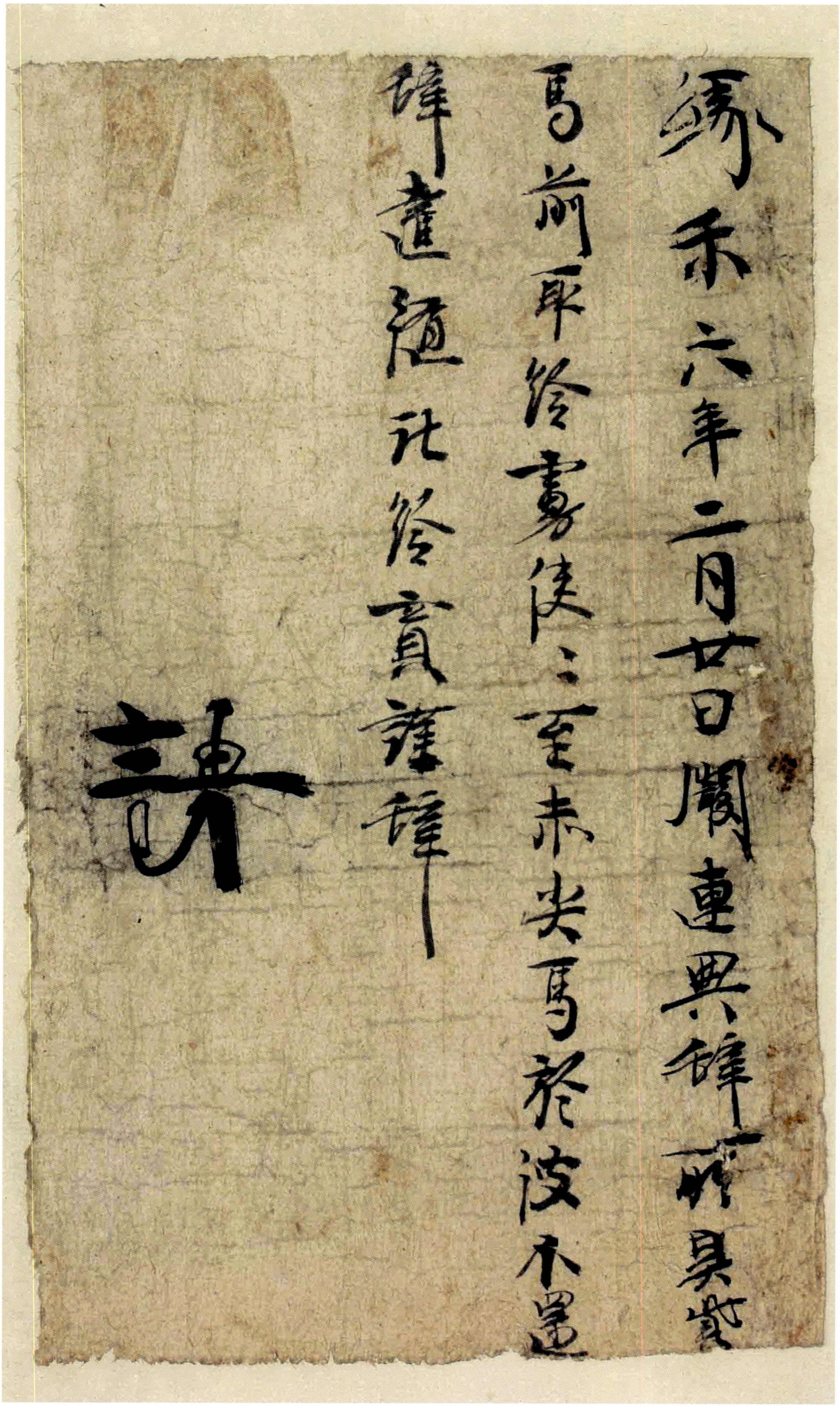
緣禾六年二月廿日闞連興辭所具貲
馬前取給虜使〻至赤尖馬於彼不還
辭達隨比給賈謹辭
諾

【释文】 1. 缘禾六年二月廿日闞連典辝，所具貸

2. 馬前取給虜使。虜使至赤尖，馬於彼不還。

3. 辭遣隨比給賣。謹辝。

【说明】 吐鲁番阿斯塔那墓地出土。缘禾为阚氏高昌年号，缘禾六年为公元435年。

义和三年文书

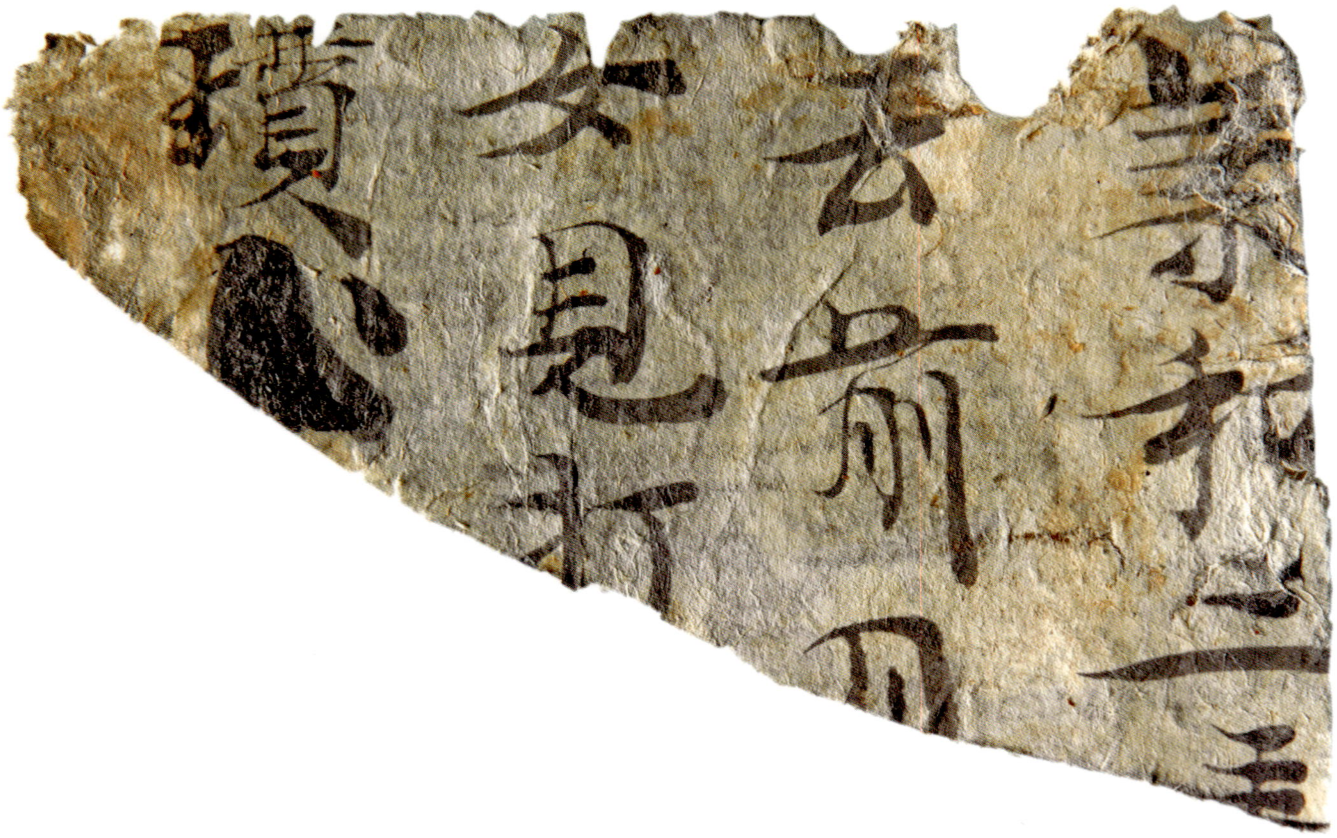

【释文】 1. 義和三年□

2. 去前月□

3. 女見打□

4. 瓚□

（後闕）

【说明】 吐鲁番鄯善洋海墓地出土。义和为北凉沮渠蒙逊年号，义和三年为公元433年。

楼兰以白残纸

【释文】 （前闕）

樓蘭以白□

（後闕）

【说明】 此件出自 L.A.II.i.(4)。

建元廿年文书

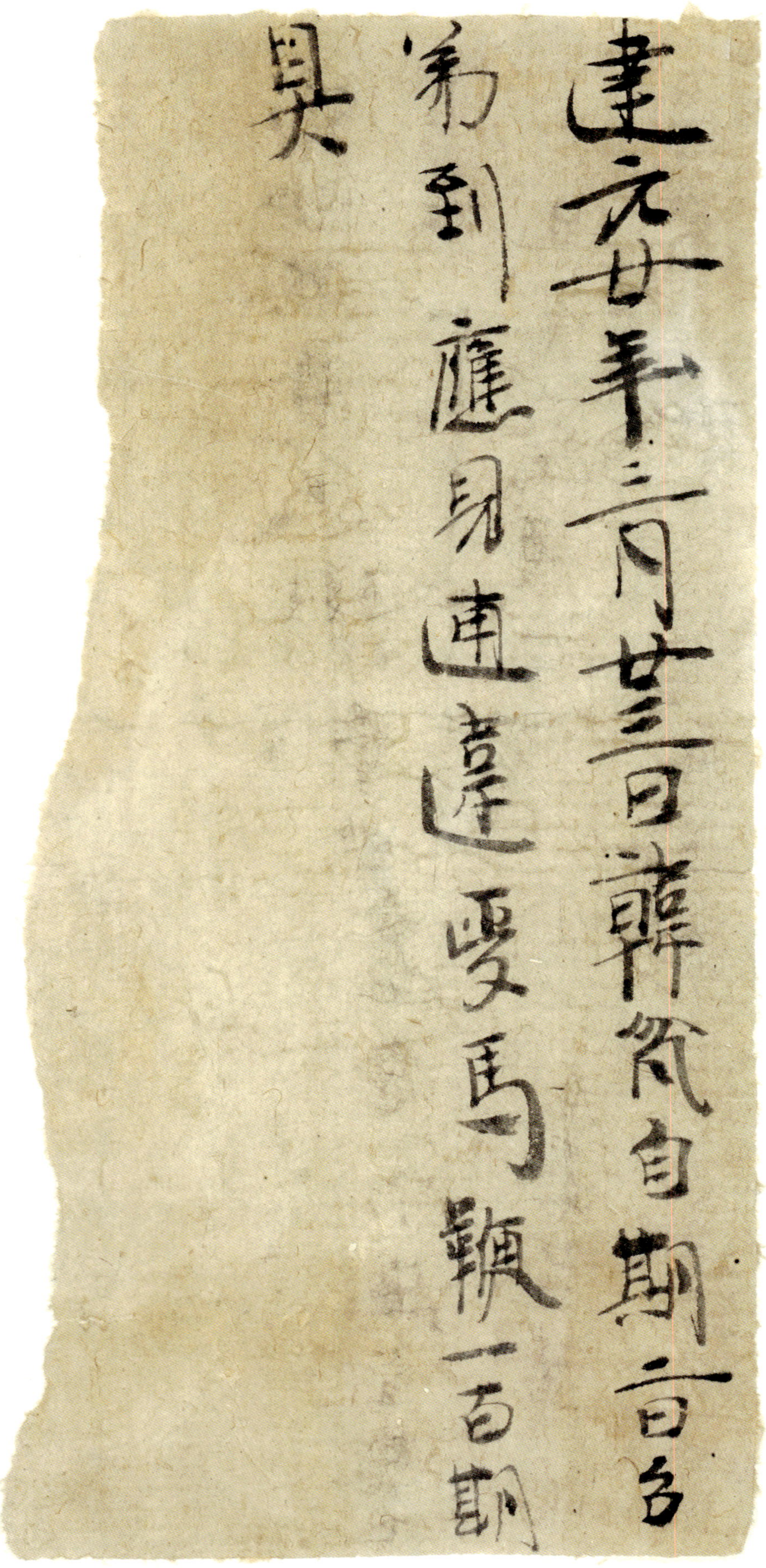

【释文】

1. 建元廿年三月廿三日，韓贫自期二日召

2. 弟到。應見逋達，受馬鞭一百。期

3. 具。

行憘书信残纸

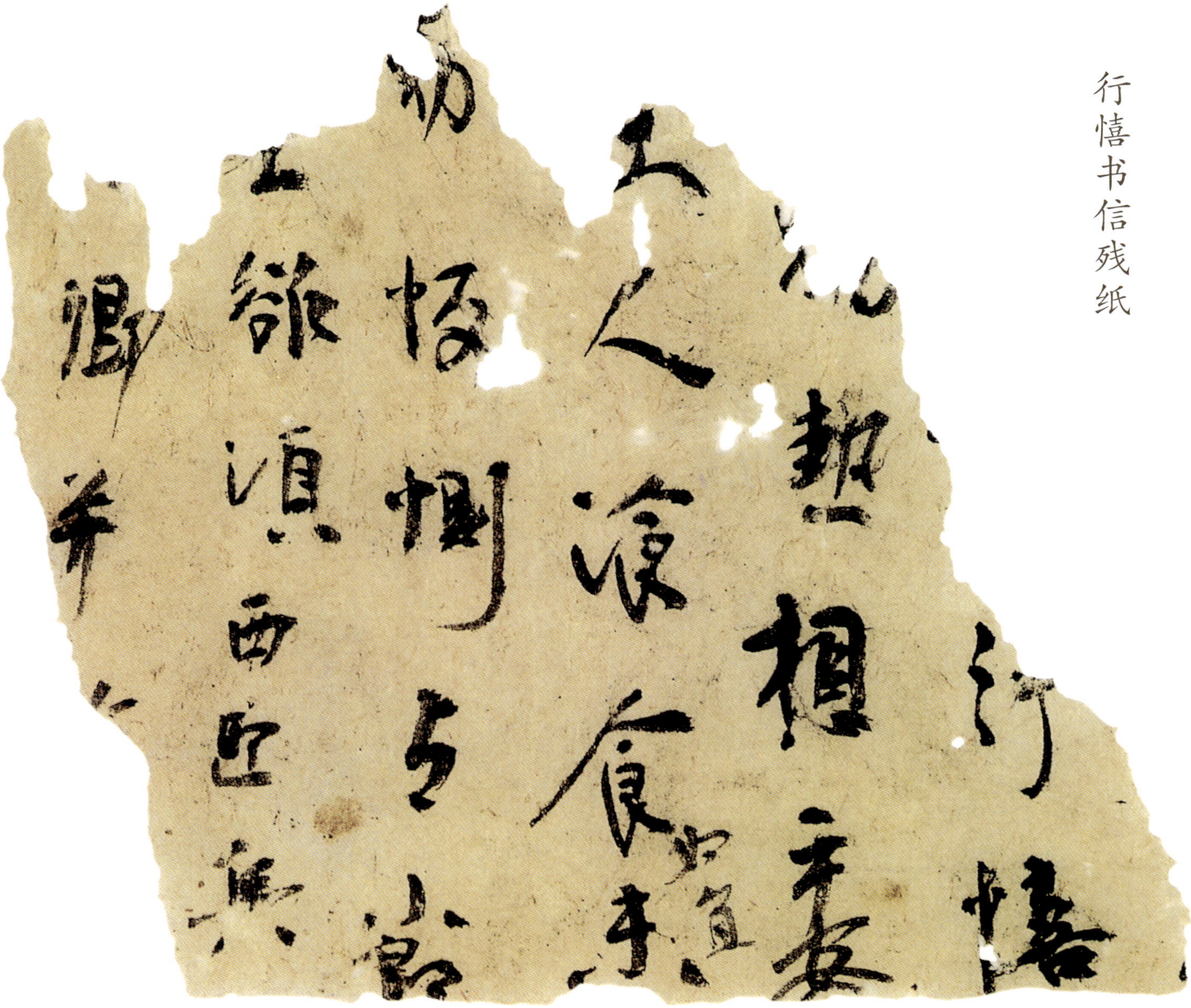

【释文】 （前闕）

1. ▁▁▁行憘▁▁▁

2. ▁▁▁□熱，想平安▁▁▁

3. ▁▁▁夫人湌食如宜，未▁▁▁

4. ▁▁▁反惻，与小郎▁▁▁

5. ▁▁▁□欲須西迎兵▁▁▁

6. ▁▁▁卿并□▁▁▁

（後闕）

府君残纸

【释文】 （前闕）

1. ______府君　楊敦煌□□章效穀　麴府君

2. ______使君來田吳蜀魏書　安孟成孟　世龍

3. 法安娥子　趙長　闞妄　茂喬反任如蜀

（後闕）

【说明】 这件文书出自楼兰，章草。书写时间应为 4 世纪前期。

华曹文书

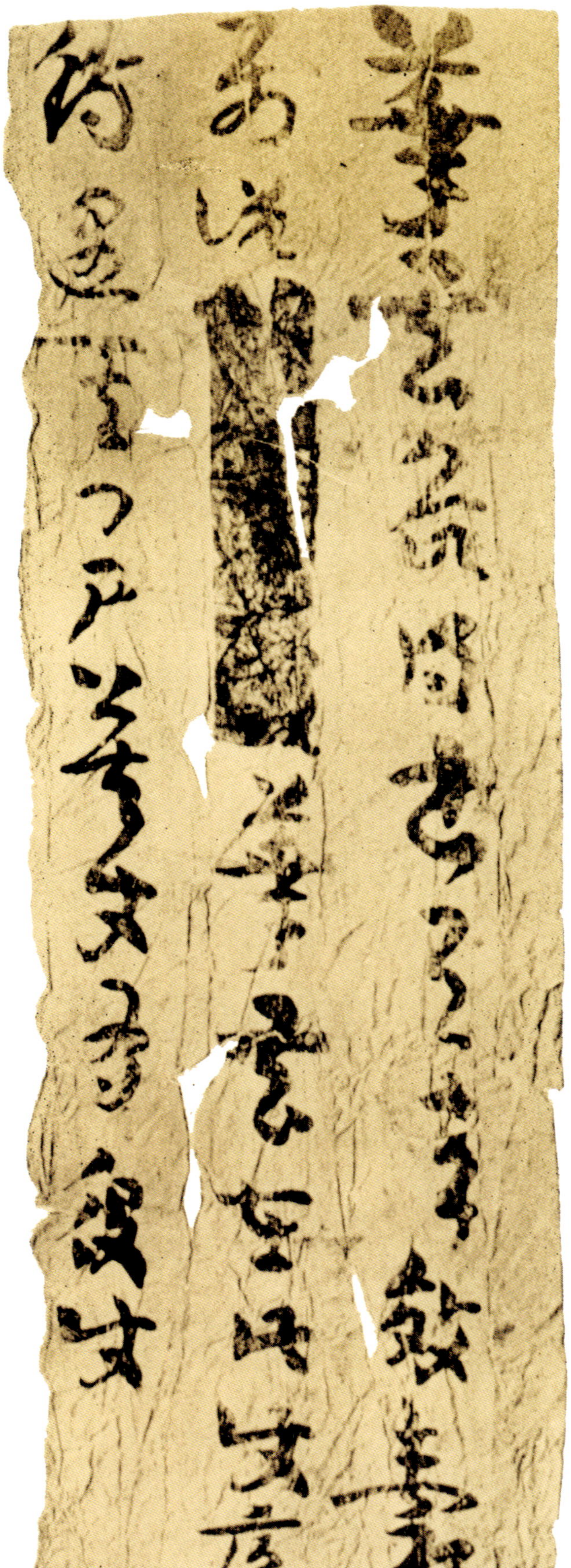

【释文】 1. 華曹欲得書，有韋效穀

2. 屬説。 華曹在此，使厚

3. 待遇其門户，莫使爲役使

（後闕）

繇文书（二件）

之二　　之一

之一

【释文】（前闕）

爲人登□

（後闕）

之二

【释文】（前闕）

繇頓首頓首□

（後闕）

叁 · 佛经写本

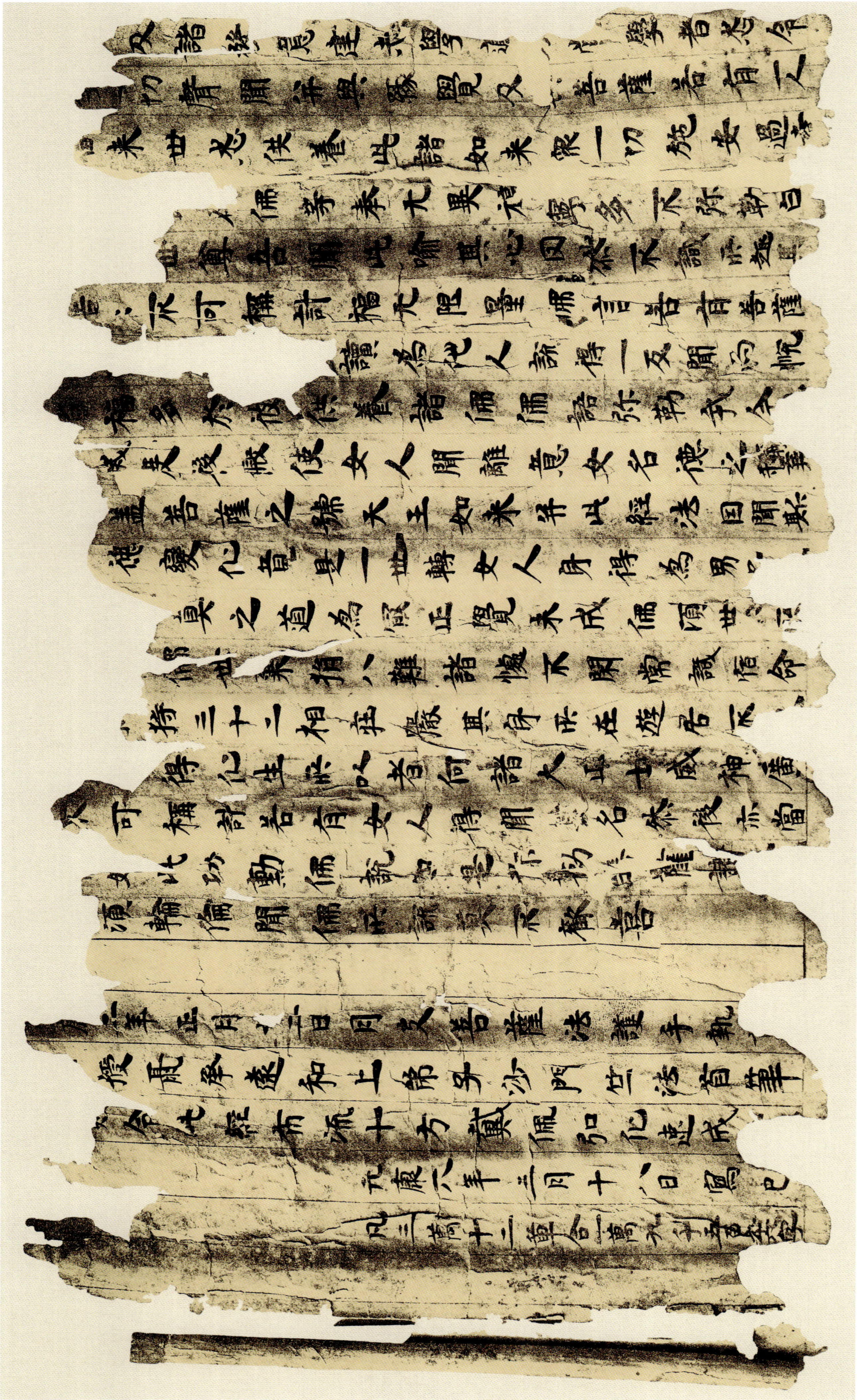

《诸佛要集经》写本残卷

【释文】

1. 聖尊。及諸發意建志學道，方當學者，悉令
2. 長存。一切聲聞，並與緣覺，及其菩薩，若有一人，
3. 於當來世，悉供養此諸如來衆。一切施安。過去
4. 當來今現在佛，等奉无異，福寧多不。彌勒白
5. 佛：“多矣世尊。吾聞此喻。其心惘然，不識所趣。其
6. 數浩浩，不可稱计，福无限量。佛言：“若有菩薩。
7. 受是經典，持諷誦讀，爲他人説，得一反聞而悦
8. 信者，福多於彼供養諸佛。”佛語弥勒：“我今現
9. 在，若滅度後，假使女人，聞離意女名德之稱，棄
10. 諸陰蓋菩薩之號。天王如來，并此經法，因聞斯
11. 經，名德變化，竟是一世，轉女人身，得爲男子。疾
12. 成无上正真之道，爲最正覺。未成佛頃，世世所
13. 生，常值佛世。棄捐八難，諸懅不閑。常識宿命，
14. 逮得總持。三十二相，莊嚴其身。所在遊居，不更
15. 胞胎，常得化生。所以者何？諸大正士，威神廣
16. 大，不可稱計。若有女人，得聞其名，然後亦當
17. 逮得如此功勳。”佛説如是，弥勒菩薩、諸天人
18. 民、阿須輪倫聞佛所説，莫不歡喜，[稽首禮佛。]
19. 元康二年正月十二日月支菩薩法護手執□
20. □□授，聶承遠、和上弟子沙門竺法首筆
21. 受□令此經布流十方，戴佩弘化，速成□□。
22. 元康六年三月十八日寫已
23. 凡三萬十二章合一萬九千五百九十六字

【说明】 这件《诸佛要集经》出土于吐鲁番吐峪沟石窟，现藏辽宁旅顺博物馆。经系西晋惠帝元康二年（292）竺法护译出。竺昙摩罗刹，汉译竺法护，月氏人，世居敦煌，幼年出家。晋武帝时（265—290），竺法护曾随其师竺高座遍历西域，通晓诸国语言文字，携带大量佛经还归中夏。从敦煌到长安沿途，竺法护传译了大量的佛经。[①]

这件写本写于元康六年（296），是目前已知的有最早纪年的汉文佛经写本。写本题跋部分提及两位笔受人聂承远、竺法首，均见于《出三藏记集》。《出三藏记集》卷十三《竺法护传》称："初护于西域得《超日明经》胡本，译出颇多繁重。时有信士聂承远，乃更详正文偈，删为二卷，今之所传经是也。承远明练有才理，笃志法务，护公出经，多参正焉。"[②] 据《出三藏记集》记载，竺法护译经、竺法首笔受的还有《济诸方等学经》《圣法印经记》等。[③]

从佛教经籍目录、僧传等材料来看，古代吐鲁番地区和中原内地，无论是僧侣往来、佛教传布都相当密切。吐鲁番又经常是内地汉译佛教、汉化佛教艺术在新疆地区传播的第一站。

① ［梁］僧佑撰，苏晋仁、萧炼子点校：《出三藏记集》，北京：中华书局，1995 年，第 518—519 页。
② 《出三藏记集》，第 519 页。
③ 《出三藏记集》，第 276—277 页。

《法句经》写本残卷

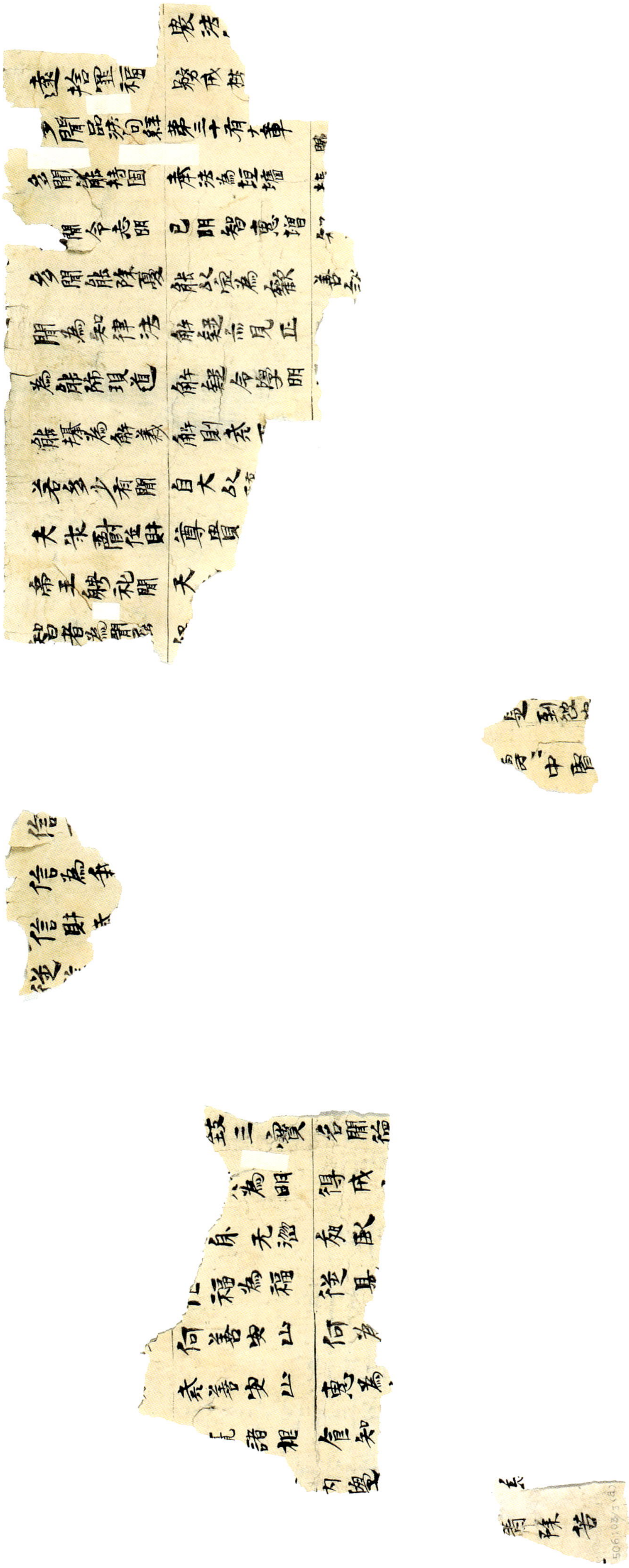

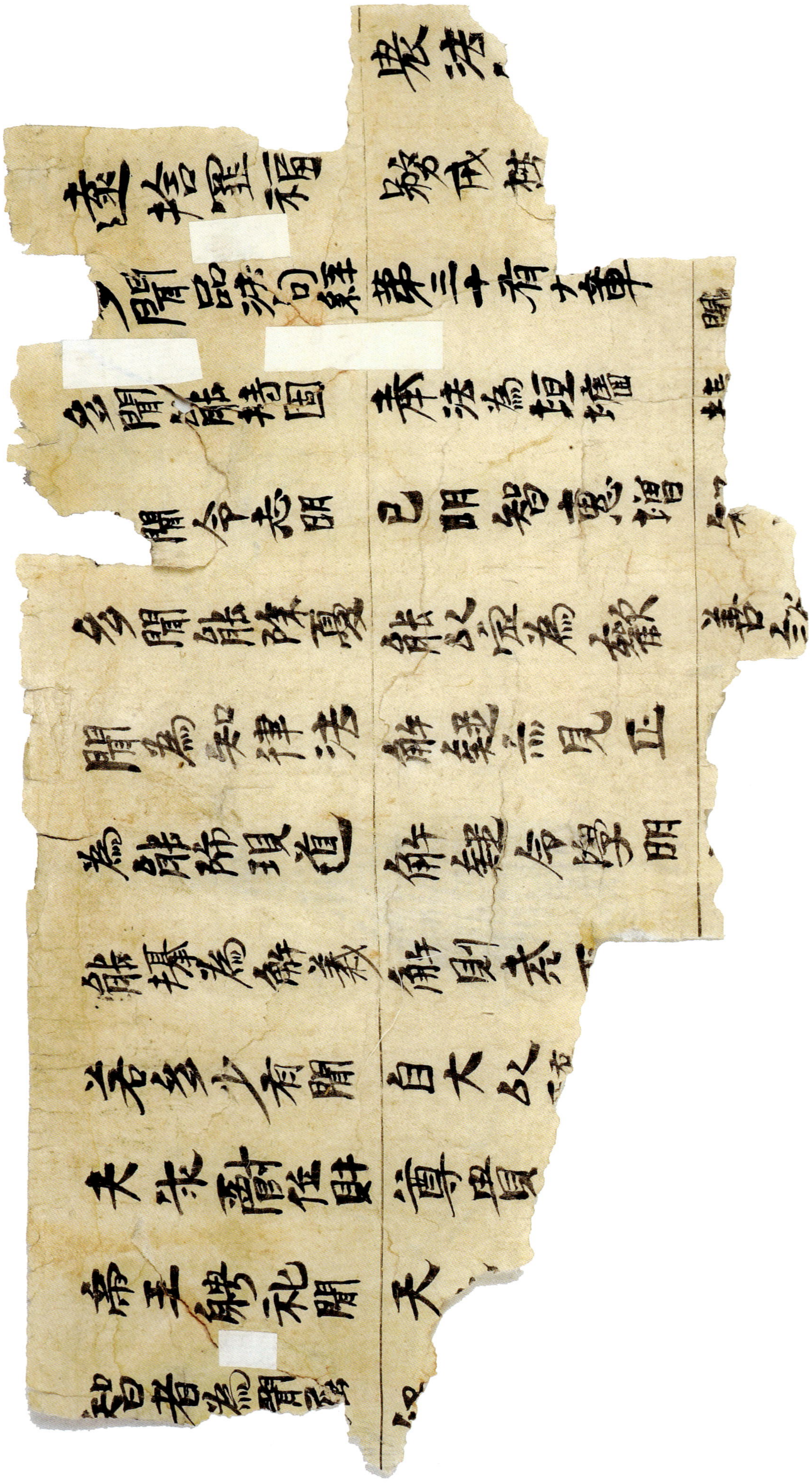

（局部一）

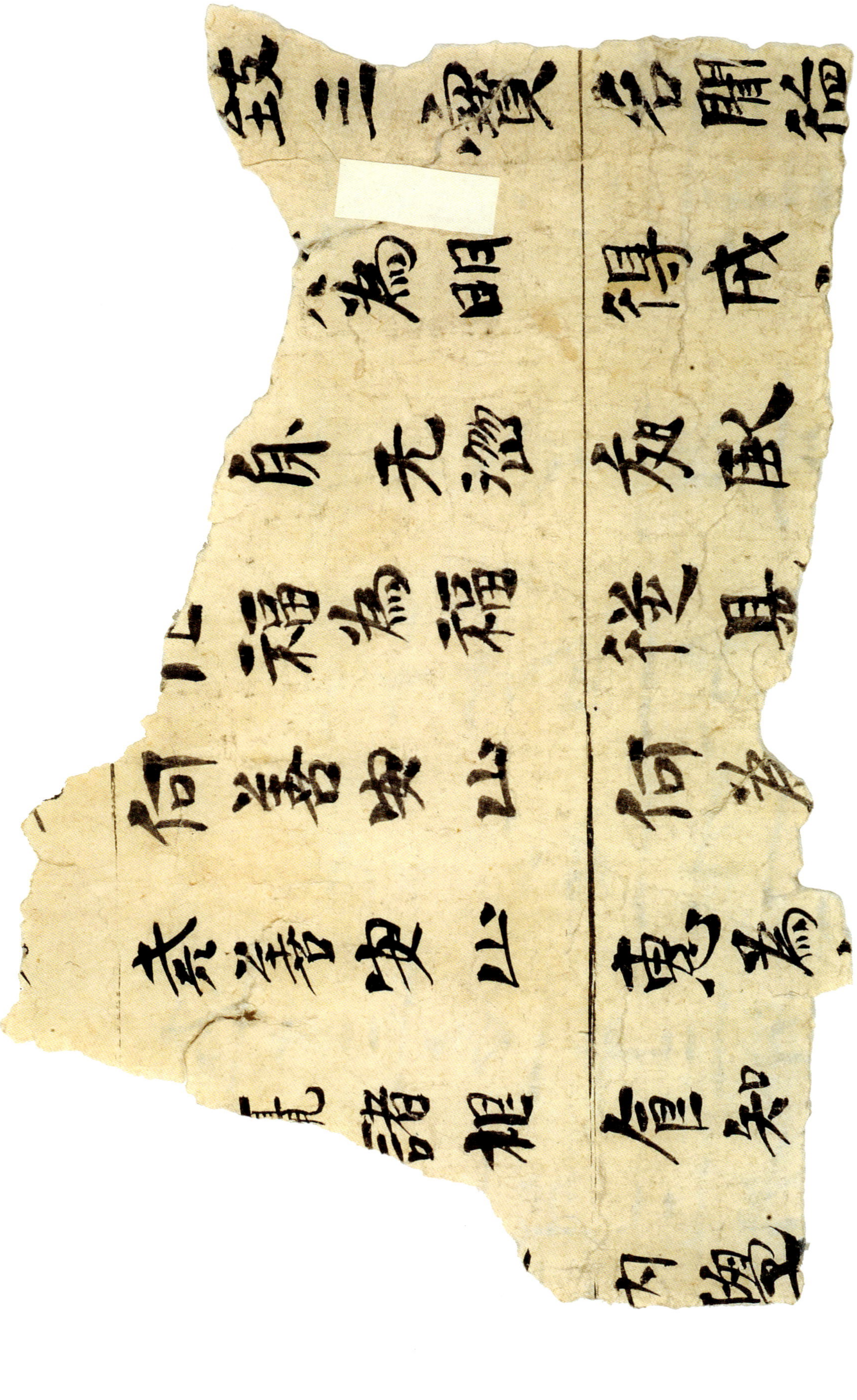

（局部二）

【释文】　（前闕）

1. 善學无犯，畏法曉忌。見微知著，誡无後患。

2. 遠捨罪福，務成梵行。終身自攝，是名善學。

3. 多聞品法句經第三十有九章　　聞

4. 多聞能持固，奉法爲垣牆，精進難踰毀，從是戒慧成。

5. 多聞令志明，已明智惠增。智則博解義，見義行法安。

6. 多聞能除憂，能以定爲歡。善説甘露法，自致得泥洹。

7. 聞爲知律法，解疑亦見正。從聞捨非法，行到不死處。

8. 爲能師現道，解疑令學明。亦興清净本，能奉持法藏。

9. 能攝爲解義，解則戒不穿。受法猗法者，從是疾得安。

10. 若多少有聞，自大以驕人。是如盲執燭，炤彼不自明。

11. 夫求爵位財，尊貴升天福，辯慧世間悍，斯聞爲第一。

12. 帝王聘禮聞，天上天亦然。聞爲第一藏，最富旅力强。

13. 智者爲聞屈，好道者亦樂。王者盡心事，雖釋梵亦然。

（中闕）

14. 愚不修天行，亦不譽布施。信施助善者，從是到彼安。

15. 信者真人長，念法所住安。近者意得上，智壽壽中賢。

（中闕）

16. 信不染他。唯賢與人，可好則學，非好則遠。

17. 信爲我輿，莫知斯載，如大象調，自調最勝。

18. 信財戒財，慚愧亦財，聞財施財，慧爲七財。

19. 從信守戒，常净觀法。慧而利行，奉敬不忘。

（中闕）

20. 慧人護戒，福致三寶。名聞德利，後上天樂。

21. 常見法處，護戒爲明。得成真見，輩中吉祥。

22. 持戒者安，令身无惱。夜卧恬淡，寤則常歡。

23. 修戒佈施，作福爲福。從是適彼，常到安處。

24. 何終爲善，何善安止，何爲人寶，何盗不取。

25. 戒終老安，戒善安止，惠爲人寶，福盗不取。

26. 比丘立戒，守攝諸根。食知自節，悟意令應。

27. 以戒降心，守意正定。内學正觀，無忘正智。

28. 明哲守戒，内思正智。行道如應，自清除苦。

（後闕）

【说明】　吴天竺沙门维祇难等译。《出三藏记集》卷二：“魏文帝时，天竺沙门维祇难以吴主孙权黄武三年赍胡本，武昌竺将炎共支谦译出。”

此件残存《法句经》“教学”、“多闻”、“笃信”、“戒慎”等品的部分内容。

《妙法莲华经·方便品》写本残卷

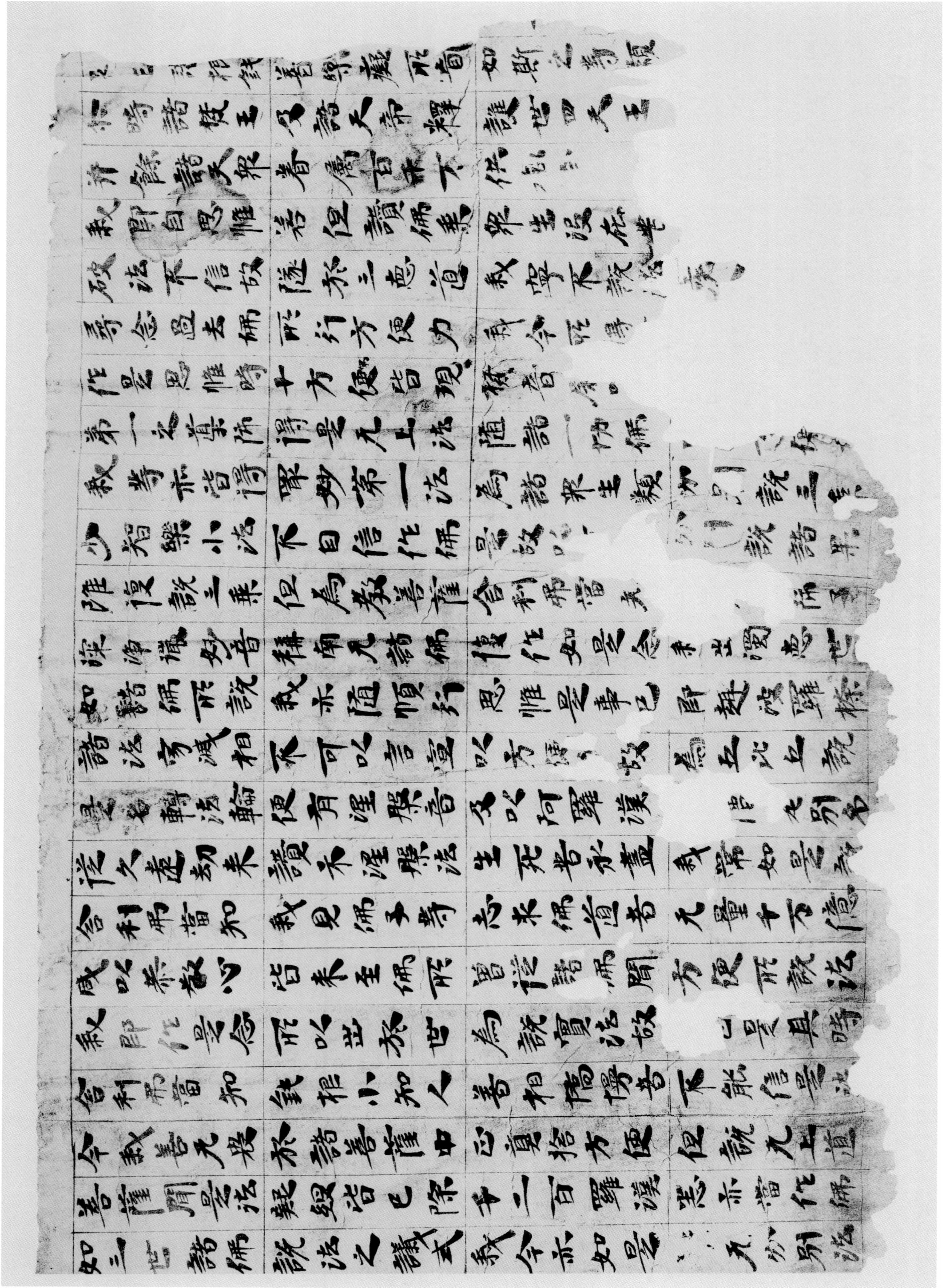

之一

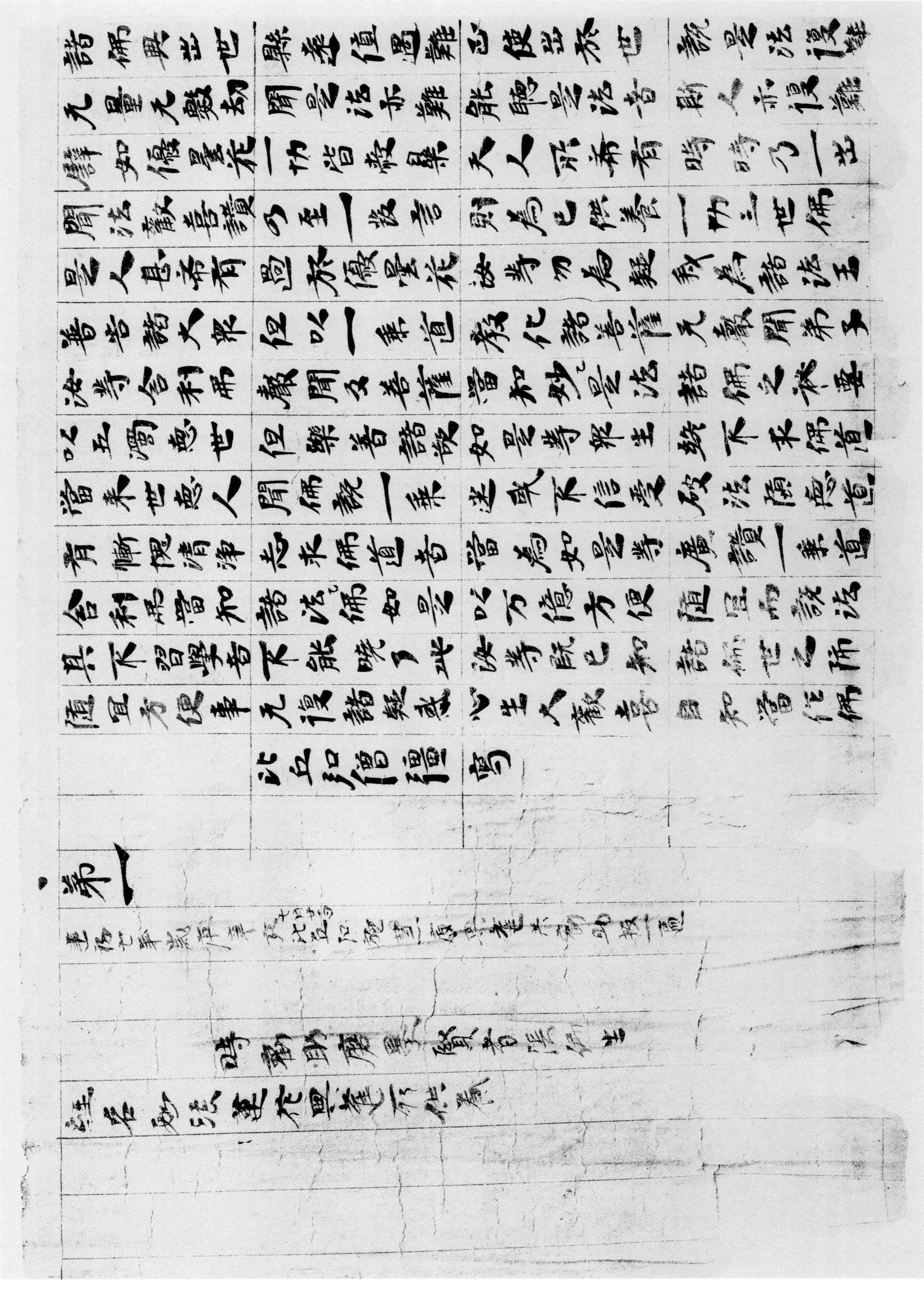
諸佛興出世　懸遠值遇難　正使出於世　說是法復難
無量無數劫　聞是法亦難　能聽是法者　斯人亦復難
譬如優曇花　一切皆愛樂　天人所希有　時時乃一出
聞法歡喜讚　乃至發一言　則為已供養　一切三世佛
是人甚希有　過於優曇花　汝等勿有疑　我為諸法王
普告諸大眾　但以一乘道　教化諸菩薩　無聲聞弟子
汝等舍利弗　聲聞及菩薩　當知妙是法　諸佛之祕要
以五濁惡世　但樂著諸欲　如是等眾生　終不求佛道
當來世惡人　聞佛說一乘　迷惑不信受　破法墮惡道
有慚愧清淨　志求佛道者　當為如是等　廣讚一乘道
舍利弗當知　諸法佛如是　以万億方便　隨宜而說法
其不習學者　不能曉了此　汝等既已知　諸佛世之師
隨宜方便事　無復諸疑惑　心生大歡喜　自知當作佛
比丘知僧疆寫

第一

垂拱七年歲次辛卯七月廿三日比丘知施慧度與道共勸助校一遍

時勸助磨墨賢者張仙生

經名妙法蓮花典崔道所供養

之二

之一

【释文】 （前闕）

1. 衆生諸根鈍，著樂癡所盲。如斯之等類，云何而可度。
2. 尔時諸梵王，及諸天帝釋，護世四天王，及大自在天，
3. 并餘諸天衆，眷屬百千万，供□合掌禮，請我轉法輪。
4. 我即自思惟，若但讚佛乘，衆生没在苦，不能信是法。
5. 破法不信故，墜於三惡道，我寧不説法，疾入於涅槃。
6. 尋念過去佛，所行方便力。我今所得道，亦應説三乘。
7. 作是思惟時，十方佛皆現。梵音慰喻我，善哉釋迦文。
8. 第一之導師，得是无上法。隨諸一切佛，而用方便力。
9. 我等亦皆得，最妙第一法。爲諸衆生類，分别説三乘。
10. 少智樂小法，不自信作佛。是故以方便，分别説諸果。
11. 雖復説三乘，但爲教菩薩。舍利弗當知，我聞聖師子。
12. 深浄微妙音，喜稱南无佛。復作如是念，我出濁惡世。
13. 如諸佛所説，我亦隨順行，思惟是事已，即趣波羅柰。
14. 諸法寂滅相，不可以言宣，以方便力故，爲五比丘説。
15. 是名轉法輪，便有涅槃音。及以阿羅漢，法僧差别名。
16. 從久遠劫來，讚示涅槃法。生死苦永盡，我常如是説。
17. 舍利弗當知，我見佛子等，志求佛道者，无量千万億，
18. 咸以恭敬心，皆來至佛所。曾從諸佛聞，方便所説法。
19. 我即作是念，所以出於世，爲説實法故，今正是其時。
20. 舍利弗當知，鈍根小知人，著相憍慢者，不能信是法。
21. 今我喜无畏，於諸菩薩中，正直捨方便，但説无上道。
22. 菩薩聞是法。疑網皆已除。千二百羅漢，悉亦當作佛。
23. 如三世諸佛，説法之儀式。我今亦如是，説无分别法。

（後闕）

之二

【释文】 （前闕）

1. 諸佛興出世，懸遠值遇難。正使出於世，説是法復難。

2. 无量地數劫，聞是法亦難。能聽是法者，斯人亦復難。

3. 譬如優曇花，一切皆愛樂，天人所希有，時時乃一出。

4. 聞法歡喜讚，乃至一發言，則爲已供養。一切三世佛，

5. 是人甚希有，過於優曇花，汝等勿爲疑。我爲諸法王，

6. 普告諸大衆，但以一乘道，教化諸菩薩，无聲聞弟子。

7. 汝等舍利弗，聲聞及菩薩，當知是妙法，諸佛之祕要。

8. 以五濁惡世，但樂著諸欲。如是等衆生，終不求佛道。

9. 當來世惡人，聞佛説一乘，迷惑不信受，破法墮惡道，

10. 有慚愧清浄。志求佛道者，當爲如是等，廣讚一乘道。

11. 舍利弗當知，諸法佛如是，以万億方便，隨宜而説法。

12. 其不習學者，不能曉了此。汝等既已知，諸佛世之師。

13. 隨宜方便事，无復諸疑惑，心生大歡喜，自知當作佛。

14. 比丘弘僧彊寫

15. 第一

16. 建初七年歲庚辛，亥七月廿一日，比丘弘施、慧度、興進共勸助校一遍

17. 時勸助磨墨賢者張佛生

18. 經名妙法蓮花，興進所供養

（後闕）

【说明】 这两件《妙法莲华经·方便品》写本残片均出自原库车地区（包括今库车、新和、沙雅三县），写成于公元411年，距鸠摩罗什译出此经仅隔五年。

《法华经》为龟兹僧人鸠摩罗什所译，僧叡《法华经后序》：

寻幽宗以绝往，则丧功于本无；控心缮于三昧，则忘期于二地。经流兹土，虽复垂及百年，译者昧其虚津，灵关莫之或启；谈者乖其准格，幽踪罕得而履。徒复搜研皓首，并未有窥其门者。秦司隶校尉、左将军安城侯姚嵩，

拟韵玄门，宅心世表，注诚斯典，信诣弥至。每思寻其文，深识译者之失。既遇鸠摩罗法师，为之传写，指其大归，真若披重霄而高蹈，登昆仑而俯眄矣。于时听受领悟之僧八百余人，皆是诸方英秀，一时之杰也。是岁弘始八年，岁次鹑火。[①]

鸠摩罗什为中国古代伟大的佛教翻译家，《出三藏记集》卷十四《鸠摩罗什传》称：

自大法东被，始于汉明，历涉魏、晋，经论渐多。而支、竺所出，多滞文格义。兴少崇三宝，锐志讲集。什既至止，仍请入西明阁、逍遥园，译出众经。什率多暗诵，无不究达。转解秦言，音译流利。既览旧经，义多乖谬，皆由先译失旨，不与胡本相应。于是兴使沙门僧肇、僧䂮、僧迁等八百余人谘受什旨，更令出《大品》。什持胡本，兴执旧经，以相雠挍。其新文异旧者，义皆圆通，众心惬服，莫不欣赞焉。兴宗室常山公显、安成侯嵩，并笃信缘业，屡请什于长安大寺讲说新经。续出《小品》《金刚般若》《十住》《法华》《维摩》《思益》《首楞严》《华首》《持世》《佛藏》《菩萨藏》《遗教》《菩提》《呵欲》《自在王》《因缘观》《无量寿》《新贤劫》《诸法无行》《禅经》《禅法要》《禅要解》《弥勒成佛》《弥勒下生》《称扬诸佛功德》《十诵律》《戒本》《大智》《成实》《十住》《中》《百》《十二门》诸论，三十三部，三百余卷。并显畅神源，发挥幽致。[②]

鸠摩罗什所译经典众多，流传极广，在中国佛教史上影响深远。尤其是《法华经》的传译，对中国法华信仰、观音信仰，以及大乘佛教的流行，都起了至关重要的作用。

①《出三藏记集》，第 307 页。

②《出三藏记集》，第 533—534 页。

《妙法莲华经》写本残卷

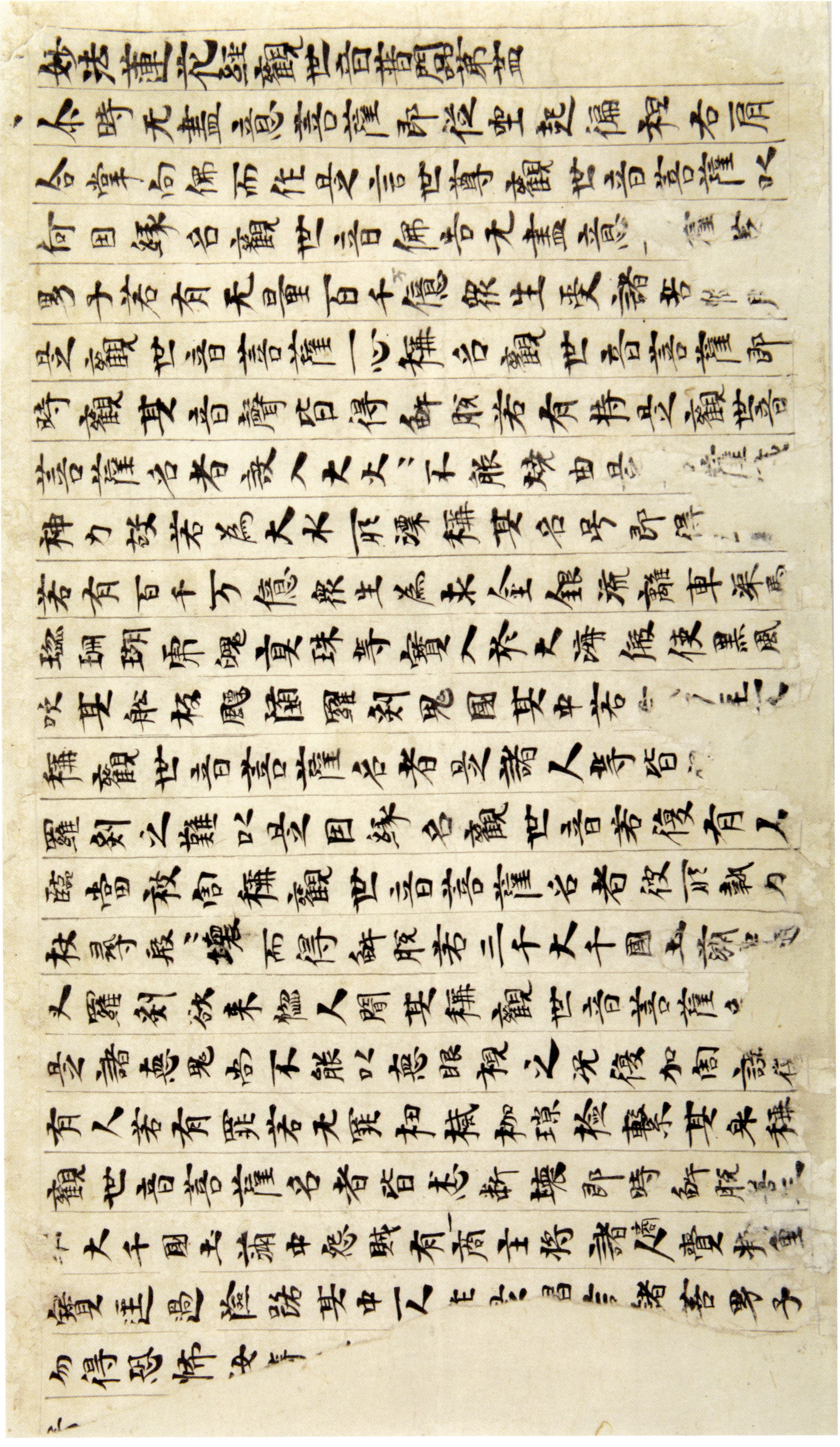
妙法蓮花經觀世音普門品第廿五
爾時無盡意菩薩即從座起偏袒右肩
合掌向佛而作是言世尊觀世音菩薩以
何因緣名觀世音佛告無盡意菩薩善
男子若有無量百千萬億衆生受諸苦惱
聞是觀世音菩薩一心稱名觀世音菩薩即
時觀其音聲皆得解脫若有持是觀世音
菩薩名者設入大火火不能燒由是菩薩威
神力故若為大水所漂稱其名號即得淺處
若有百千萬億衆生為求金銀琉璃車璩馬
瑙珊瑚琥珀真珠等寶入於大海假使黑風
吹其船舫飄墮羅剎鬼國其中若有乃至一人
稱觀世音菩薩名者是諸人等皆得解脫
羅剎之難以是因緣名觀世音若復有人
臨當被害稱觀世音菩薩名者彼所執刀
杖尋段段壞而得解脫若三千大千國土滿中夜叉
羅剎欲來惱人聞其稱觀世音菩薩名者
是諸惡鬼尚不能以惡眼視之況復加害設復
有人若有罪若無罪杻械枷鎖檢繫其身稱
觀世音菩薩名者皆悉斷壞即得解脫若三
千大千國土滿中怨賊有一商主將諸商人齎持重
寶經過險路其中一人作是唱言諸善男子
勿得恐怖汝等

【释文】 （前闕）

1. 妙法蓮花經觀世音普門品第廿四

2. 尔時无盡意菩薩即從坐起，偏袒右肩，

3. 合掌向佛而作是言：“世尊，觀世音菩薩以

4. 何因緣名觀世音？”佛告无盡意菩薩：“善

5. 男子若有无量百千億衆生，受諸苦恼，聞

6. 是觀世音菩薩，一心稱名，觀世音菩薩即

7. 時觀其音聲，皆得解脱。若有持是觀世音

8. 菩薩名者，設入大火，火不能燒，由是菩薩威

9. 神力故；若爲大水所漂，稱其名號，即得淺處；

10. 若有百千万億衆生，爲求金、銀、琉璃、車渠、瑪

11. 瑙、珊瑚、琥珀、真珠等寶，入於大海，假使黑風

12. 吹其船板，飃墮羅刹鬼國，其中若有乃至一人

13. 稱觀世音菩薩名者，是諸人等皆得解脱

14. 羅刹之難。以是因緣，名觀世音。若復有人

15. 臨當被害，稱觀世音菩薩名者，彼所執刀

16. 杖，尋段段壞，而得解脱。若三千大千國土，滿中夜

17. 叉、羅刹，欲來惱人，聞其稱觀世音菩薩名者，

18. 是諸惡鬼尚不能以惡眼視之，况復加害；設復

19. 有人，若有罪、若无罪，杻械枷鎖檢繫其身，稱

20. 觀世音菩薩名者，皆悉斷壞，即時解脱；若三

21. 千大千國土，滿中怨賊，有一商主將諸商人，賫持重

22. 寶，經過險路，其中一人作是唱言，諸善男子，

23. 勿得恐怖，汝等應當一心稱觀世音菩薩名號。”

（後闕）

【说明】 此件《妙法莲华经》写本残存《观世音普门品》部分内容。从字体风格判断，也应是5世纪时写本。

《金光明经》写本残卷

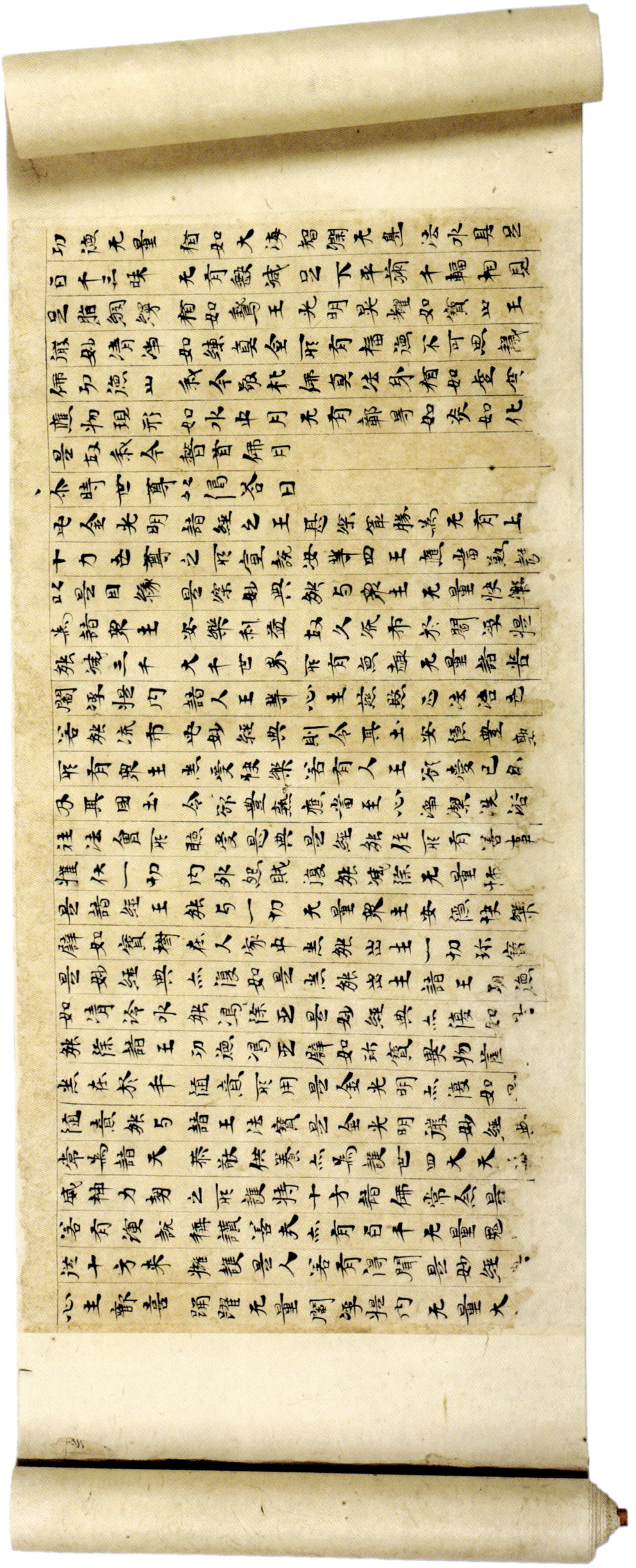

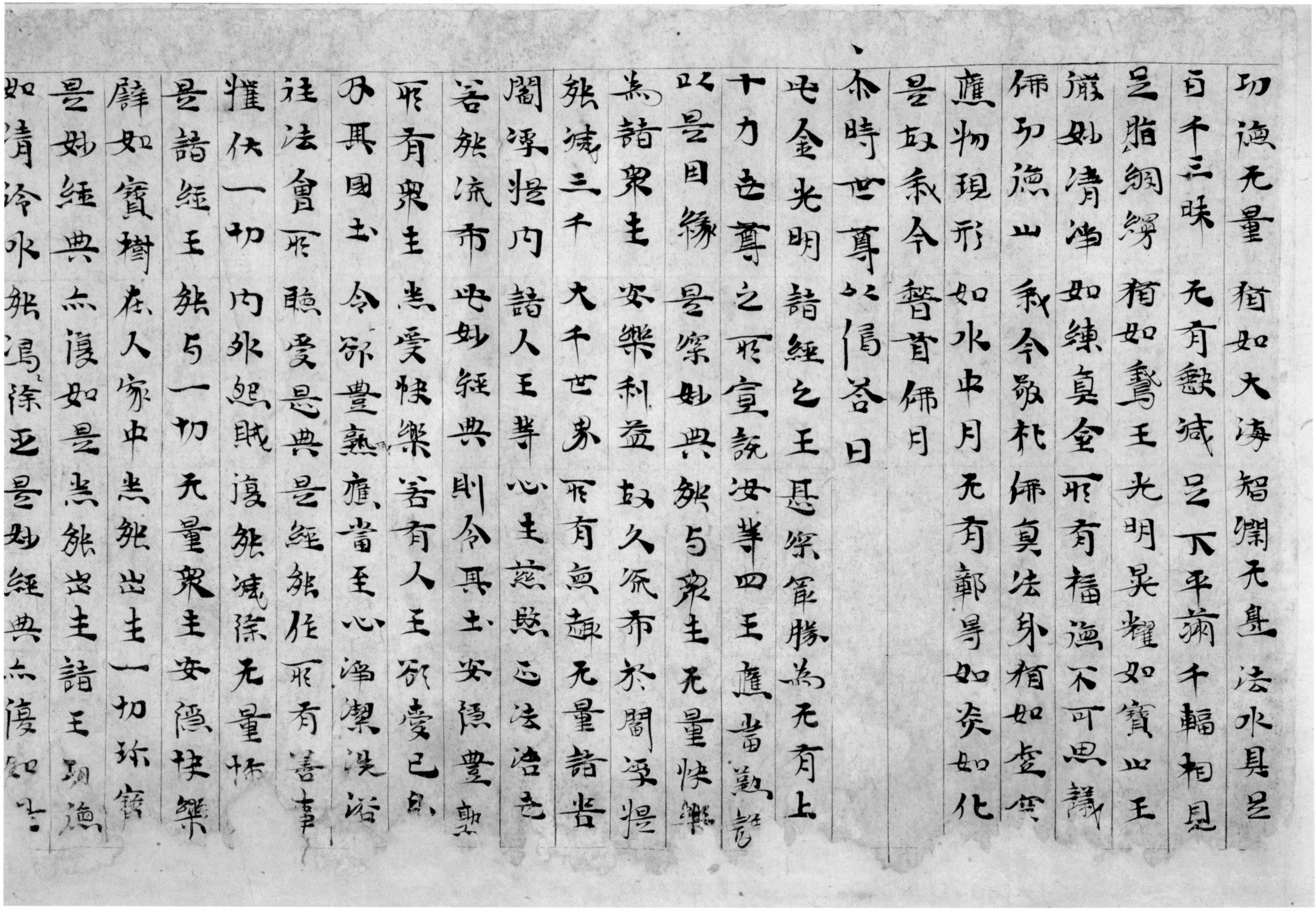
功德无量 猶如大海 智淵无垠 法水具足
百千三昧 无有缺减 足下平滿 千輻相現
足指網縵 猶如鵞王 光明晃耀 如寶山王
微妙清淨 如練真金 所有福德 不可思議
佛功德山 我今敬礼 佛真法身 猶如虚空
應物現形 如水中月 无有鄣㝵 如炎如化
是故我今 稽首佛月
尒時世尊以偈荅曰
此金光明 諸經之王 甚深最勝 无有上
十力世尊之所宣說 汝等四王 應當懃護
以是因緣 是深妙典 能与衆生 无量快樂
爲諸衆生 安樂利益 故久流布 於閻浮提
能滅三千 大千世界 所有惡趣 无量諸苦
閻浮提内 諸人王等 心生慈愍 正法治世
若能流布 此妙經典 則令其土 安隱豐樂
所有衆生 悉受快樂 若有人王 欲愛己身
及其國土 令欲豐熟 應當至心 淨潔洗浴
往法會所 聽受是典 是經能作 所有善事
摧伏一切 内外怨賊 復能滅除 无量怖
是諸經王 能与一切 无量衆生 安隱快樂
譬如寶樹 在人家中 悉能出生 一切珍寶
是妙經典 亦復如是 悉能出生 諸王功德
如清冷水 能渴除熱 是妙經典 亦復如是

（局部一）

護莫令他嬈向請婕我令心乖靜於性

樂賓讚當讀受宣是經爾時四天王即從

起偏袒右肩右膝著地長跪合掌於世

尊前以偈讚曰

佛曰清淨 滿足莊嚴 佛日暉曜 放千光明

如來面目 最上明淨 齒白無垢 如蓮花根

皆悉歡喜 來聽是經 聽是經故 具諸德威

增益天眾 精氣身力

爾時四天王聞是偈已白佛言世尊我從

來未曾得聞如是微妙巧說之法我聞

已心生悲喜涕淚橫流舉身戰動投身

躄地得無量不可思議是之妙樂以天曼

陀羅花摩訶曼陀羅花供養奉散於如

來上作如是供養佛已復白佛言世

尊我等四王各各自有五百鬼神常當

隨是說法者而為守護

金光明經卷第一　　凡五千四百卅三言

庚午歲八月十三日於高昌城東胡天南太后祠下為索將軍佛子妻息合家寫此

金光明一部斷手訖竟筆墨大好書者手拙具字而已後有覽者精

揚之者貴其懷義疾成佛道

【释文】 〔局部一〕

（前闕）

1. 功德无量，猶如大海。智淵无邊，法水具足。

2. 百千三昧，无有缺減。足下平满，千輻相見。

3. 足指網縵，猶如鵝王。光明晃耀，如寶山王。

4. 微妙清净，如錬真金。所有福德，不可思議。

5. 佛功德山，我今敬禮。佛真法身，猶如虚空。

6. 應物現形，如水中月。无有障礙，如炎如化。

7. 是故我今，稽首佛月。

8. 尔時世尊以偈答曰：

9. 此金光明，諸經之王。甚深最勝，爲无有上。

10. 十力世尊，之所宣説。汝等四王，應當勤護。

11. 以是因緣，是深妙典。能与衆生，无量快樂。

12. 爲諸衆生，安樂利益，故久流布。於閻浮提，

13. 能滅三千，大千世界，所有惡趣，无量諸苦。

14. 閻浮提内，諸人王等，心生慈愍，正法治世。

15. 若能流布，此妙經典，則令其土，安隱（穩）豐熟，

16. 所有衆生，悉受快樂。若有人王，欲愛己身，

17. 及其國土，令欲豐熟，應當至心，净潔洗浴，

18. 往法會所，聽受恩典。是經能作，所有善事，

19. 摧伏一切，内外怨賊。復能除滅，无量怖畏。

20. 是諸經王，能与一切，无量衆生，安隱（穩）快樂。

21. 譬如寶樹，在人家中，悉能出生，一切珍寶。

22. 是妙經典，亦復如是，悉能出生，諸王功德。

23. 如清冷水，能除渴乏，是妙經典，亦復如是，

24. 能除諸王，功德渴乏。譬如珍寶，異物篋器，

25. 悉在於手，隨意所用。是金光明，亦復如是，

26. 隨意能与，諸王法寶。是金光明，微妙經典，

27. 常爲諸天，恭敬供養。亦爲護世，四大天王，

28. 威神勢力，之所護持。十方諸佛，常念是[經]。

29. 若有演説，稱讚善哉，亦有百千，无量鬼[神]，

30. 從十方來，擁護是人。若有得聞，是妙經典，

31. 心生歡喜，踊躍无量。閻浮提内，无量大[衆]

（後闕）

〔局部二〕

（前闕）

1. 尊前以偈讚曰：

2. 佛日清浄，滿足莊嚴。佛日暉曜，放千光明。

3. 如來面目，最上明浄。齒白无垢，如蓮花根。

（中闕）

4. 皆悉歡喜，集聽是經。聽是經故，具諸威德，

5. 增益天衆，精氣身力。

6. 尔時四天王聞是偈已，白佛言："世尊，我從[昔]

7. 來，未曾得聞如是微妙寂滅之法。我聞[是]

8. 已，心生悲喜，涕淚交流，舉身戰動，枝（肢）節怡

9. 解。復得无量不可思議，具足妙樂。"以天曼

10. 陀羅花、摩訶曼陀羅花供養奉散於如

11. 來上。作如是等供養佛已，復白佛言："世

12. 尊，我等四王，各各自有五百鬼神，常當[隨]

13. 逐是説法者而爲守護。"

14.《金光明經》卷第二　　凡五千四百卅三言

15. 庚午歲四月十三日於高昌城東胡天南太后祠下，爲索將軍佛子妻息合家寫此

16.《金光明》一部。斷手訖竟，筆墨大好，書者手拙，具字而已，後有聰解攬

17. 採之者，貫其隩（奥）义，庶成佛道。

【说明】　这件《金光明经》写本残卷1965年出土于吐鲁番安乐古城南佛塔中。

《金光明经》四卷，北凉（397—439）三藏法师昙无谶（384—433）于玄始六年（417）五月译出。[①]

这个写本后面的题记说明是“庚午岁四月十三日于高昌城东胡天南太后祠下”抄写完成的。单从字体判断，这个写本不晚于5世纪。从玄始六年到公元500年之间，干支纪年是庚午的只有430、490两年。公元430年为宋文帝元嘉七年、北凉沮渠蒙逊承玄三年；公元490年为北魏孝文帝太和十四年、高昌郡张孟明建初二年。这卷写本虽然是魏晋时期典型的写经体，但字迹之中还有浓重的章草意味，表明时代偏早一些。就目前所见太和时期的碑刻，或者吐鲁番出土的高昌建初时期纸本，字体都要比这卷写本晚。因此，有理由推测这卷写本题记中的“庚午”指的是北凉沮渠蒙逊承玄三年（430）。那么，也就意味着《金光明经》译出之后不久就从河西传入吐鲁番。

这卷写经有较明确的年代线索，是研究4—5世纪书体变迁非常珍贵的资料。

①《出三藏记集》，第52页。

《佛说首楞严三昧经》写本残卷

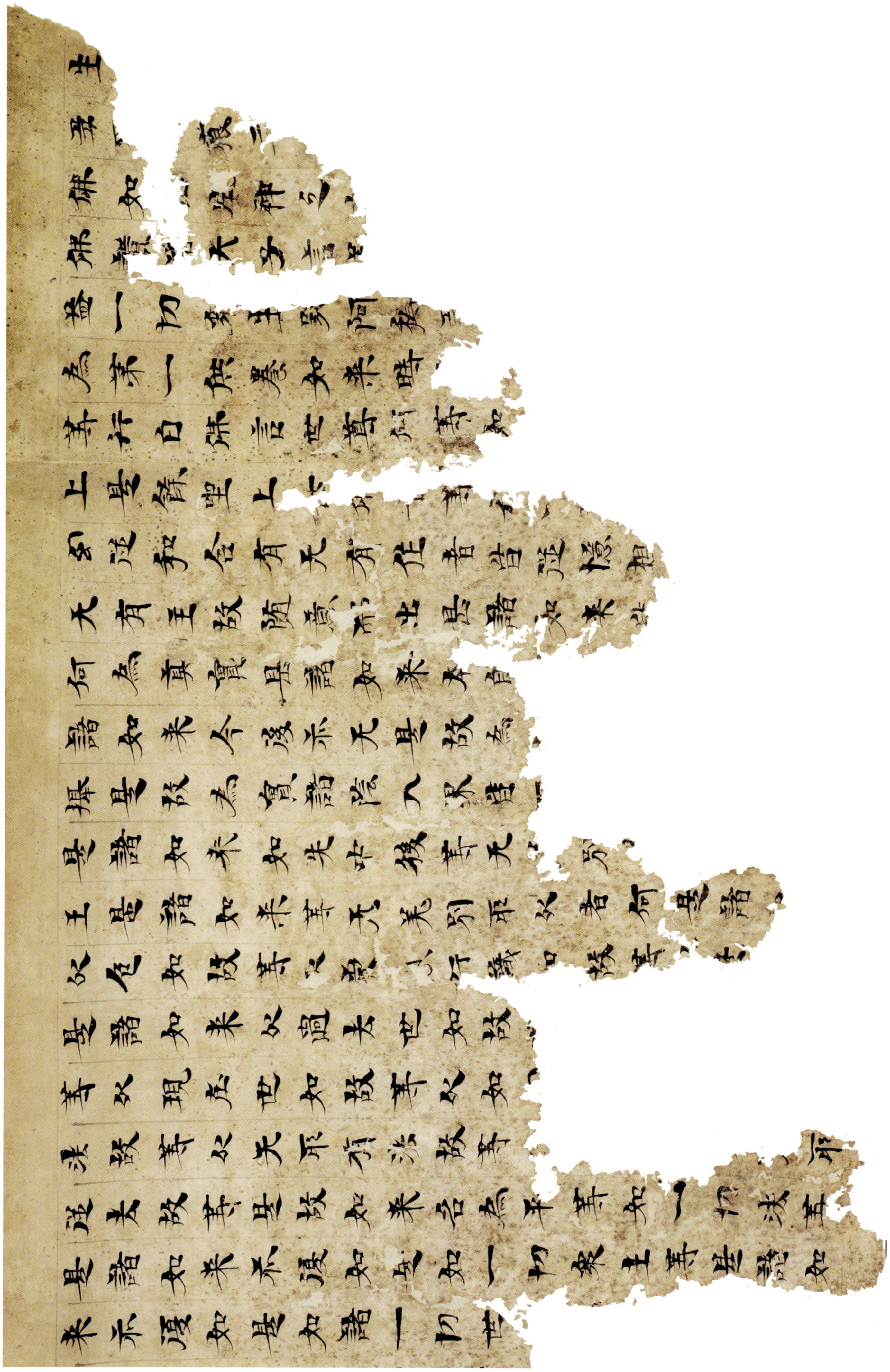
主
佛如　空神之
佛讚　大子言
益一切衆生[?]阿難
為第一無叁如來時
等行白佛言世尊阿等如
上是餘空上
安從和合有无有作者皆從憶想
大有王故隨意所出是諸如來
何為真實是諸如來本自
諸如來今復示无是故為
攝是故為實諸陰入界
是諸如來如先中後等无
王是諸如來等无差別那以者何是諸
以色如故等　行識　故等
是諸如來以過去世如故
等以現在世如故等以如
法故等以无那有法故等
從去故等是故如來名為平等如一切法
是諸如來示復如是如一切衆生等是諸如
來示復如是如諸一切世

（局部一）

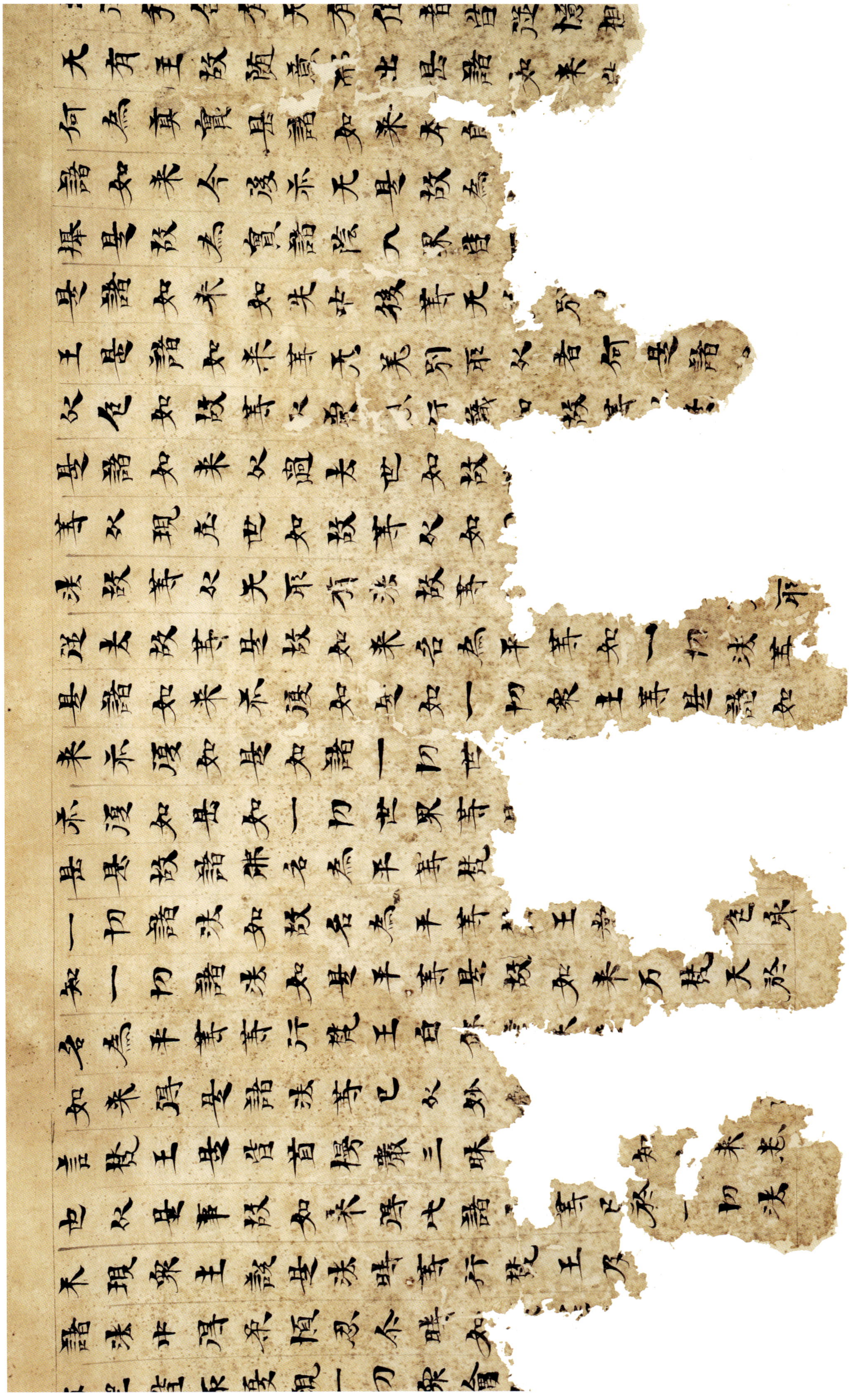

天有王故隨意所出是諸如來此…
何為真實是諸如來本自…
諸如來今後亦无是故為…
攝是故為實諸陰入界皆…
是諸如來如先中後等无…
王是諸如來等无差別非…者何是諸…
以色如故等以受…行識如故等…
是諸如來以過去世如故…
等以現在世如故等以如…
法故等以天非有法故等…
從去故等是故如來名為平等如一切法等…非
是諸如來亦復如是如一切眾生等是諸如…
來亦復如是如諸一切世…
亦復如是如一切世界等…
是是故諸佛名為平等梵…
一切諸法如故名為平等…王…
如一切諸法如是平等是故如來乃梵天於…色身…
名為平等等行梵王白佛…
如來得是諸法等已以妙…
言梵王是皆首楞嚴三昧…
也以是事故如來得此諸…等已於一切…知…來悉…法…
不現眾生說是法時等行梵王及…
諸法中得柔順忍尒時如…

（局部二）

（局部三）

【释文】　（前闕）

1. 生苦惱，守護正法不斷佛種。是故皆發阿耨

2. 多羅三藐三菩提心，願令我等於未來世作

3. 佛如是威神之力，如今如來所作變現。尔時

4. 佛讚諸天子言：“善哉善哉！如汝所説，爲欲利

5. 益一切衆生，發阿耨多羅三藐三菩提心，是

6. 爲第一供養如來。”時梵衆中有一梵王，名曰

7. 等行，白佛言：“世尊，何等如來爲是真實？我坐

8. 上是？餘坐上是？”佛告等行：“一切諸法，皆空如

9. 幻，從和合有无有作者，皆從憶想分别而起，

10. 无有主故隨意而出，是諸如來，皆是真實。云

11. 何爲真實？是諸如來，本自不生，是故爲實。是

12. 諸如來，今後亦无，是故爲實。是諸如來，非四大

13. 攝，是故爲實。諸陰入界，皆所不攝，是故爲實。

14. 是諸如來，如先中後，等无差别，是故爲實。梵

15. 王，是諸如來，等无差别。所以者何？是諸如來

16. 以色如故等，以受想行識如故等，以是故等，

17. 是諸如來以過去世如故等，以未來世如故

18. 等，以現在世如故等，以如幻法故等，以如影

19. 法故等，以无所有法故等，以无所從來无所

20. 從去故等，是故如來名爲平等。如一切法等，

21. 是諸如來亦復如是。如一切衆生等，是諸如

22. 來亦復如是。如諸一切世間佛等，是諸如來

23. 亦復如是。如一切世界等，是諸如來亦復如

24. 是。是故諸佛名爲平等。梵王，是諸如來不過

25. 一切諸法如故，名爲平等。梵王當知，如來悉

26. 知一切諸法如是平等，是故如來於一切法

27. 名爲平等。”等行梵王白佛言：“未曾有也。世尊，

28. 如來得是諸法等已，以妙色身示現衆生。”佛

29. 言：“梵王，是皆首楞嚴三昧，本行勢力之所致

30. 也。以是事故，如來得此諸法等已，以妙色身

31. 示現衆生。”説是法時，等行梵王及万梵天於

32. 諸法中得柔順忍。尒時如來還攝神力，諸佛

33. 及座皆不復現，一切衆會唯見一佛。尒時佛

34. 告堅意菩薩：首楞嚴三昧非初地二地三地

35. 四地五地六地七地八地九地菩薩之所能

36. 得也。唯有住十地［住］菩薩乃能得是首楞嚴三

37. 昧。何等是首楞嚴三昧？謂修治心猶如虛空一；觀察

38. 現在衆生諸心二；分別衆生諸根利鈍三；决定

39. 了知衆生因果四；於諸業中知無業報五；入種種

40. 樂欲入已不忘六；現知无量種種諸性七，常能遊

41. 戲花音三昧，能示衆生金剛心三昧，一切禪

42. 定自在隨意八；普觀一切所至諸道九；於宿命智

43. 得无所礙十；天眼无障十一；得漏盡智非時不證十二；於

44. 色无色得等入智十三；於一切色示現遊戲十四；知諸

45. 音聲猶如響相十五；順入念慧十六；能以善言悦可衆

46. 生十七；隨應説法十八；知時非時十九；能轉諸根廿；説法不虛廿一；

47. 順入真際廿二；善能攝伏衆生之類廿三；悉能具足諸

48. 波羅蜜廿四；威儀進止未曾有異廿五；破諸憶想虛妄

49. 分別廿六；不壞法性盡其邊際廿七；一時現身住一切

50. 佛所廿八；能持一切佛所乙説法廿九；普於一切諸

51. 法界［世間］中自在變身猶如影現卅；善説諸乘度脱

52. 衆生常能護持三寶不絶卅一；發大莊嚴盡未

53. 來際而心未曾有疲惓相卅二；普於一切諸所生

54. 處示常能現身隨時不絶卅三；於諸生處有所作卅四；善能成就一切衆生卅五；善能識知一切衆生卅六；一切二乘

55. 不能測量卅七；善能具知諸音聲分卅八；能使一切諸法

56. 熾盛卅九；能使一劫作阿僧祇劫卌；阿僧祇劫使作一劫卌一；能

57. 使一國入阿僧祇國卌二；阿僧祇國使入一國卌三；无

58. 量佛國入一毛孔卌四；一切衆生示入一身卌五；了諸佛

（後闕）

【说明】 此写本残卷为后秦时鸠摩罗什所译《佛说首楞严三昧经》，残存卷上，五十八行，一千二百余字。

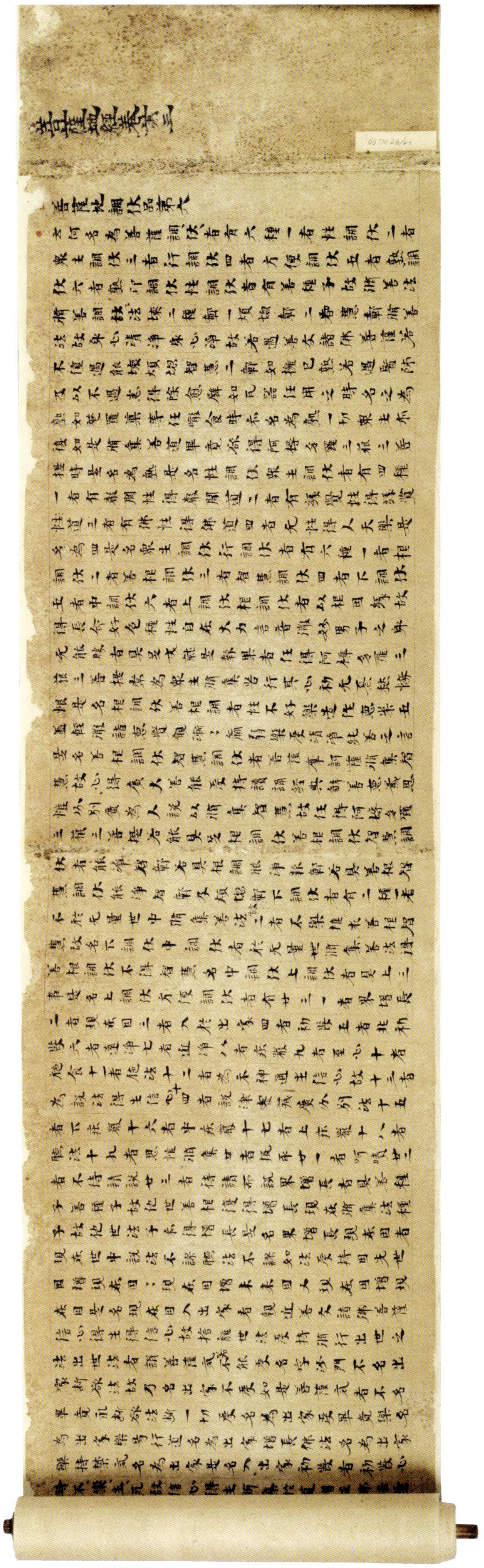

《菩萨地经》卷三写本残卷

【释文】 菩薩地經卷第三

1. 菩薩地調伏品第六

2. 云何名爲菩薩調伏。調伏者有六種：一者性調伏，二者

3. 衆生調伏，三者行調伏，四者方便調伏，五者熟調

4. 伏，六者熟印調伏。性調伏者，有善種子故修善法。

5. 修善法故壞二種障，一煩惱障，二智慧障。修善法

6. 故身心清净，身心清净故若遇善友諸佛菩薩。若

7. 不值遇，能壞煩惱智慧二障。如擁巳熟，若遇醫師

8. 及以不遇，悉得除愈。譬如瓦器，任用之時，名之爲

9. 熟。如庵羅果等，任噉食時，亦名爲熟。一切衆生亦

10. 復如是。修集善道，畢竟欲得阿耨多羅三藐三菩

11. 提時，是名爲熟。是名性調伏，衆生調伏者有四種，

12. 一者有聲聞性得聲聞道，二者有緣覺性得緣覺

13.[性]道，三者有佛性得佛道。四者有人天性得人天樂，是

14. 名爲四。是名衆生調伏，行調伏者有六種，一者根

15. 調伏，二者善根調伏，三者智慧調伏，四者下調伏，

16. 五者中調伏，六者上調伏。根調伏者，以調根因緣故，

17. 得長命好色種姓，自在大力，言音微妙，男子之身，

18. 无能勝者。具足成就是報果者，任得阿耨多羅三

19. 藐三菩提，常爲衆生修集苦行，其心初无憂愁悔

20. 恨，是名根調伏。善根調伏者，性不好樂造作惡業，五

21. 蓋輕微，諸惡覺觀，漸漸羸弱，樂受清净純善之言，

22. 是名善根調伏。智慧調伏者，菩薩摩訶薩修集智

23. 慧故，心行曠大，善能受持讀誦經典，解善惡義，思

24. 惟分別，廣爲人説。以修集智慧故，任得阿耨多羅

25. 三藐三菩提。若能具足根調伏、善根調伏、智慧調

26. 伏者，能净智障。若具根調伏，能净報障。若具善根智

27. 慧調伏，能净智障及煩惱障。下調伏者有二種，一者

28. 不於无量世中修集善法故，二者不樂推求善根智
29. 慧故，名下調伏。中調伏者，於无量世修集善法，得
30. 善根調伏不得智慧，名中調伏。上調伏者，具上三
31. 事，是名上調伏。方便調伏者有廿三：一者界增長，
32. 二者現在因，三者入於出家，四者初發，五者非初
33. 發，六者遠净，七者近净，八者莊嚴，九者至心，十者
34. 施食，十一者施法，十二者爲示神通生信心故，十三者
35. 爲説法得生信心，十四者説深密藏廣分别法，十五
36. 者下莊嚴，十六者中莊嚴，十七者上莊嚴，十八者
37. 聽法，十九者思惟修集，廿者攝取，廿一者呵責，廿二
38. 者不待請説，廿三者待請而説。界增長者，具善種
39. 子。（具）善種子故，他世善根復得增長，現在修集法種
40. 子故，他世法種子亦得增長，是名界增長。現在因者，
41. 現在世中説法不謬，聽法不謬，如法受持，因先世
42. 因增現在因，因現在因增未來因，又現在因增現
43. 在因，是名現在因。入出家者，親近善友諸佛菩薩
44. 信心得生，得信心故舍離世法，受持修行出世之
45. 法，出世法者，謂菩薩戒。若不能受，名字沙門，不名出
46. 家，斷欲法故乃名出家。不受如是菩薩戒者，不名
47. 畢竟永斷欲法。斷一切愛，名爲出家。受畢竟樂，名
48. 爲出家。樂易行道，名爲出家。增長佛法，名爲出家。
49. 樂持禁戒，名爲出家。是名入出家。初發者，初發心
（下略）

【说明】《菩萨地经》又作《菩萨地持经》《菩萨善戒经》等。晋安帝时昙摩谶在凉州所译《菩萨地持经》为八卷，宋文帝时求那跋摩在建康所译《菩萨善戒经》为十卷。[①] 此件题名虽为《菩萨地经》，但根据文字内容来看，应为求那跋摩译本。

①《出三藏记集》，第 78 页、第 333—334 页。

《优婆塞戒经》写本残卷

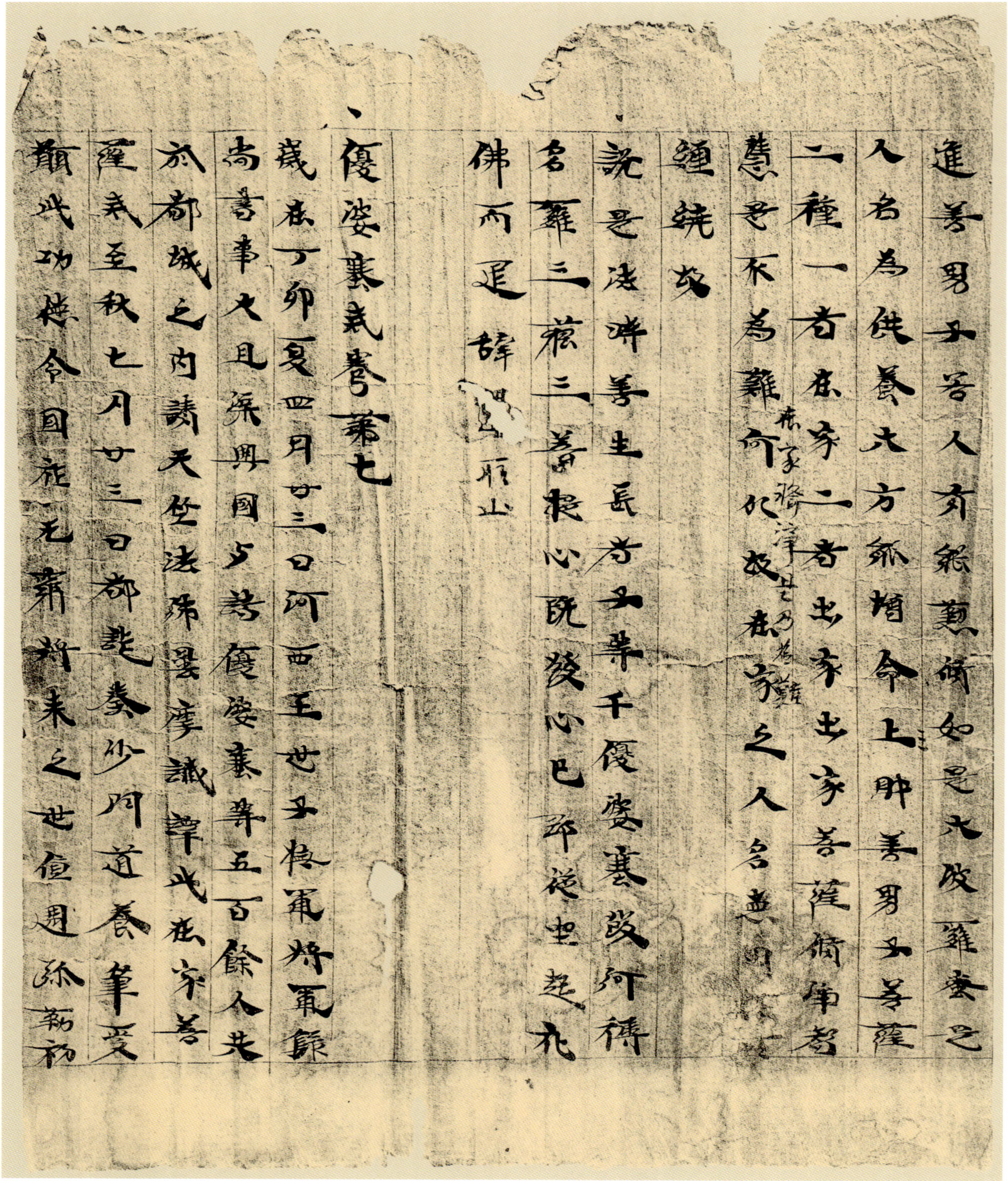

進善男子若人有能慇修如是六波羅蜜之
人名為供養六方亦增命上〻財善男子菩薩
二種一者在家二者出家出家菩薩修集智
慧是不為難何以故在家之人多惡因緣
在家務潛生乃為難
纏繞故
說是法時善生長者子等千優婆塞發阿耨
多羅三藐三菩提心既發心已即從坐起礼
佛而退辭
優婆塞戒經卷第七
歲在丁卯夏四月廿三日河西王世子撫軍將軍錄
尚書事大且渠興國與諸優婆塞等五百餘人共
於都城之內請天竺法師曇摩讖譯此在家菩
薩戒至秋七月廿三日都訖秦沙門道養筆受
願此功德令國祚无窮將來之世值遇彌勒初

【释文】 （前闕）

1. 進。善男子，若人有能勤修如是六波羅蜜，是

2. 人名爲供養六方，能增命財。善男子，菩薩

3. 二種：一者在家，二者出家。出家菩薩，修净智

4. 慧，是不爲難。在家修净，是乃爲難。何以故？在家之人多惡因緣所

5. 纏繞故。

6. 説是法時，善生長者子等千優婆塞，發阿耨

7. 多羅三藐三菩提心。既發心已，即從坐起，禮

8. 佛而退，辭還所止。

9. 優婆塞戒卷第七

10. 歲在丁卯夏四月廿三日，河西王世子撫軍將軍録

11. 尚書事大且渠興國與諸優婆塞等五百餘人共，

12. 於都城之内，請天竺法師曇摩讖譯此在家菩

13. 薩戒，至秋七月廿三日都訖，秦沙門道養筆受。

14. 願此功德令國祚无窮，將來之世，值遇弥勒。初

（後闕）

【说明】 此卷出自吐鲁番吐峪沟石窟，残存《优婆塞戒经》卷七《般若波罗蜜品》部分内容。

该残卷最后部分题记即《优婆塞戒经记》，文见录于《出三藏记集》卷九。① 题记中丁卯年为北凉沮渠蒙逊玄始十六年（427），河西王世子应即沮渠政德。② 按题记所述，该经卷在427年写于姑臧。也就是说，在此卷抄好之后不久便被带到吐鲁番。

①《出三藏记集》，第340—341页。

②《晋书》卷一二九《沮渠蒙逊载记》，第3195页。

《大智度论》写本残卷

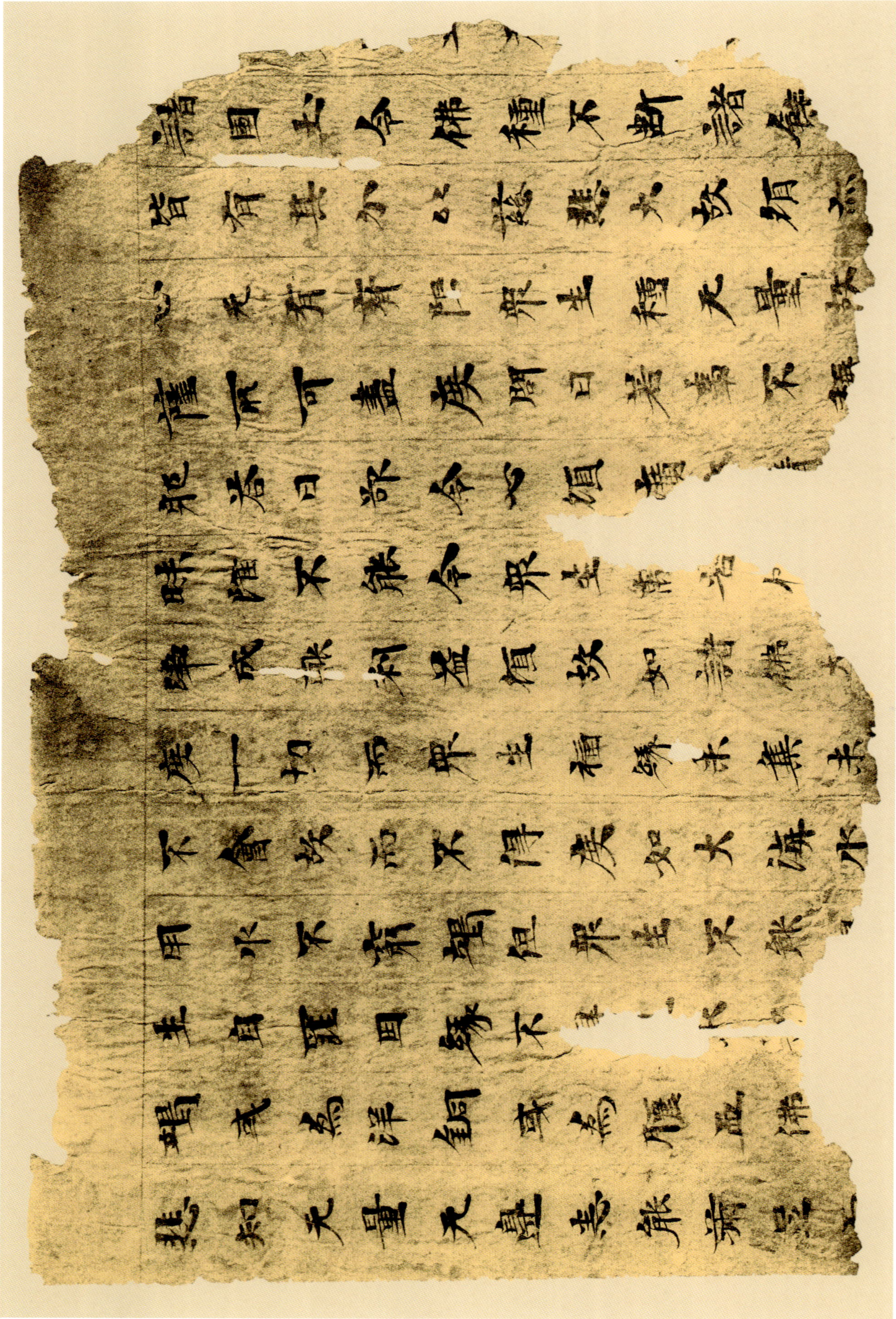

餘亦殊……未水……
有量不□小佛集滿能□佛之
諸發無尋□若諸求大天尺盡寡
斷大積若善清如緣如生□應能
不悲生曰須生功積度衆生爲善
種發衆問心界有生得但不爲盡
佛以陀度今今盡界不見緣觀無
今亦有盡菩衆利而而薩因洋量
上甚有可曰不疑切故不羅爲無
國有無所菩薩我一會水自度知
菩皆心薩般時佛度不用生明悲

【释文】 （前闕）

1. 十方世界无量无邊，不應一菩薩盡得遍
2. 諸國土，令佛種不斷。諸餘菩薩，各隨因緣，
3. 皆有其分。以慈悲大故，願亦无量，利益之
4. 心，無有齊限，衆生種无量故，非一佛一菩
5. 薩所可盡度。問曰："若事不稱心。何故作願
6. 耶？"答曰："欲令心願曠大清净故，如行慈三
7. 昧，雖不能令衆生離苦，但自欲令心曠大清
8. 净，成利益願故，如諸佛大菩薩力，皆能
9. 度一切。而衆生福緣未集，未有智慧，因緣
10. 不會故，而不得度。如大海水，一切衆生取
11. 用，水不窮竭，但衆生不能得用。如餓鬼衆
12. 生自罪因緣不得見水，設得見之，即時乾
13. 竭，或爲洋銅，或成膿血。佛亦如是。有大慈
14. 悲，知无量无邊，悉能满足衆生。而衆生"

（後闕）

【说明】 该残卷出自原新疆库车地区（包括今库车市、新和县、沙雅县），残存《大智度论》卷三十部分内容。从字迹看，可能写于5世纪左右。

《大智度论》(Mahāprajnāpāramitāśāstra) 亦称《摩诃般若波罗蜜经释论》《摩诃般若释论》《大智度经论》等，古印度龙树菩萨（Nāgārjuna Bodhisattva，约3世纪）所撰，是大乘佛教中观派重要论著。姚秦弘始四年（402），鸠摩罗什于长安逍遥园中西明阁上创译，至七年十二月二十七日译讫。[①]

① 《出三藏记集》，第388页。

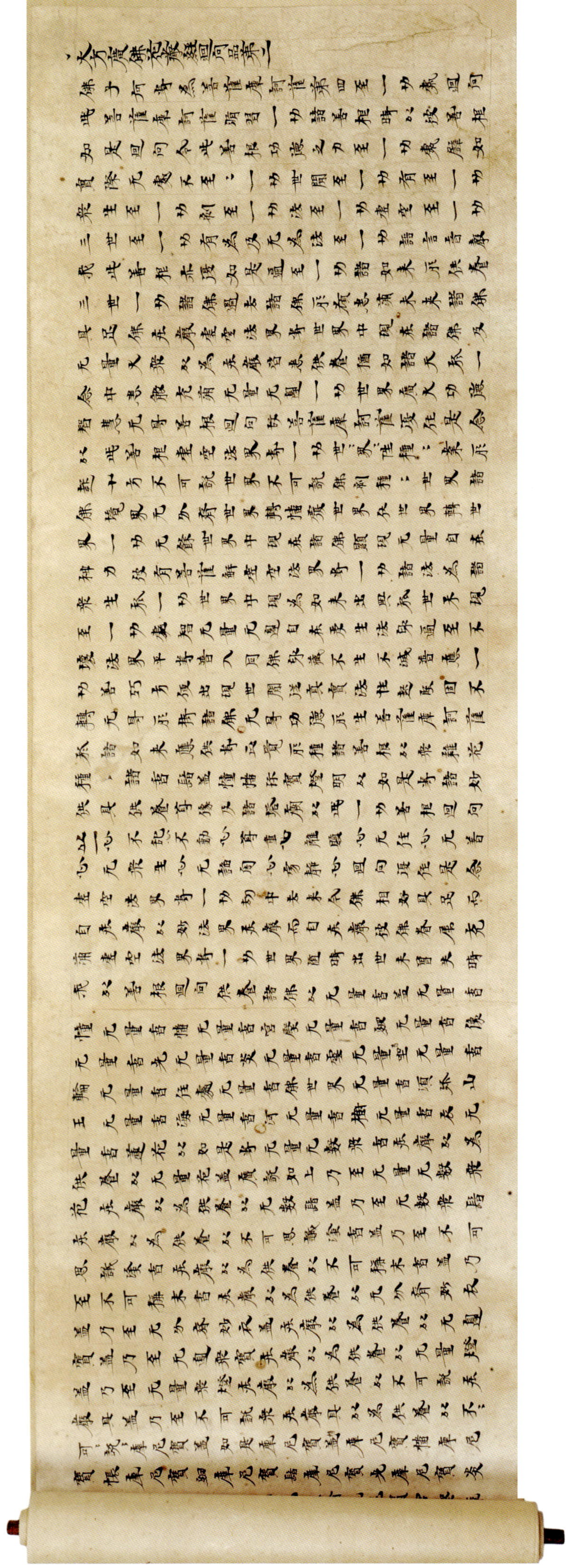

《大方广佛华严经·回向品》写本残卷

大方廣佛花嚴經迴向品第三

佛子何等為菩薩摩訶薩第四至一切處迴向此菩薩摩訶薩脩習一切諸善根時以彼善根如是迴向令此善根功德之力至一切處譬如實際無處不至ゝ一切世間至一切有至一切衆生至一切剎至一切法至一切虛空至一切三世至一切有為及無為法至一切語言音聲願此善根亦復如是遍至一切諸如來所供養三世一切諸佛過去諸佛所願滿足未來諸佛具足佛土莊嚴虛空法界等世界中現在諸佛及無量大衆及為其眷屬皆悉供養猶如諸天於一念中悉能充滿無量無邊一切世界廣大功德智慧無礙善根迴向故菩薩摩訶薩復作是念以此善根虛空法界等一切世ゝ界ゝ性種ゝ衆示悉十方不可說世界不可說佛剎種ゝ世界諸佛境界無外有世界轉側廣世界伏世界轉世界一切無餘世界中現在諸佛顯現無量自在神力彼有菩薩解虛空法界等一切諸法為諸衆生於一切世界中現為如來出興於世示現至一切處智無量無邊自在受生法身遍至不

局部

【释文】

1. 大方廣佛花嚴經迴向品第二
2. 佛子，何等爲菩薩摩訶薩第四至一切處迴向？
3. 此菩薩摩訶薩修習一切諸善根時，以彼善根，
4. 如是迴向，令此善根功德之力至一切處，譬如
5. 實際，无處不至，至一切世間，至一切有，至一切
6. 衆生，至一切剎，至一切法，至一切虛空，至一切
7. 三世，至一切有爲及无爲法，至一切語言音聲。
8. 我此善根亦復如是。遍至一切諸如來所，供養
9. 三世一切諸佛，過去諸佛所願悉滿，未來諸佛
10. 具足佛莊嚴，虛空法界等世界中現在諸佛，及
11. 无量大衆以爲莊嚴，皆悉供養猶如諸天。於一
12. 念中，悉能充滿无量无邊一切世界廣大功德
13. 智慧无礙善根迴向故，菩薩摩訶薩。復作是念，
14. 以此善根虛空法界等一切世界，世界性種種業所
15. 起，十方不可説世界，不可説佛剎，種種世界諸
16. 佛境界，无分齊世界，轉飜覆世界，伏世界，轉世
17. 界，一切无餘世界中，現在諸佛顯現无量自在
18. 神力。彼有菩薩，解虛空法界等一切諸法，爲諸
19. 衆生，於一切世界中，現爲如來出興於世，示現
20. 至一切處智，无量无邊自在受生，法身遍至不
21. 壞法界，平等普入同佛身藏，不生不滅普應一
22. 切，善巧方便出現世間，從真實法性起，堅固不
23. 轉无礙所持，諸佛无礙功德所生。菩薩摩訶薩，
24. 於諸如來應供等正覺所，種諸善根，以衆雜華，
25. 種種諸香鬘盖幢幡珍寶燈明，以如是等諸妙
26. 供具，供養尊像及諸塔廟，以此一切善根迴向，
27. 以一心，不亂心，不動心，尊重心，離瞋心，无住心，无著
28. 心，无衆生心，无諂害心，寂静心迴向。復作是念，

29. 虛空法界等一切劫中去來今佛，相好具足而
30. 自莊嚴，以妙法界莊嚴，而自莊嚴。彼佛眷屬，充
31. 滿虛空法界等一切世界，隨時出世未曾失時。
32. 我以善根迴向，供養諸佛，以无量香蓋，无量香
33. 幢，无量香幡，无量香宮殿，无量香綱，无量香像，
34. 无量香光，无量香焰，无量香雲，无量香座，无量香
35. 輪，无量香住處，无量香佛世界，无量香須弥山
36. 王，无量香海，无量香河，无量香樹，无量香衣，无
37. 量香蓮花，以如是等无量无數衆香莊嚴，以爲
38. 供養以无量華蓋，廣説如上，乃至无量无數衆
39. 花莊嚴，以爲供養。以无數鬘盖乃至无數衆鬘
40. 莊嚴，以爲供養。以不可思議塗香盖乃至不可
41. 思議塗香莊嚴，以爲供養。以不可稱末香盖乃
42. 至不可稱末香莊嚴，以爲供養。以无分齊妙衣
43. 盖乃至无分齊妙衣盖莊嚴，以爲供養。以无邊
44. 寶盖乃至无邊衆寶莊嚴，以爲供養。以无量燈
45. 盖乃至无量衆燈莊嚴，以爲供養。以不可説莊
46. 嚴具盖乃至不可説衆莊嚴具，以爲供養。以不
47. 可説不可説摩尼寶盖，如是摩尼寶幢，摩尼寶幡，摩尼
48. 寶帳，摩尼寶綱，摩尼寶鬘，摩尼寶光，摩尼寶炎，
（後略）

【说明】 根据文字，可知此卷所本为东晋佛驮跋陀罗所译五十卷本《华严经》。

佛驮跋陀罗所译五十卷本《华严经》的由来和译经情况，文献记载甚详。《出三藏记集》卷二载《大方广佛华严经》五十卷，“沙门支法领于于阗国得此经胡本，到晋义熙十四年（418）三月十日，于道场寺译出，至宋永初二年（421）十二月二十八日都讫。”①

《出三藏记集》卷九《华严经记》：

①《出三藏记集》，第53—54页。

《华严经》胡本凡十万偈。昔道人支法领从于阗得此三万六千偈，以晋义熙十四年岁次鹑火，三月十日，于扬州司空谢石所立道场寺，请天竺禅师佛度跋陀罗手执梵文，译胡为晋，沙门释法业亲从笔受。时吴郡内史孟顗、右卫将军褚叔度为檀越。至元熙二年六月十日出讫。

凡再校胡本，至大宋永初二年，辛丑之岁，十二月二十八日校毕。①

又《出三藏记集》卷十四《佛驮跋陀传》：

先是支法领于于阗国所得《华严经》胡本三万六千偈，未有宣译。到义熙十四年，吴郡内史孟顗、右卫将军褚叔度，即请佛贤为译匠。乃手执梵文，共沙门慧严、慧义等百有余人，于道场寺译铨定文旨，会通华戎，妙得经体，故道场寺犹有华严堂焉。②

根据字体可以推断，该经卷书写的时间应在5世纪前中期，也就是佛驮跋陀罗在南方译出不久之后即传入新疆地区的。新疆与内地佛教联系之紧密，由此可见一斑。

《华严经》是大乘佛教重要的经典。古代于阗是塔里木盆地大乘佛教的中心，支法领从于阗取得这部《华严经》原本是很可以理解的。除此之外，仅就魏晋时代而言，如《放光般若经》《贤愚经》等众多佛经都得自于阗，朱士行、法显、释昙学、威德、宝云、智猛等到于阗求法，于阗僧人，如智胜、无罗叉、祇多罗等，到内地的也不在少数。可见古代于阗在中国佛教发展中的地位与影响。

综括看来，无论从佛教传播、佛经传译，或者是佛教艺术的流布来看，新疆古代的佛教都与印度佛教并不完全相同，而是有所区别。这应该是为适应古代新疆地区而改变的。由此而言，古代新疆地区实际上是佛教传入中国境内后本土化的第一站。内地的佛教大多传自新疆，或到新疆地区取法，这是古代新疆地区对中国佛教、中国文化发展的巨大贡献。佛教在内地的进一步汉化，应该说是佛教中国本土化的第二步。另一方面，从新疆出土佛经写本来看，从印度、中亚或新疆传入内地的梵文或其他“胡本”的佛经，译成汉文之后，很快又传入新疆，则是内地汉化佛教对新疆地区的影响。

①《出三藏记集》，第326页。

②《出三藏记集》，第542—543页。

碑刻类

任尚碑

东汉和帝永元五年（93）

【释文】 1. 惟漢永元五年□□□□

2. 任尚□□□□□□□□□

3. □□□□□□□□□□□

4. □□□□□□□□□□海

5. 至□道□臨故物□□□

【说明】 《任尚碑》刻于东汉和帝永元五年（93），是新疆现存的碑刻中年代最早的一方。该碑1980年发现于巴里坤县松树塘，后移至县文化馆保存。碑额篆书“汉平戎碑”四字，分作两行。[①] 碑文五行，行十余字。因为年代久远，风化严重，字迹大多模糊。首行有“惟汉永元五年”，第2行残存“任尚”，第4行存“海”，第5行存“至”、“道□临故物”等字，其余不可辨识。任尚一名见诸史传，永元十四年（102），戊己校尉任尚接替班超为西域都护，[②] 故而《任尚碑》的发现意义重大。

永元三年（91），窦宪遣左校尉耿夔、司马任尚出居延塞，于金微山大破匈奴北单于。[③] 永元四年（92），遣大将军左校尉耿夔，授匈奴右谷蠡王於除鞬印绶，使中郎将任尚，持节卫护屯伊吾。次年，於除鞬叛逃，将兵长史王辅与任尚共同平定之。[④] 从时间看，《任尚碑》应该就是为这次事件勒铭纪功。

虽然年代久远，风雨剥蚀，《任尚碑》文字残损严重，但所幸时间、人物等重要信息却得以完整地保留了下来。为维护广大西域地区的安定和发展，汉代中央政府做了种种的不懈努力。《任尚碑》的发现，为人们了解这段历史提供了极其宝贵的实物资料。

① 马雍：《新疆巴里坤、哈密汉唐石刻丛考》，载同著《西域史地文物丛考》，北京：文物出版社，1990年，第23页，注4。
② 《后汉书》卷四十七《班超传》，第1586页。
③ 《后汉书》卷二十三《窦宪传》，第818页。
④ 《后汉书》卷八十九《南匈奴列传》，第2954页。

裴岑纪功碑

东汉顺帝永和二年（137）

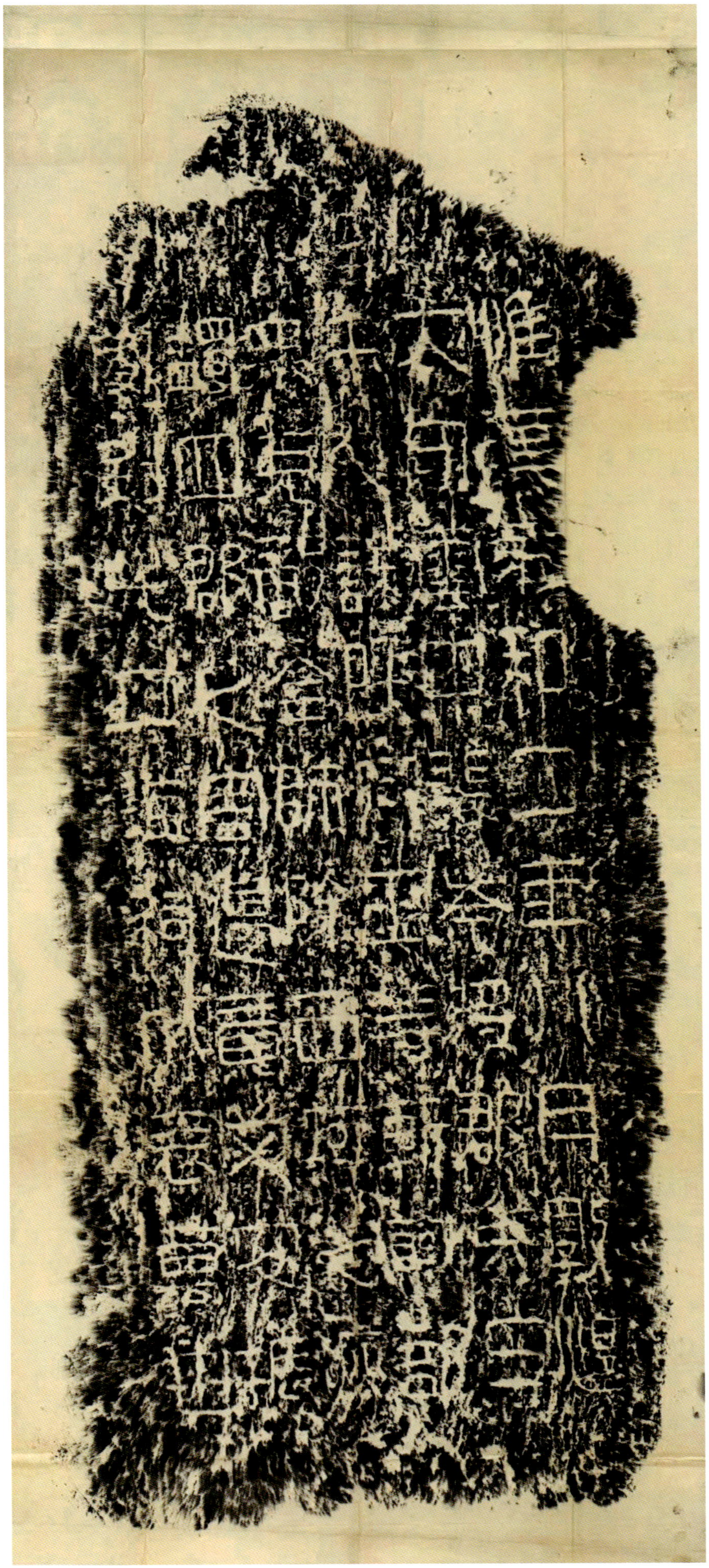

《裴岑纪功碑》拓本之一

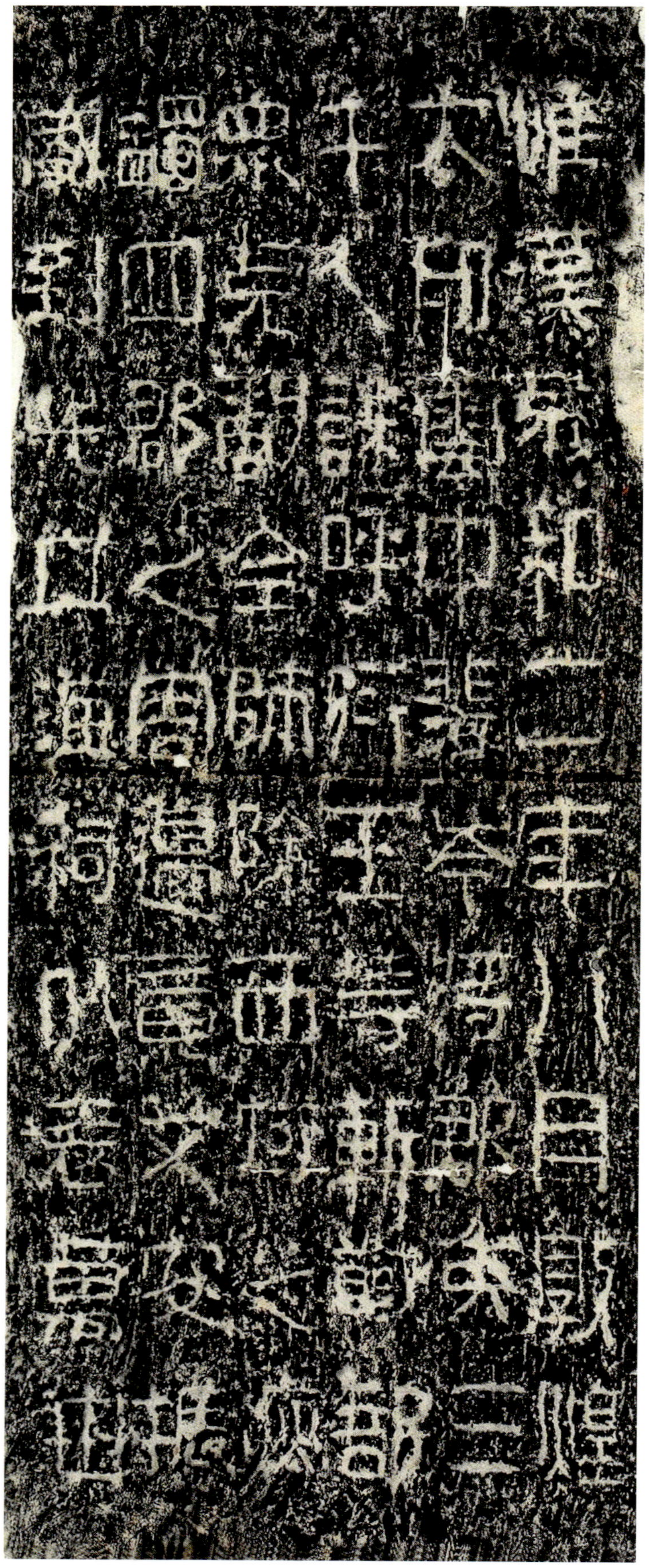

《裴岑纪功碑》拓本之二

【释文】 1. 惟漢永和二年八月，敦煌

2. 太守雲中裴岑將郡兵三

3. 千人，誅呼衍王等。斬馘部

4. 衆，克敵全師，除西域之災，

5. 蠲四郡之害，邊竟［境］艾安。振

6. 威到此，立海祠以表萬世。

【说明】 《裴岑纪功碑》，东汉顺帝永和二年（137）立，碑高1.39米，宽0.61米，圭首，无额，隶书6行，行10字。

雍正七年（1729）岳钟琪发现于巴里坤。清人黄易题称："汉敦煌太守裴岑纪功铭刻于东汉顺帝永和二年，前人著录所未见。雍正七年，大将军岳公得于西塞巴尔库城西石人子，移置将军府。十三年，彻师又移置关帝庙。"纪晓岚《阅微草堂笔记》有一条称："……裴岑破呼衍王碑，在城西十里海子上，则随人拓摹，了无他异。惟云海子为冷龙所居，城中不得鸣夜炮，鸣夜炮则冷龙震动，天必奇寒，是则不可以理推矣。"1931年，此碑被火烧裂。此后，县民众教育馆馆长张钧，用麻皮蘸胶水箍好裂开的碑石，运至仙姑庙保存。不久又迁返原处，运送途中碑身再次断裂。20世纪50年代，该碑运至新疆维吾尔自治区博物馆收藏。

《裴岑纪功碑》记载的永和二年（137）敦煌太守裴岑击败匈奴呼衍王一事，不见于史书。关于这个时期西域地区的形势，《后汉书》卷八十八《西域传》记载：

（阳嘉）四年（135）春，北匈奴呼衍王率兵侵后部，帝以车师六国接近北虏，为西域蔽扞，乃令敦煌太守发诸国兵，及玉门关候、伊吾司马，合六千三百骑救之，掩击北虏于勒山，汉军不利。秋，呼衍王复将二千人攻后部，破之。桓帝元嘉元年（151），呼衍王将三千余骑寇伊吾，伊吾司马毛恺遣吏兵五百人于蒲类海东与呼衍王战，悉为所没，呼衍王遂攻伊吾屯城。夏，遣敦煌太守司马达将敦煌、酒泉，张掖属国吏士四千余人救之，出塞至蒲类海，呼衍王闻而引去，汉军无功而还。①

裴岑击败匈奴呼衍王一事恰好补充了史料记载在公元135—151年之间缺失的内容。据碑文记载，永和二年的敦煌太守裴岑指挥的这场战役，"克敌全师，除西域之灾，蠲四郡之害，边竟［境］艾安"，对当时西

① 《后汉书》，第2930页。

域的稳定起了积极作用，故清人誉之为“不世之奇绩”。①

《裴岑碑》书法以篆入隶，简古雍容，朴茂雄劲，艺术价值极高。乾隆二十二年（1757），该碑拓本开始流传以后，很快即为艺林所重，推为汉隶名品。郭尚先《芳坚馆题跋》称：“此碑朴古遒爽，其法大似摹印篆，与《鄐君》《杨孟文》《李翕》诸摩厓为类。汉人分书多短，惟此结体独长。次则《析里碑》耳。此石尤圆劲瘦削，不易及也。”康有为《广艺舟双楫》将《裴岑碑》书法归入“以篆笔作隶者”一类，称“若《赵王上寿》《泮池刻石》，降为《褒斜》《郙阁》《裴岑》《会仙友题字》，皆古茂雄深，得秦相笔意。”梁启超题跋中写道：“东京中叶书势为篆隶蜕嬗之期，《延光残碑》《祀三公山碑》，及嵩山三石阙，历历可按。《景君碑》立于汉安二年，始见波磔，然字体犹作长方，用笔犹取圆劲。建和以后，诸刻则姿态胜矣。《裴岑纪功》为顺帝永和二年勒石，正在《三公》《开母》与《景君》之间。”这些评述大体是得其实的。

梁启超又说：“地处偏陲，非出书家之手，近世藏家以其难致，或推挹过甚，固非笃论。然以考书势变迁源流，见一时代万里同文之迹，滋可信矣！”的确如梁氏所说，《裴岑碑》书写者并非著名的书法家。不过，梁氏的这个评论也有失偏颇。事实上，两汉魏晋时期和后世有很大不同。当时的善书者往往而有，并不像后代一样有专门以善书法而著名的。所谓两汉魏晋时期“善书人”，很大程度上是后世人想象的概念。这个时期大量名碑书迹都不能确知书写者的身份，也很能说明问题。我们现在能看到的出土简牍，大多也是出自普通书吏之手，但书写水平之高往往令人叹赏不已。《裴岑碑》与其他著名的汉碑相比，其书法水平是不遑多让的。梁启超有一点说得很有见地，《裴岑碑》和内地同时期的汉碑展现了书体变迁一致的趋势，正是国家文化统一，即“书同文”的具体体现。

① 钱大昕：《潜研堂金石文跋尾》卷一《敦煌太守裴岑纪功碑》，见《嘉定钱大昕全集》，第六册，第9—10页。

沙南侯获刻石

东汉顺帝永和五年（140）

《沙南侯获刻石》拓本

【释文】 1. 惟漢永和五年六月十五日伊吾司

2. 馬、雲中沙南侯獲，字伯奮

3. 孝廉□□烏垺張掖長

【说明】 《沙南侯获刻石》位于新疆哈密北焕彩沟口，是新疆地区发现的有明确纪年的四块东汉石刻之一。该碑利用天然方形石块刻成，石长 3.2 米，宽 3 米，高 2 米。今存首行“惟汉永和五年六月十五日”数字，其余均已漫漶不清。因为该石西侧刻“焕彩沟”三字，故又称《焕彩沟碑》。

清代学者徐松《西域水道记》卷三最早记录此碑：

自此层折而下，东南行三十五里，为焕彩沟。“焕彩沟”三字，立石路侧，理藩院笔帖式正书，填以朱，其石亦汉碑。石之阴隶书四行，首行曰“惟汉永和五年六月十五日（下缺）”，二行曰“臣云中沙南侯”，余皆不可辨认。①

此后，《沙南侯获刻石》拓本、双勾本颇有流传，清代毛凤枝、丁绍基、陆增祥、罗振玉、王树枏等都记述该碑。张之洞花费数年，参照比勘多种拓本、双勾本，辨识碑上文字，计六行 53 字。后代学者大多遵从张氏之说。不过，多数本子上字迹过于模糊，张之洞的比定很难以说就是完全正确的。

①《西域水道记》，第 177 页。

刘平国作亭诵

东汉桓帝永寿四年（158）

刘平国关亭遗址

《刘平国作亭诵》刻石

《刘平国作亭诵》拓片

【释文】 〔正文〕

1. 龜兹左將軍劉平國以七月廿六日發家，

2. 從秦人孟伯山、狄虎賁、趙當卑、虜羌、(1)

3. 石當卑、程阿羌等六人，共來作列亭。從

4. □谷關，八月一日始斫山石作孔，至十日

5. □。堅固萬歲人民喜，長壽億年宜

6. 子孫。永壽四年八月甲戌朔十二日

7. 乙酉直建紀。此東烏累關城皆

8. 將軍所作也，□披山□（後闕）

〔題名〕

1. □□□□

2. 淳于伯隗

3. 作此誦

注：

（1）“虜”字，以往各家或释为“黄”“莫”“万”，马雍则释为“夏”。从拓本上看，该字的上部确如马雍所言，并不是“艹”头，且与第5行的“万”字差别较大，因此不会是“黄”“莫”“万”。然而最后一笔也不是捺，是“夏”字的可能性也不大。据艺风堂藏拓本，该字的下部似为“力”，上部可能为“虍”或“雨”。居延、敦煌、楼兰等地出土汉简“虜”字中间“田”部经常有从省或简化为“一”的写法。因此，我们认为这个字可能是“虜”字。

【说明】 《刘平国作亭诵》，清光绪初年发现。[①]刻石位于拜城县黑英山乡玉开都维村北博孜克日克沟口西侧崖体，北侧相距1米处为作诵人题名。该刻石发现后，即备受重视，拓者接踵。由于刻石地处偏远，故而当时多委派士兵充当拓工。但士兵缺少摹拓经验，加之崖体本身剥蚀严重，所以大多传拓失真，精良的拓本极为难得。正是由于这个原因，虽然许多学者都对刻石铭文进行释读，但对文字的辨识上多有分歧。1980年，马雍先生在前人基础上，比对多种拓本，重新厘定刻石文字，当是目前为止最可信的录文。我们也基本采用马雍先

① 关于《刘平国作亭诵》的发现时间有两种不同说法。第一种说法是光绪五年（1879），施补华主张此说。施氏《泽雅堂文集》中《刘平国碑跋》称，光绪五年夏，清军路过发现石壁露出残字，施氏在三个月后派人摹拓，字画完好的有九十余字。第二种说法是光绪三年（1877），由刘锦棠部将徐万福最先发现，王树枏《新疆访古录》主此说。

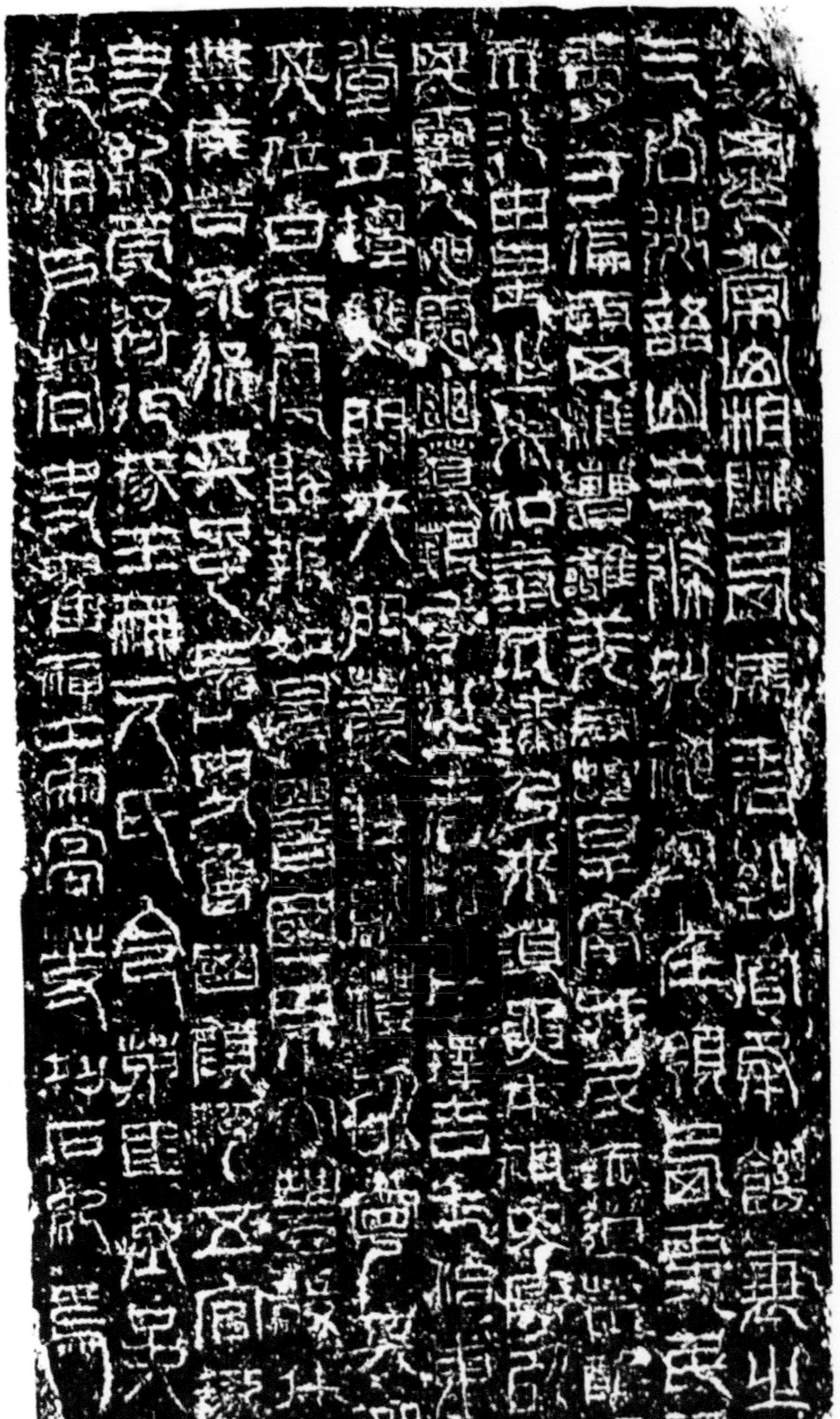

《祀三公山碑》

生的厘定。

烽燧亭障是中国古代重要的军事保障设施。汉中央政府多在道路沿线和关键地点设置烽燧、亭障、关垒、戍堡，以保证广大西域地区的安全和道路交通。《刘平国作亭诵》记载东汉后期在龟兹地区修建关亭的史事，正是汉中央政府治理新疆、保障新疆地区安全的重要举措。

西汉宣帝时，龟兹王绛宾及夫人入朝，受中央政府封赐，留居长安一年。此后，又多次到长安朝贺。绛宾向慕中原衣服制度，回到龟兹后“治宫室，作檄道周卫，出入传呼，撞钟鼓，如汉家仪”。[①] 从这里可看出，中原文化对龟兹有着深远的影响。《刘平国作亭诵》中“坚固万岁人民喜，长寿亿年宜子孙”是汉代铭文中常用的吉语，而纪年则用“永寿”，都反映出中原文化在龟兹地区强烈的影响。这与西汉前期以来龟兹地区一直向往仰慕中原文化，以及中央政府在西域地区的有效治理，有着密切的关系。

从《刘平国作亭诵》中提到的几个人的姓名可以判断，除了汉族之外，还有匈奴、丁零、羌，甚至粟特等不同民族，从一个侧面反映出这里多民族杂居的情况。其中两个人名中带“羌”字，联系新疆其他地区出土的文书和遗物来看，很早就有大量羌族在新疆定居，而龟兹地区是羌人主要聚居地之一。这些参与作亭者所取的名字，也透露出他们深受中原文化的浸染。

《刘平国作亭诵》刻在距地面约 2 米处的山石崖体之上，崖面只略作平整处理，故而铭文文字参差错落，呈现出摩崖石刻特有的意态横生的韵致。《刘平国作亭诵》字体宽博厚重，风格接近《祀三公山碑》（东汉元初四年，117），在汉隶刻石中属上乘之作。

①《后汉书》卷九十六《西域传下》，第 3917 页。

姜行本纪功碑

《姜行本纪功碑》拓片

【释文】　〔碑额〕

1. 大唐左

2. 屯衛將

3. 軍姜行

4. 本勒石

5. 紀功文

〔碑文〕

1. 昔凶[匈]奴不滅，竇將軍勒燕山之功，閩越未清，馬伏波樹銅柱之烈。然則振英風於絶域，申壯節於異方，莫不騰茂實於千秋，

2. 播芳猷於萬古者矣。　大唐德合二儀，道高五帝。握金鏡以朝萬國，高玉燭以馭兆民。濟濟衣冠，煌煌禮樂。車書順軌，扶桑

3. 之表俱同；治化所沾，濛池之鄉咸暨。苑天山而池瀚海，内北户以静幽都，莫不解辮髮於藁街，改左衽于夷邸。高昌國者，乃

4. 是西漢屯田之壁，遺兵之所居。麹文泰者，即其苗裔也。往因晉室多難，群雄竞馳；中原乏主，邊隅遂隔。間届戎狄，竊號稱王；歷

5. □至今，靡通聲教。自　皇威遠被，稽顙來庭，雖沐仁風，情懷首鼠。杜遠方之職貢，阻重驛之往來，肆豺狼之心，起蜂蠆之

6. 毒，發徒衆庶，賊殺無已。　聖上愍彼蒼生，申兹吊伐，乃詔使持節、光禄大夫、吏部尚書、上柱國、陳國公侯君集交河道行

7. 軍大總管，副總管左屯衛大將軍、上柱國、永安郡開國公薛萬鈞，副總管左屯衛將軍、上柱國、通川縣開國男姜行本等，爰

8. 整三軍，龔行開罰。但妖氣未殄，將軍逞七縱之威；百雉作固，英奇申九攻之略。以通川公深謀間出，妙思縱横，命□前軍，營

9. 造攻具。乃統沙州刺史、上柱國、望郡縣開國侯劉德敏，右監門中郎將、上柱國、淮安縣開國公衡智錫，左屯衛中郎將、上柱

10. 國、富陽縣開國伯屈昉，左武侯郎將李海岸，前開州刺史時德衡，右監門府長史王進威等，並率驍雄，鼓行而進。以貞觀十四

11. 年五月十日，師次伊吾折羅漫山，北登黑紺嶺。未盈旬月，克成奇功。伐木則山林殫盡，叱咤則山谷蕩薄。沖梯蹔□，百櫓冰碎，

12. 機檜一發，千石雲飛。墨翟之拒無施，公輸之妙詎比。大總管運籌帷幄，繼以中軍，鐵騎亘原野，金鼓動天地，高旗蔽日月，

13. 長戟彗雲，自秦漢出師未有如斯之盛也。班定遠之通西域，故跡罕存；鄭都護之滅車師，空聞前史。雄圖世著，彼獨何人？乃

14. 勒石紀功，傳諸不朽，其詞曰：於赫大唐，受天明命。化濟得一，功無與竟。荒服猶阻，夷居不定。乃拜將軍，殄兹梟獍。六奇

15. 勒思，群雄逞力。陣開龍騰，營設虎踞，氣遮星光，旗明日色，揚旌塞表，振威西極。峨峨峻嶺，渺渺平原，塞雲瞑結，胡風晝昏。

16. 經年凝冰，長紀落雪。高樹吟猿，銘功贊德。

17. 大唐貞觀十四年歲次庚子六月丁卯朔二十五日辛卯立。

18. 瓜州司馬参軍河内司馬太真立碑。

【说明】

《姜行本纪功碑》立于唐贞观十四年(640)，原位于巴里坤哈萨克自治县松树塘附近。清雍正时期发现后，运至巴里坤县天山庙保存。1931 年，天山庙被焚毁，石碑弃于野。1947 年，哈密专员李朗星将此碑移至老城中山堂。50 年代，运至新疆维吾尔自治区博物馆收藏。

《姜行本纪功碑》高 1.8 米。碑额楷书“大唐左屯卫将军姜行本勒石纪功文”，分 5 行，行 3 字。碑文 18 行，满行47字。碑左：“交河道行军总管、左骁卫将军、上柱国、□□□□□□吴仁领右军十五万。”碑右：“交河道行军总管、右武威将军、上柱国、既□城县开国公牛进达领兵十五万。”

碑右侧还刻有 1947 年李朗星《移藏姜行本碑记》：“余转战江河间，将日寇击降之翌年春，奉命率部西来实边。仲夏，督政东疆。于民众浮荡之际，出巡哈密、镇西、伊吾等县。东至天山巅，洗视唐碑于道旁，字多不辨。当雇工畀至岭侧。三十六年秋，民物安阜。适经筹建之哈密中山纪念堂。吉成，虑此碑风雪日侵，年远字湮，乃移至城，妥藏于堂西之图书堂中，期保真迹永垂耳。中华民国三十六年八月吉日，襄阳李朗星识。”

隋末大乱，突厥乘机裹挟西域的绿洲城邦。630 年，唐太宗平定北突厥之后不久，伊吾城主即入朝归附。唐朝于伊吾设西伊州。同年十二月，高昌王麹文泰入朝。西域各绿洲城邦通过高昌使者向唐朝表达了入贡的意愿。

原先，西域主要有三条通道。按裴矩《西域图记·序》所记载，这三道是："北道从伊吾，经蒲类海（今新疆巴里坤湖）铁勒部，突厥可汗庭，度北流河水，至拂菻国（即东罗马帝国），达于西海（今地中海）。其中道从高昌、焉耆、龟兹、疏勒、度葱岭（今帕米尔高原），又经钹汗、苏对沙那国、康国、曹国、何国、大小安国、穆国，至波斯，达于西海。其南道从鄯善、于阗、朱俱波、喝槃陀，度葱岭，又经护密、吐火罗、挹怛、帆延，漕国，至北婆罗门，达于西海。"西域通中原，可以走高昌、伊吾，然后到敦煌。即伊吾路。还可以从焉耆沿孔雀河往东南，穿越大沙碛（即今新疆罗布泊一带），进入敦煌。后面这条路自然地理条件比较恶劣，隋末时又由于缺乏管理，因而日渐荒废。西域商旅往来大多都取道伊吾路。作为重要的中转站，高昌从中获得了许多经济利益。贞观六年（632），焉耆王突骑支派人到唐朝进贡，请求重开碛路。碛路一开，很大一部分商旅就不走伊吾路，高昌的经济利益将受影响。因此，高昌王麹文泰与西突厥处月、处密部联兵攻打焉耆，试图阻止碛路开通。麹文泰此举造成了西域地区的不安定，也违背了其他绿洲城邦的意愿。

贞观十三年（639），焉耆向唐朝求救。唐太宗任命吏部尚书侯君集为交河道行军大总管带兵出征。当时，高昌有歌谣"高昌兵，如霜雪；唐家兵，如日月。日月照霜雪，几何自殄灭"。反映了高昌百姓对麹文泰的厌弃与对唐军的期盼。640年，唐平高昌，以高昌为西州，以可汗浮图城为庭州，并置安西都护府于交河城（今吐鲁番交河故城）。

《姜行本纪功碑》所记的就是唐平高昌这一事件。姜行本勒石纪功，《旧唐书》卷五十九《姜行本传》记载：

> 及高昌之役，以行本为行军副总管，率众先出伊州。未至柳谷百余里，依山造攻具。其处有班超纪功碑，行本磨去其文，更刻颂，陈国威德而去。遂与侯君集进平高昌，玺书劳之曰："攻战之重，器械为先，将士属心，待以制敌。卿星言就路，躬事修营，干戈才动，梯冲暂临。三军勇士，因斯树绩；万里逋寇，用是克平。方之前古，岂足相况！"[①]

唐太宗对姜行本的褒奖可以和《姜行本纪功碑》文相互印证。

《姜行本传》称姜行本刻碑时系利用汉班超纪功碑原石。马雍先生发现，《沙南侯获刻石》西侧刻有唐贞观十四年姜行本进军高昌的相关内容，应是姜行本最初的纪功刻石，史书所说姜行本磨去的班超纪功碑实际上是《沙南侯获刻石》。《姜行本碑》则是姜行本后来择石重刻的新纪功碑。[②]

① [后晋]刘昫等撰：《旧唐书》，北京：中华书局，1975年，第2334页。

② 马雍：《新疆巴里坤、哈密汉唐石刻丛考》，载同著《西域史地文物丛考》，第21–23页。

沮渠封戴墓表

北凉承平十三年（455）

【释文】 1. 大凉承平十三年歲

2. 在乙未四月廿四日，

3. 冠軍將軍、凉都高昌

4. 太守、都郎中、大且渠

5. 封戴府君之墓表也。

【说明】 1972年吐鲁番阿斯塔那墓地出土。

《沮渠封戴墓表》的形制与中原、河西地区墓表完全一致，是中原内地文化经由河西传入新疆的例证。

沮渠封戴木表

北凉承平十三年（455）

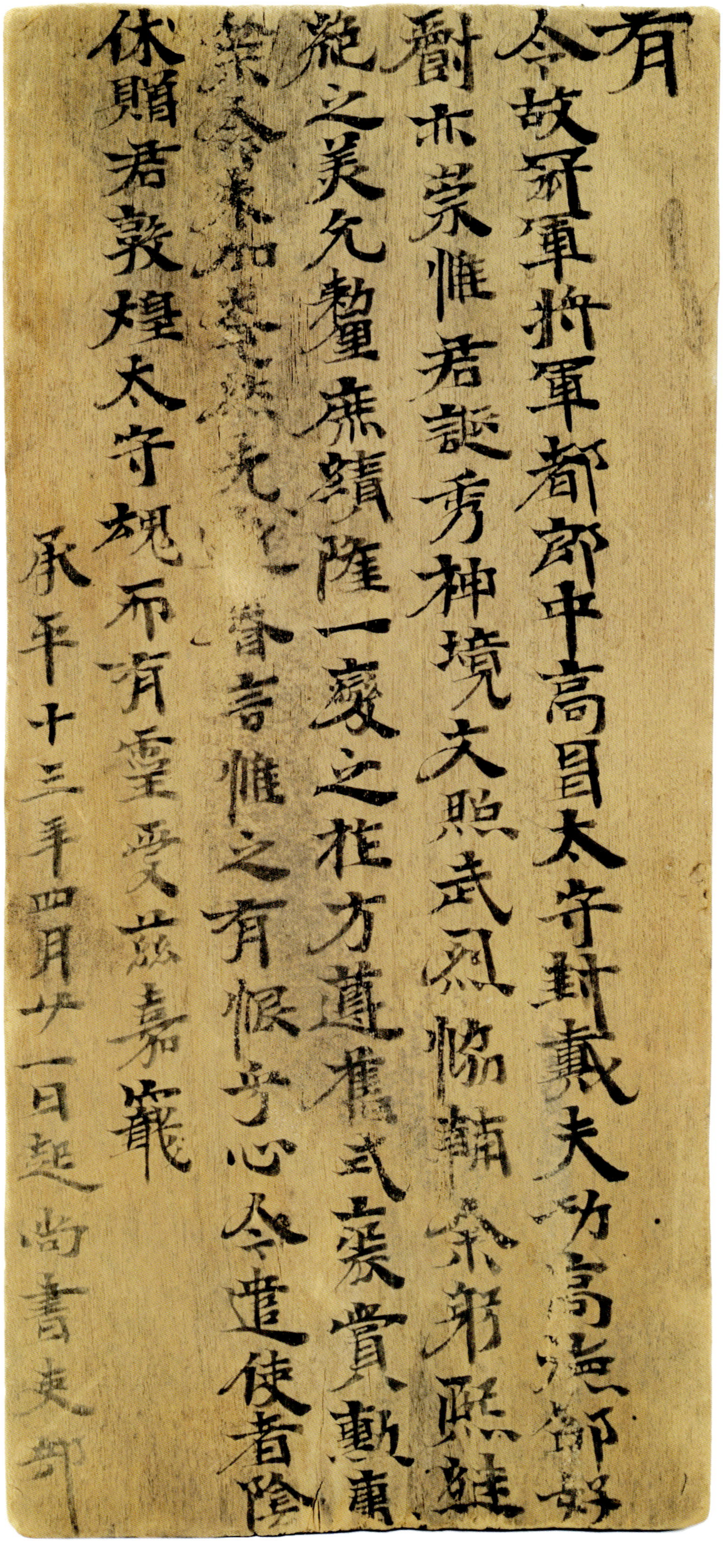
有
令故冠軍將軍都郎中高昌太守封戴夫功高德邵好
爵亦崇惟君誕秀神境文照武烈協輔余邦熙[illegible]
[illegible]之美允釐庶績隆一變之花方蘭舊式褒賞勳庸
榮命未加奄然先逝眷言惟之有悵乎心今遣使者陰
休贈君敦煌太守魂而有靈受茲嘉寵
承平十三年四月廿一日起尚書吏部

【释文】 1. 有

2. 令故冠軍將軍都郎中高昌太守封戴，夫功高德卲［劭］，好

3. 爵亦崇。惟君誕秀神境，文照武烈，協輔余躬。熙繼

4. 絶之美，允釐庶績；隆一變之祚，方遵舊式。褒賞勳庸，

5. 榮命未加，奄然先逝。眷言惟之，有恨乎心。今遣使者陰

6. 休，贈君敦煌太守。魂而有靈，受兹嘉寵。

7. 承平十三年四月廿一日起尚書吏部

【说明】 1972 年吐鲁番阿斯塔那墓地出土。这件沮渠封戴去世后，北凉赠封号的墨书木表，虽然不是金石碑刻，但可以和《沮渠封戴墓表》相参看，故置于此。两件书法相近，一为刻石，一为墨书，两相参看可以窥见墨石之间转化而产生的差异，对于认识魏晋时期书法演变颇有裨益。

沮渠安周碑

北凉承平三年（445）

【释文】

1. 中書□□□□□□作

2. □□□□□□□□□□□形原始興於六度考□□慈悲□□標理翰者罔游其方，修宗研味者莫究其極。豈玄扉沖邃，

3. □□□□□□□□□□□類其城塹，无明障其神慧。故使□□不出於□界，本□之韻莫明於域中。非夫拔迹緣起之津，

4. □□□□□□□□□□。覺滯寢於昏夢，拯弱喪於炎垟。爰有□□，□情之士，慗日月於方寸具十號以降生。顧塵海之飄濫，懼

5. □□□□□□□□□□於駭浪，望道流而載馳。朝飢思膳，而□□ □昏貸。幽夜莫時，朗慧日以啓旦。二邊稟正遍以洞照四倒，

6. □□□□□□□□□□化功之不建，道世之或淩，故虛懷不□□□隆法柱之弘。弥勒菩薩空一乘以莀驅，超二漸而玄詣。

7. □□□□□□左右虛空藏，積苦行於十地，隨所化而現生土。□□□莊，來爲郢匠，□王震希音以移風，大士運四攝以護持。

8. □□嚴土，三塗革爲道場。斷起滅以離盡，入定慧以飡神。□心幽扣，則儀形□前。乃誠孟浪，則永劫莫睹，斯信敬者所

9. □□□慢者所以自惕。凉王大且渠安周誕妙識於□内，味純戫而獨詠，雖統天理物，日日万機，而謕讖之心不忘，造次

10. □□□之寄逆旅，猶飛軒之佇唐肆。罪福之𣣔行業，□□□之應形聲。一念之善，成菩提之果；瞬息之德，嬰累劫之苦。殖

11. □□□中□，弘解脱之致。隨巨波以輪回，受後有而不息。雖縂轡於天衢，終頓駕於无擇。乃虛懷潛思，遠惟寘救，構□□

12. □，□不二之韻，圖法身之妙，證無生之玄謕。朿教迷方者，覿真容以遐興；離本逐末者，守清篤以致極。規謨存於兼拯，經

13. □□□□成。兆庶欣然，咸發道心。於是隆業之右，惟一簣之不倦。熙神功以悟世，爰命史臣，載籍垂訓。有鄙之微思不異，類

14. □□□之□幸。遇交泰於當年，目睹盛美，心生隨喜，嗟歎不足，刊石抒懷。

15. □□□邃，和之者尠。實際無崖，曠代莫踐。妙哉正覺，朗鑒獨眪。不退之輪不二，而轉彼岸之遐。超昇其巘，既昇其巘，又釣其

16. □。□於中流，濟彼二邊。我見不斷，我疾弗閑。果而不證，滅而无刊。隨化現生，壹變大千。道不孤運，德必有鄰。乾乾匪懈，聖敬

17. □□。不請之友，自遠而臻；補處之覺，對揚清塵。拯隧三塗，弘道交淪。雖曰法王，亦賴輔仁於鑠。弥勒妙識，淵鏡業以行隆。土

18. □□□，始覆，惟勤，一簣弥兢。道與世興，負荷顧命。恢恢大截，弘在嗣正。藹藹龍華，寢斤俟聘。明以表實，像亦載形。虛空无際，

19. □□□名功就。寶莊來□，法庭玄珠，十曜億土，皆明何得何證。利益我生，有□斯應，无求不盈。邈矣哲王，寔天修贊。賢彼華

20. □，□□樸散。澡流洗心，望標理翰。稽式兜率，經始法館。興因民謨，崇不終旦。有蔚其麗，有炳其煥。德輶難舉，剋在信心。須達

21. □□，應供虛衿。沖懷寞契，古亦猶今。豈伊寶盖，發意華簪。英□之興，齊高等□。□憑斯致，永闡法林。俾我億兆，翻飛寸蔭。

22. 承平三年，歲次大梁，月呂无謝，量功興造，龍集星紀，朱明歲辰，都竟監□。□師法鎧典作，御史索寧

【说明】 北凉沮渠安周承平三年（445）刻，22 行，行 47 字。原碑于清光绪年间在新疆吐鲁番高昌故城出土。1903 年被德国人盗往柏林，第一次世界大战时原碑断裂。光绪三十二年（1906）端方赴欧时拓以完本；拓本纵 132.2 厘米，横 85.8 厘米，现藏中国历史博物馆。

383 年十一月，淝水之战，苻坚大败，前秦政权土崩瓦解，原先被前秦控制的胡族首领相继反叛，乘机逐鹿中原，整个北方陷于混乱，持续数十年之久。384 年，吕光破龟兹、姑墨、温宿、尉头及猃胡等兵，入龟兹城。苻坚“闻光平西域，以为使持节、散骑常侍、都督玉门已西诸军事，安西将军、西域校尉”。①

385 年，吕光东还，至高昌，杨翰以郡降，此后武威太守彭济执梁熙降，吕光杀之。“光入姑臧，自领凉州刺史、护羌校尉。”② 自此，高昌实际上已经落入吕光的控制之中。394 年，“群议以高昌虽在西垂，地居形胜，外接胡虏，易生翻覆，宜遣子弟镇之。（吕）光以子覆为使持节、镇西将军、都督玉门已西诸军事、西域大都护，镇高昌，命大臣子弟随之。”③

①《晋书》卷一二二《吕光载记》，第 3056 页。
②《晋书》卷一二二《吕光载记》，第 3056 页；《资治通鉴》卷一〇六“晋孝武帝太元十年”条，第 3353 页。
③《晋书》卷一二二《吕光载记》，第 3060 页；《资治通鉴》卷一〇八“晋孝武帝太元十九年七月”条下：“三河王光以子覆为都督玉门以西诸军事、西域大都护，镇高昌，命大臣子弟随之。”第 3416 页。

397年，建康（今酒泉西南）太守段业自称凉州、建康公，改元神玺，是为北凉。398年，“段业使沮渠蒙逊攻西郡，执太守吕纯以归。纯，光之弟子也。于是晋昌太守王德、敦煌太守赵郡孟敏皆以郡降业。业封蒙逊为临池侯，以德为酒泉太守，敏为沙州刺史。”[①] 打通了通往高昌的道路。从神玺二年（398）起，北凉开始控制高昌，直至天玺二年（400），历时三年。[②] 吐鲁番出土的神玺三年二月廿日写《贤劫千佛品经》题记、[③] 神玺五月七日仓曹贷粮文书（66TAM59:4/6）、[④] 神玺三年七月十七日写《正法华经·光世音普门品》题记，[⑤] 均是北凉统治高昌的佐证。

400年，十一月，北凉晋昌太守唐瑶叛，移檄六郡，推敦煌太守李暠为大都督、大将军、领秦凉二州牧、护羌校尉，暠赦其境内，改元庚子，建立西凉政权。[⑥] 西凉政权建立不久便控制了高昌。[⑦] 刘宋永初元年（420），宋武帝刘裕以西凉李歆为使持节、都督高昌、敦煌、晋昌、酒泉、西海、玉门、堪泉七郡诸军事、护羌校尉、征西大将军、酒泉公。[⑧]421年，沮渠蒙逊攻敦煌，西凉统治者李恂自杀，西凉灭亡。

天玺三年（401），北凉临池太守临松卢水胡人沮渠蒙逊起兵入张掖，攻杀段业，被推为使持节、大都督、大将军、凉州牧、张掖公，赦其境内，改元永安，建立沮渠氏的北凉政权。[⑨]

沮渠蒙逊玄始四年（415），以隗仁为高昌太守。[⑩] 隗仁真正领有高昌，至早也是在421年沮渠蒙逊平灭西凉之后。[⑪] 斯坦因在吐鲁番阿斯塔那墓地发现的随葬衣物疏有北凉玄始九年（420）十一月一日题记，研究者据此认为，实际上在玄始九年沮渠蒙逊取得敦煌之后，高昌就已经转入北凉统治之下。[⑫] 直至缘禾四年（435）十月被迫放弃高昌，[⑬] 沮渠氏北凉在高昌统治了十五年之久。

---

①《资治通鉴》卷一一〇“晋安帝隆安二年五月”条，第3470页。

② 白须净真：《〈吐鲁番出土文書 第一冊〉——その冊紹介と紀年の考察》，《書論》第14号，1981年，第145—146页；王素：《高昌史稿（统治编）》，北京：文物出版社，1998年，第160—161页。

③ 石谷风：《谈宋代以前的造纸术》，《文物》1959年1期，图版1，第33页；池田温：《中国古代写本识语集录》，东京：大藏出版株式会社，1990年，第78页。

④《吐鲁番出土文书》（图文版），北京：文物出版社，1992年，第一册，第12页。

⑤《中国古代写本识语集录》，第78页。

⑥《晋书》卷八七《凉武昭王李玄盛传》，第2259页；《资治通鉴》卷一一一“晋安帝隆安四年十一月”条，第3515页。

⑦《高昌史稿（统治编）》，第171—173页。

⑧［梁］沈约：《宋书》卷九八《氐胡传》，北京：中华书局，1974年，第2414页；参唐长孺：《高昌郡纪年》，第53—54页。

⑨《晋书》卷一二九《沮渠蒙逊载记》，第3192页。

⑩《晋书》卷一二九《沮渠蒙逊载记》，第3197页。

⑪《高昌郡纪年》，第53页。

⑫《〈吐鲁番出土文書 第一冊〉——その冊紹介と紀年の考察》，第147—149页；《高昌史稿（统治编）》，第202—204页。

⑬ 柳洪亮：《吐鲁番出土文书中缘禾纪年及有关史实》，《敦煌学辑刊》1984年1期。

435年，阚爽在柔然的扶植下，"自为高昌太守"，[①] 脱离北凉控制。439年，北魏攻姑臧，沮渠牧犍降。北凉残部在牧犍弟酒泉太守沮渠无讳的带领下，西据鄯善。442年，沮渠无讳攻阚爽，阚爽投奔柔然。沮渠无讳占据高昌，于次年改元承平，号凉王，在高昌郡的基础上首次建立了一个独立于河西的地方割据政权。

承平二年（444），沮渠无讳死，弟安周立。借助柔然的力量，沮渠安周于承平八年（450）攻陷交河城，灭车师。沮渠无讳占据高昌时，即奉表南朝刘宋政权。沮渠安周继承无讳的政策，南联刘宋，东拒北魏。而此时的北魏也无暇顾及沮渠氏北凉余部，沮渠安周因此得以偏安一隅。至承平十八年（460），柔然攻高昌，灭沮渠氏，立阚伯周为高昌王。

沮渠氏信奉佛教，从《沮渠安周碑》可知当时弥勒信仰在高昌颇为流行。

《沮渠安周碑》书法与《沮渠封戴墓志》《沮渠封戴木表》相近，介乎隶楷之间，而更近于楷，笔势方整而不失秀逸，为北朝后期难得的书法妙品。高昌出土宋庆石塔上文字风格也与此近似，可以相互参证。

①[北齐]魏收：《魏书》卷一〇三《高昌传》，北京：中华书局，1974年，第2243页；[唐]李延寿：《北史》卷九七《高昌传》，北京：中华书局，1974年，第3212页；《资治通鉴》卷一二四"宋文帝元嘉十九年"条，第3896页。

张洪妻焦氏墓表之一

章和十三年（543）

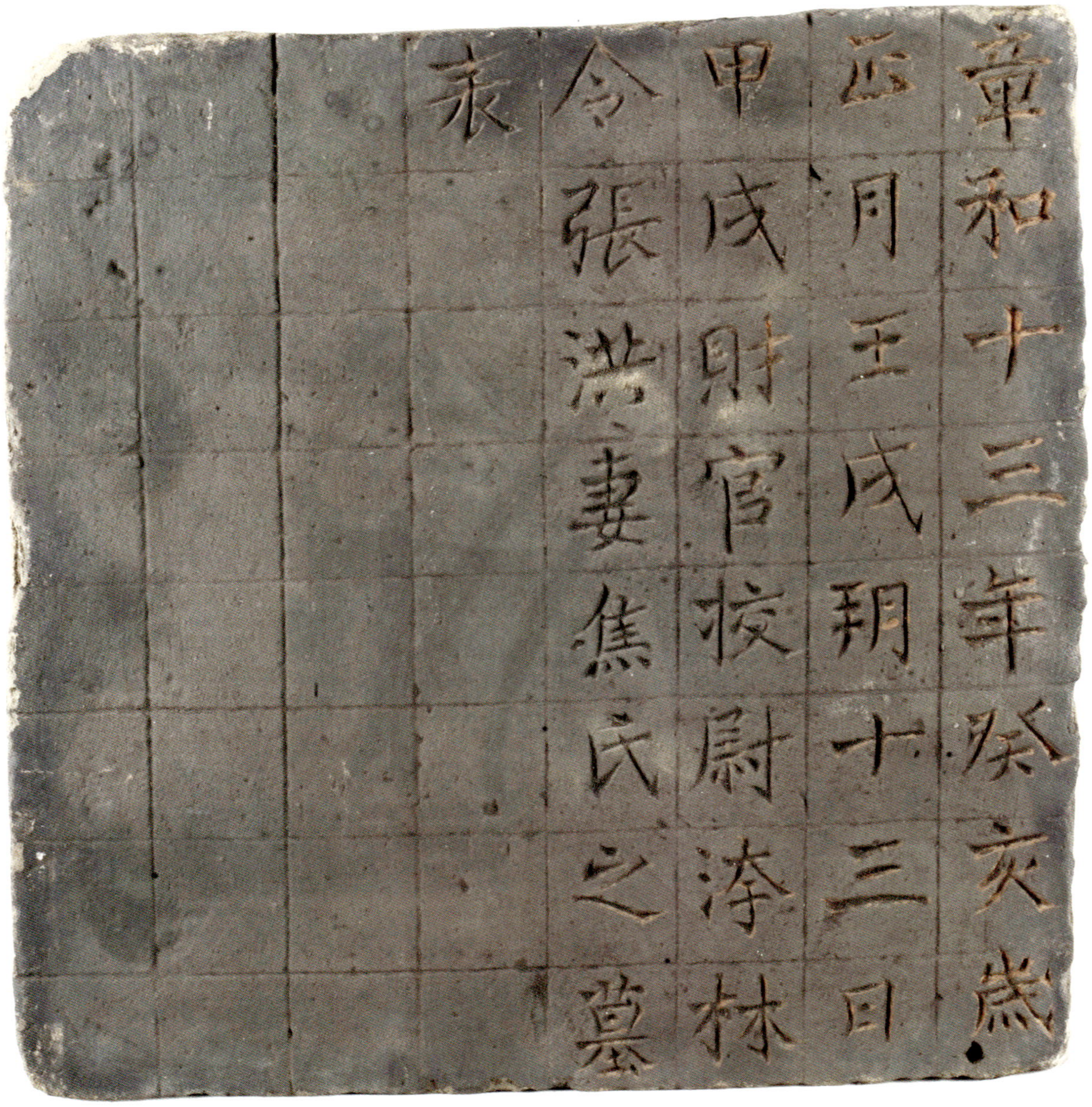

【释文】　1. 章和十三年癸亥歲

2. 正月壬戌朔十三日

3. 甲戌，財官校尉洿林

4. 令張洪妻焦氏之墓

5. 表

【说明】　吐鲁番阿斯塔那墓地出土。字体含蓄典雅，刻工甚佳，颇能真实表现毛笔书写的韵致。

画承及夫人张氏墓表

高昌章和十六年（546）/永平二年（550）

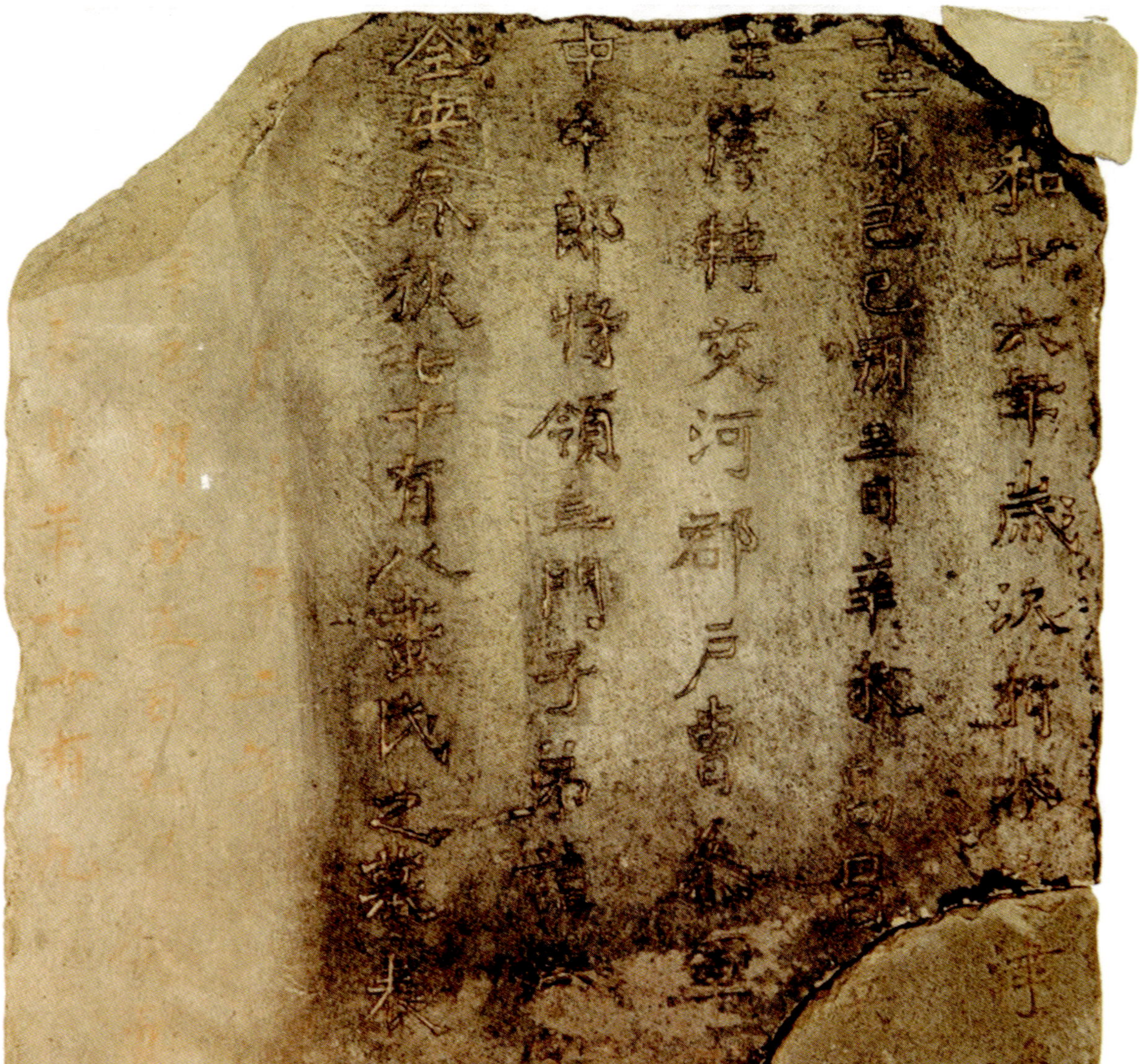

《画承及夫人张氏墓表》拓片

【释文】

1. 章和十六年，歲次析木之津，冬

2. 十二月己巳朔，三日辛未，高昌兵部

3. 主簿，轉交河郡户曹参軍，殿

4. 中中郎將，領三門子弟諱承，字

5. 全安，春秋七十有八。畫氏之墓表

6. 夫人張氏，永平二年[歲][次]鶉

7. 火，二月辛巳朔，廿五日乙巳合葬

8. 上天滘善，享年七十有九。

【说明】

该墓表为黄文弼1930年从交河沟西墓地所获，共八行。前五行阴刻涂朱，为画承墓表，刻于高昌章和十六年（546）。后三行朱书未刻，为画承夫人张氏墓表，为永平二年（550）张氏祔葬时所书。从墓表书写的布局看，原先在刻画承墓表时有意留出左侧空白，以备张氏死亡时书写。

国家图书馆藏有该墓表前五行拓本。[①] 首行"章"字部分残损，应是黄文弼获得这块墓砖后原石被损坏所致。[②]

前五行阴刻与后三行朱书字迹不同，应当不是出自同一个写手。值得注意的是，前五行阴刻，书体略与刘宋《爨龙颜碑》接近。

① 北京图书馆金石组编：《北京图书馆藏中国历代石刻拓本汇编》，郑州：中州古籍出版社，1989年，第十册，志5375。
② 侯灿误以为这件拓片为另一份《画承墓表》，侯灿：《吐鲁番出土墓砖集注》，成都：巴蜀书社，2003年，上册，第36—38页。

氾灵岳墓表

高昌章和十八年（548）

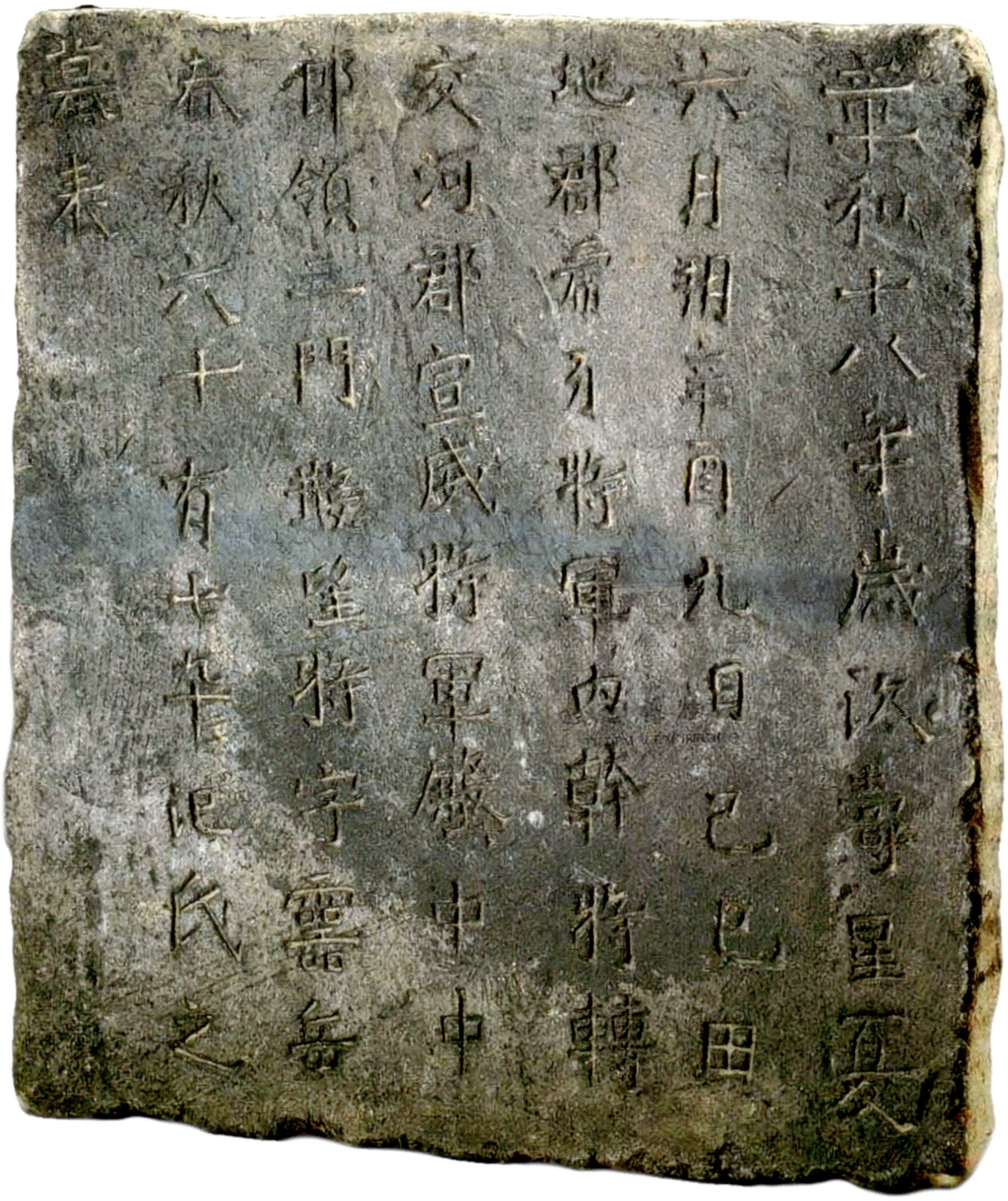

《氾灵岳墓表》拓片

章和十八年歲次壽星夏
六月朔辛酉九日己巳田
地郡虎牙將軍內幹將轉
交河郡宣威將軍殿中中
郎領三門散望將字靈岳
春秋六十有七卒汜氏之
墓表

《氾灵岳墓表》拓片

【释文】

1. 章和十八年，歲次壽星，夏
2. 六月朔辛酉，九日己巳，田
3. 地郡虎牙將軍、内幹將，轉
4. 交河郡宣威將軍、殿中中
5. 郎，領三門散望將，字靈岳，
6. 春秋六十有七卒。氾氏之
7. 墓表。

【说明】

该墓表为黄文弼 1930 年从交河沟西墓地所获，共七行，阴刻涂朱。《氾灵岳墓表》体势与《中岳嵩高灵碑》接近，气息又与《爨龙颜碑》相通，古拙可喜，颇值得珍视。

中岳嵩高灵庙碑（北魏太安二年，456 年）	
氾灵岳墓表	

张武忠妻高氏墓表

高昌永平二年（550）

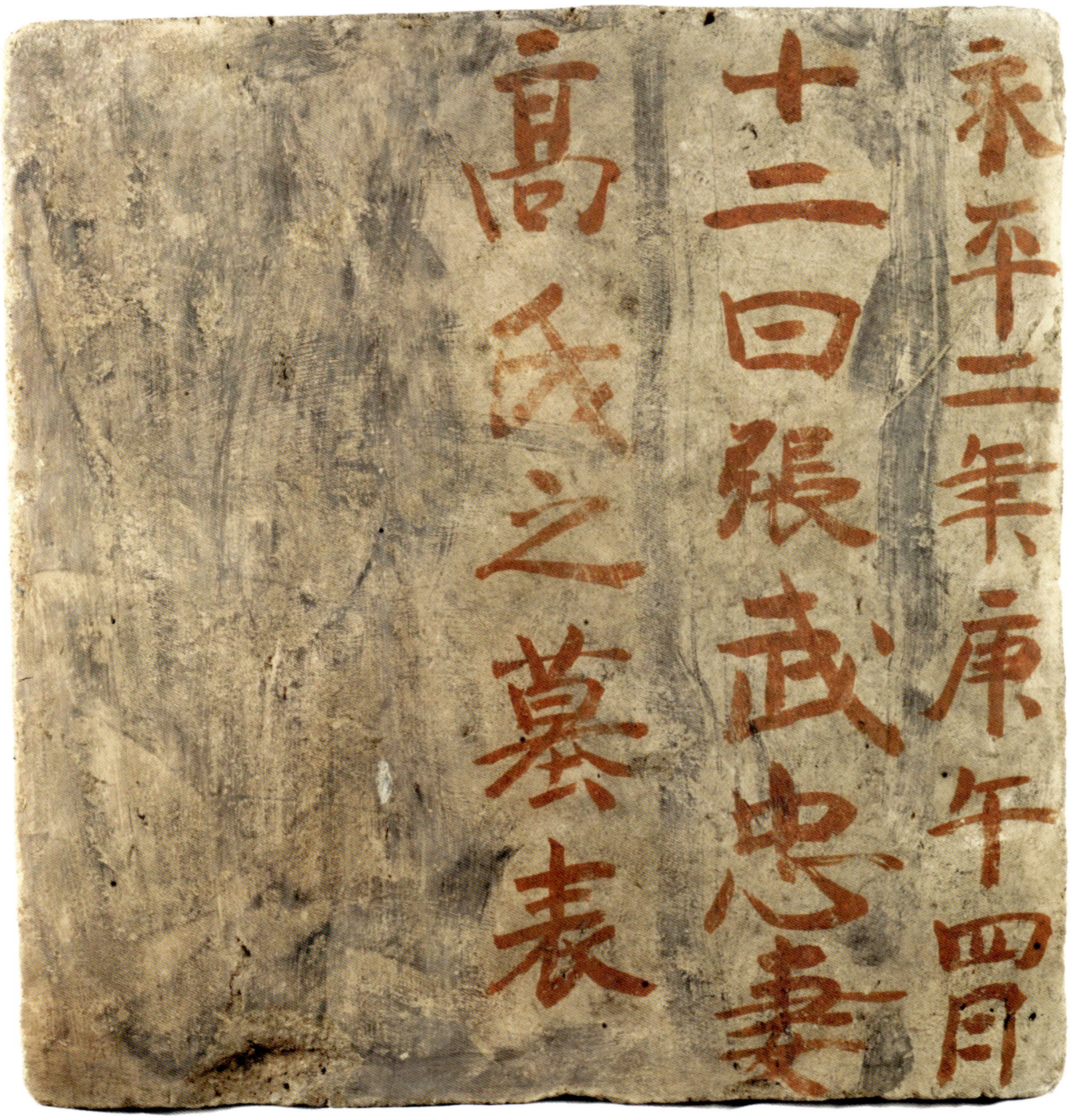

【释文】 1. 永平二年庚午四月

2. 十二日，張武忠妻

3. 高氏之墓表。

【说明】 吐鲁番阿斯塔那墓地出土，朱书未刻。现藏新疆维吾尔自治区博物馆。

田绍贤墓表

高昌建昌五年（559）

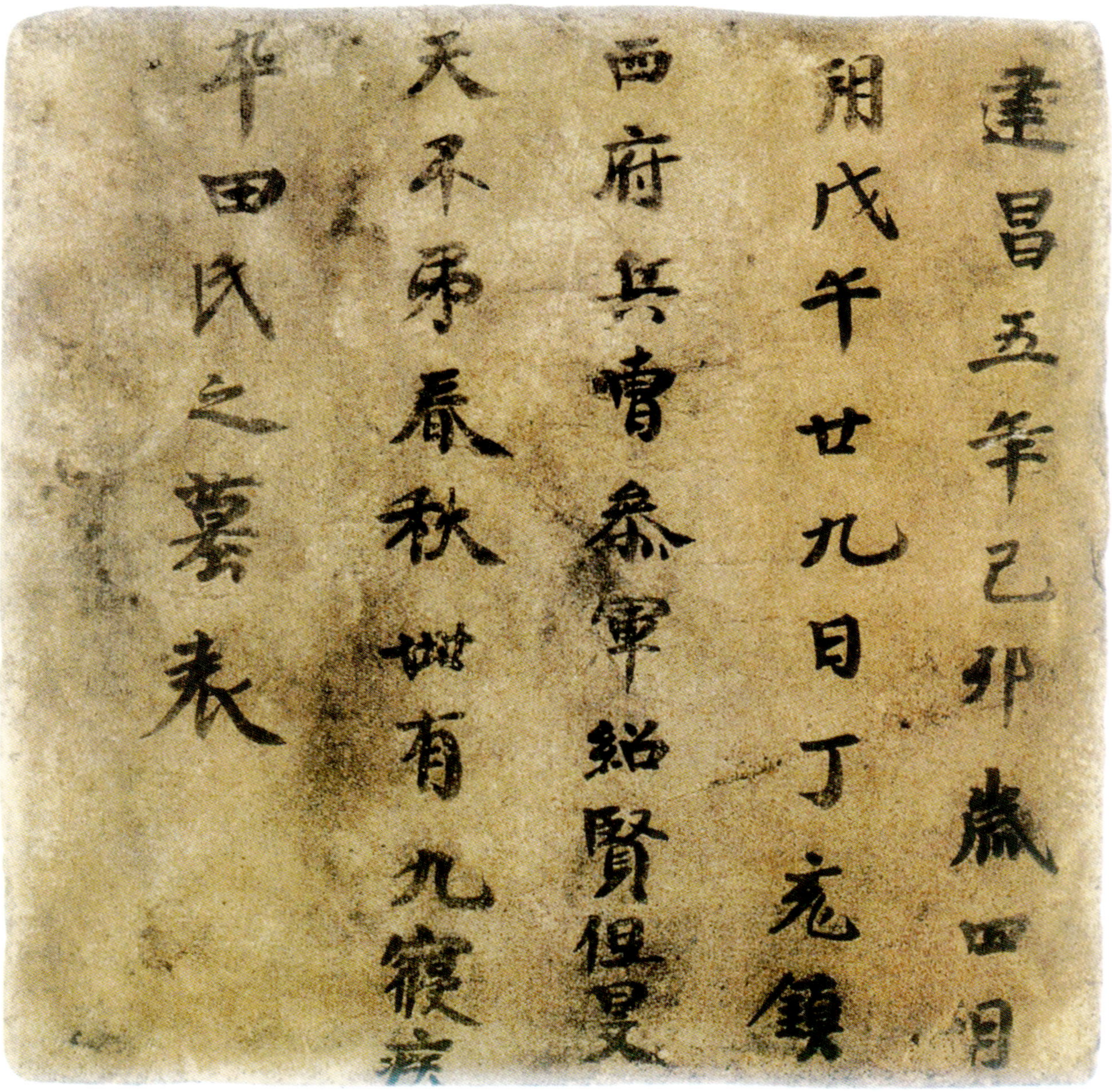

【释文】 1. 建昌五年己卯歲，四月

2. 朔戊午，廿九日丁亥，鎮

3. 西府兵曹參軍紹賢，但旻

4. 天不吊，春秋卌有九，寢疾

5. 卒。田氏之墓表。

【说明】 吐鲁番交河沟西墓地出土，墨书未刻。现藏北京故宫博物院。该墓表用笔敦厚圆润，别为一格。

张洪妻焦氏墓表之二

高昌延昌二年（562）

【释文】

1. 延昌二年壬午歲，十一
2. 月丁卯朔，廿九日乙未，
3. 新除明威，補爲侍郎，轉
4. 爲財官校尉、洿林令，遷
5. 爲虎威將軍，轉爲廣武
6. 將軍，遷爲長史令如故，
7. 追贈振武將軍、倉部郎
8. 中張洪妻焦氏之墓表。

【说明】

1972年吐鲁番阿斯塔那170号墓出土，现藏新疆文物考古研究所。蓝地灰砖，阴刻填朱。该件墓砖书势典重，用笔略带方折。

徐宁周妻张氏墓表

高昌延昌四年（564）

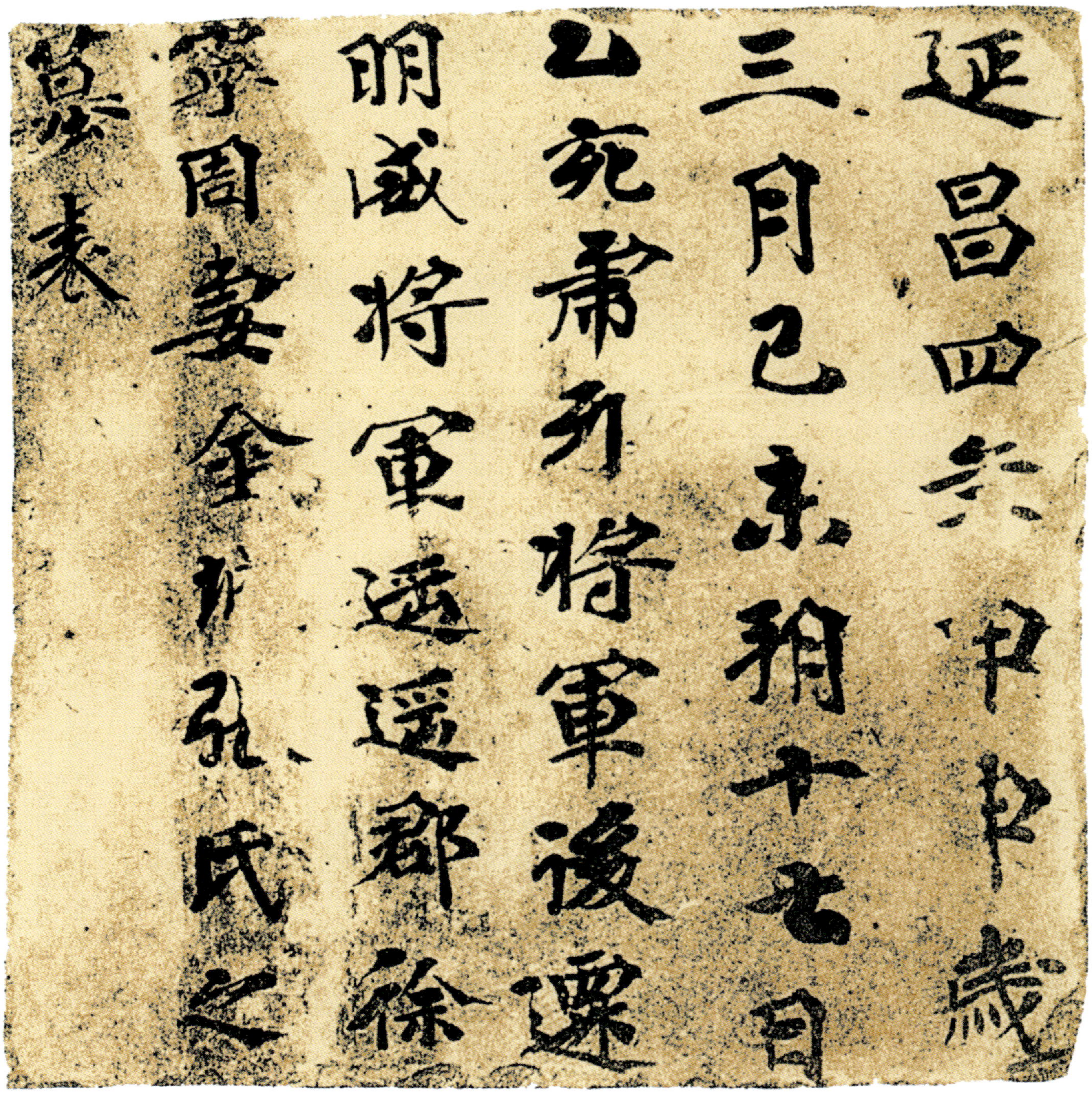

【释文】

1. 延昌四年甲申歲，

2. 三月己未朔，十七日

3. 乙亥，虎牙將軍，後遷

4. 明威將軍，遥遥郡徐

5. 寧周妻金城張氏之

6. 墓表。

【说明】 1912年大谷探险队从高昌城北郊所获，墨书未刻，书法与《张洪妻焦氏墓表》颇为近似，应与高昌地区当时流行的书风有关。值得注意的是，《徐宁周妻张氏墓表》字体和北魏《张玄墓志》（531）接近。类似这种风格的墓砖在高昌出土数量不少，由此或可以推知魏晋时期高昌与北魏在文化艺术上的联系。

张孝真妻索氏墓表

高昌延昌四年（564）

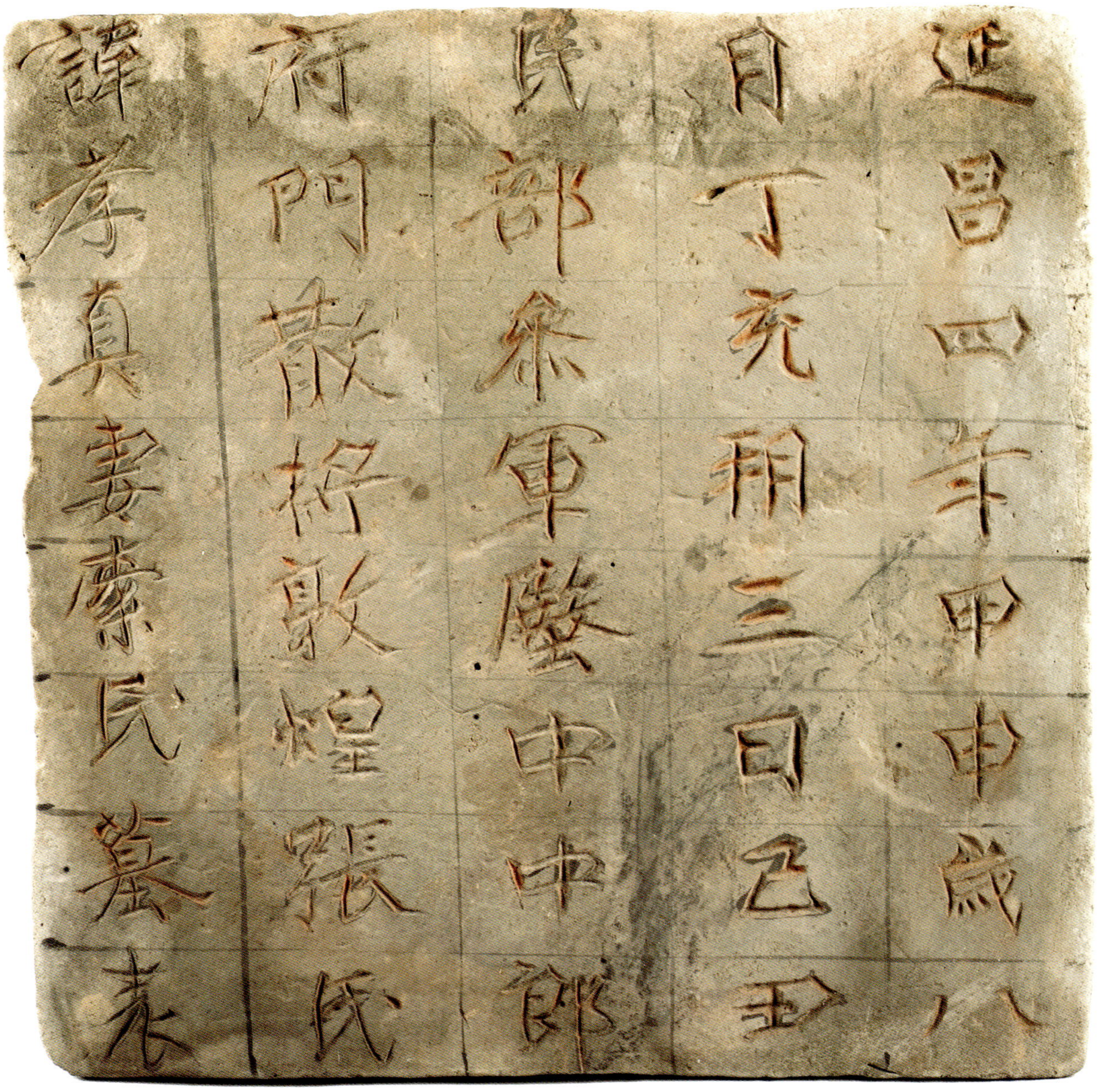

【释文】 1. 延昌四年甲申歲，八

2. 月丁亥朔，三日己丑，

3. 民部參軍、殿中中郎、

4. 府門散將，敦煌張氏

5. 諱孝真，妻索氏墓表。

【说明】 1969 年哈拉和卓 51 号墓出土，现藏新疆维吾尔自治区博物馆。灰砖，阴刻填朱。

张连思墓表

高昌延昌六年（566）

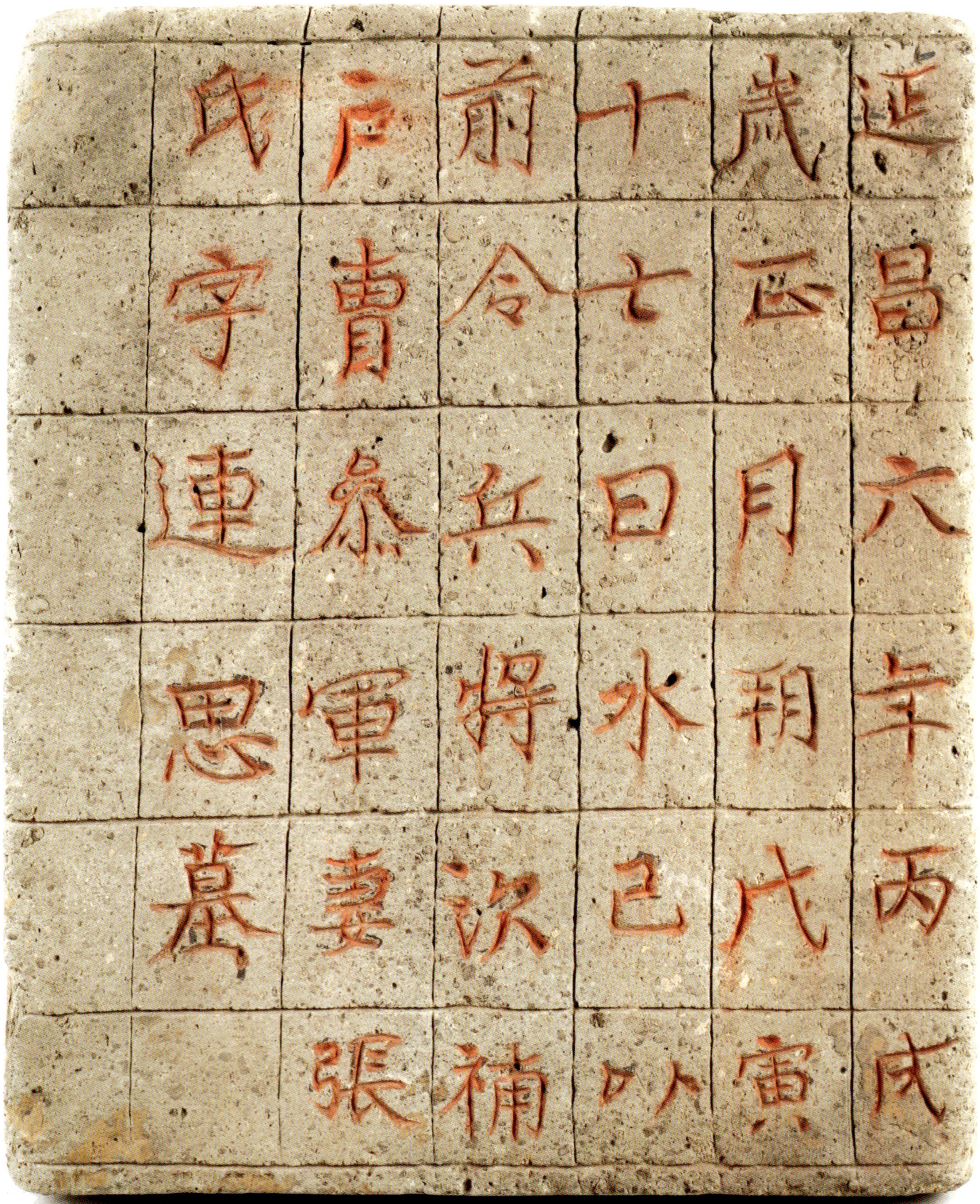

【释文】 1. 延昌六年丙戌

2. 歳，正月朔戊寅，

3. 十七日水己（巳），以

4. 前令兵將，次補

5. 户曹參軍妻張

6. 氏字連思墓

【说明】 1956年吐鲁番雅尔湖墓地出土，阴刻填朱。

令狐天恩墓表

高昌延昌十一年（571）

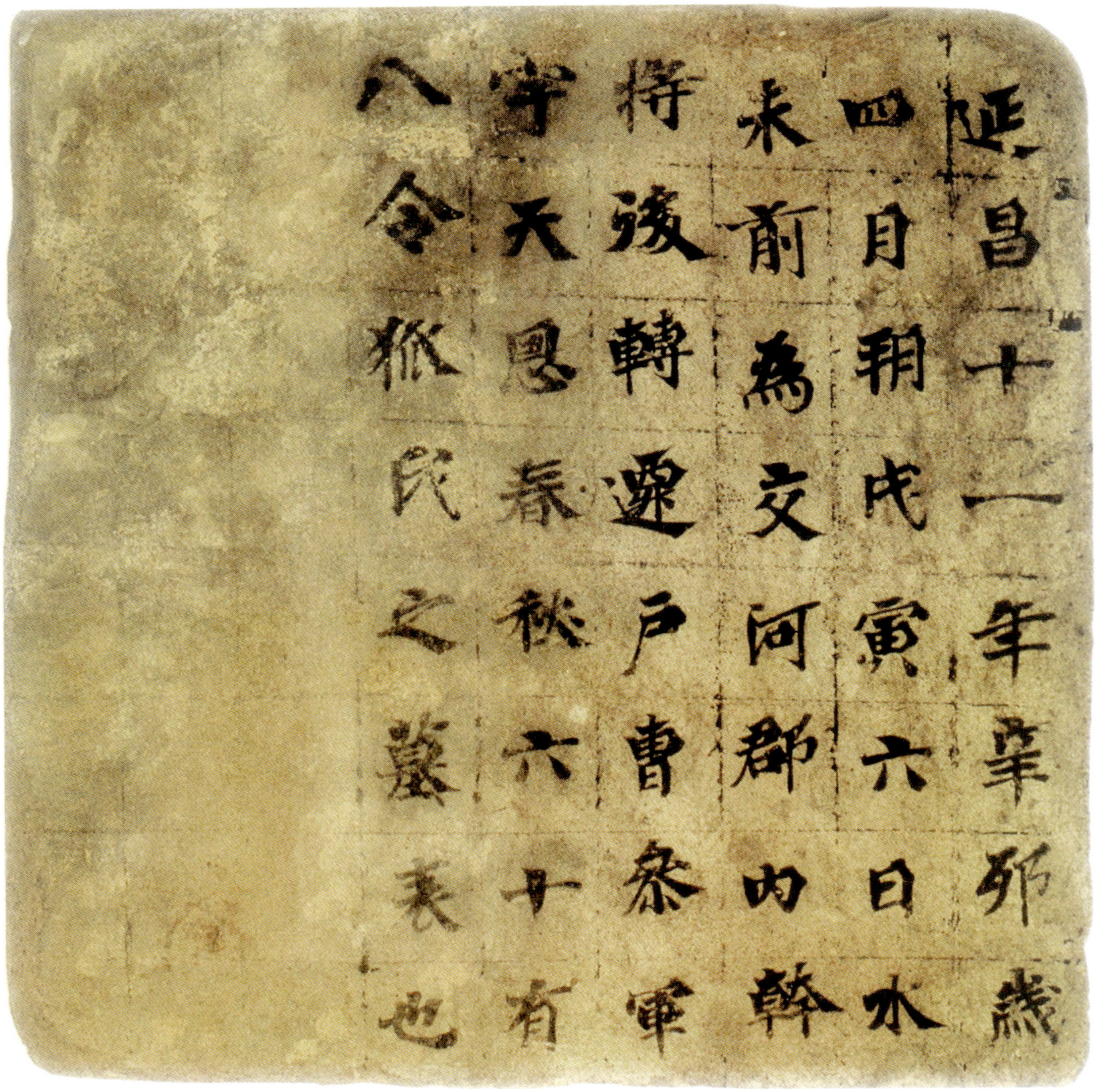

【释文】

1. 延昌十一年辛卯歲，
2. 四月朔戊寅，六日水
3. 未，前爲交河郡内幹
4. 將，後轉遷户曹參軍，
5. 字天恩，春秋六十有
6. 八，令狐氏之墓表也。

【说明】　吐鲁番交河沟西墓地出土，墨书未刻。现藏北京故宫博物院。

康虏奴及妻竺氏墓表

高昌延昌十四年（574）

【释文】 1. 康虏奴及妻

2. 竺氏買婢，延昌

3. 十四年甲午歲，二月廿

4. 三日，康之墓表

【说明】 2004 年吐鲁番巴达木墓地出土。墓表为青砖朱书。

康虏奴公母木表

高昌延昌十四年（574）

【释文】　1. 延昌十四年甲午歲，二月

2. 廿一日，康虏奴公母▭

3. □□墓表

【说明】　2004年吐鲁番巴达木墓地出土。

张买得墓表

高昌延昌十五年（575）

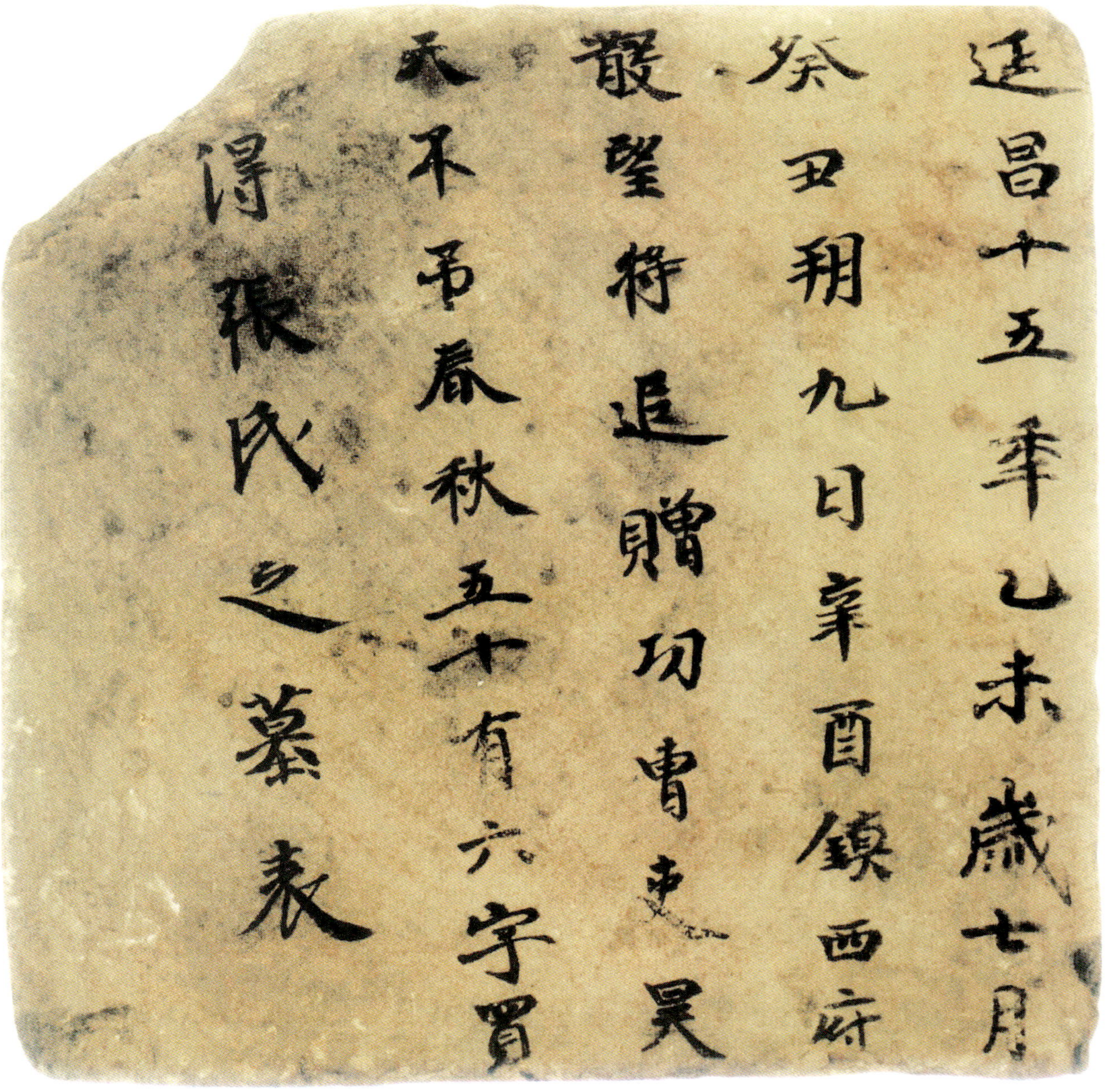

【释文】 1. 延昌十五年乙未歳，七月

2. 癸丑朔，九日辛酉，鎮西府

3. 散望將，追贈功曹吏，昊

4. 天不弔，春秋五十有六，字買

5. 得，張氏之墓表。

【说明】 吐鲁番交河沟西墓地出土，墨书未刻。现藏北京故宫博物院。该墓表字体蕴藉俊秀，在吐鲁番出土的墓表中尤显突出。

张籛箕夫人杜氏墓表

高昌延昌十六年（576）

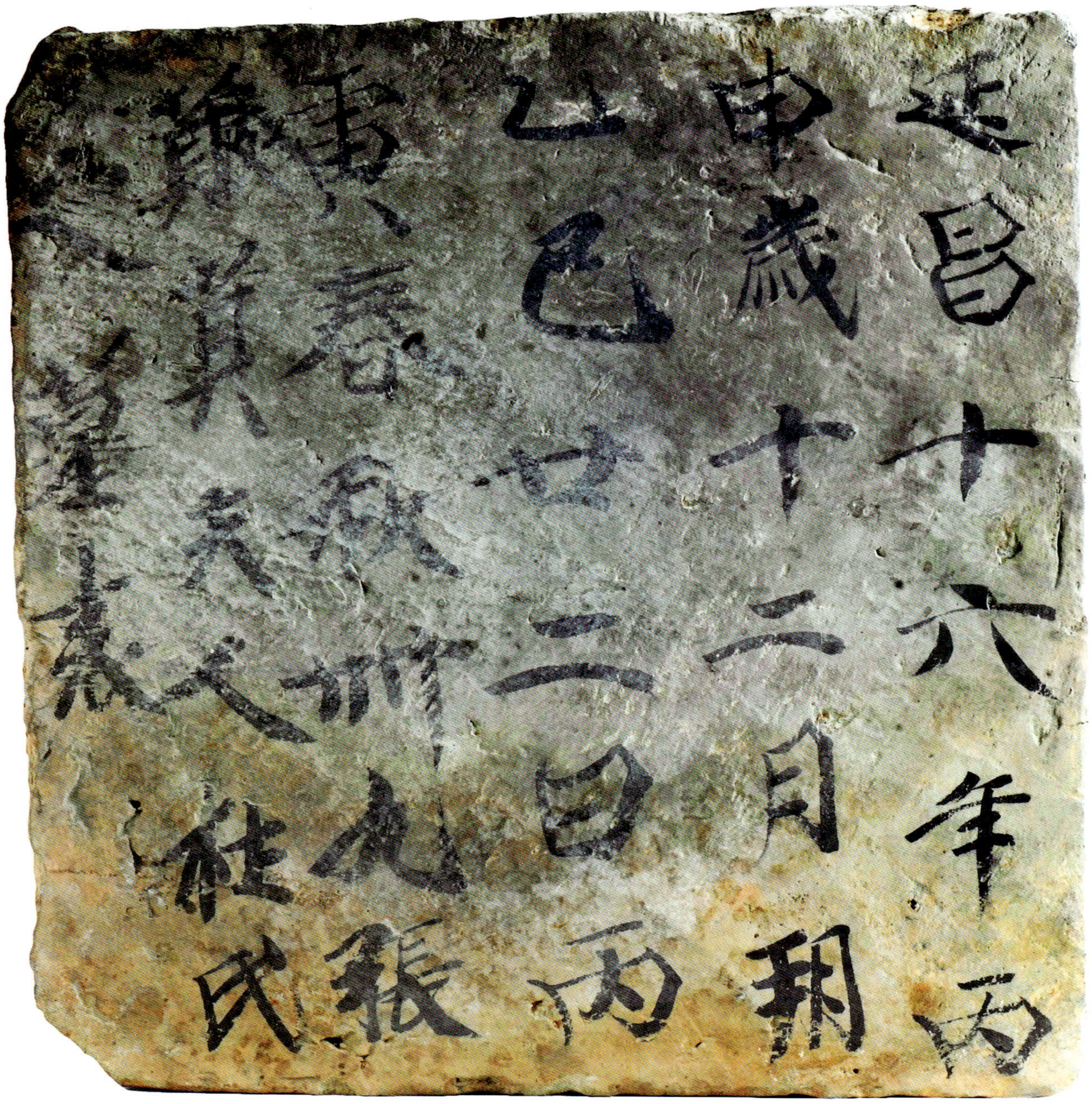

【释文】 1. 延昌十六年丙

2. 申歲，十二月朔

3. 乙巳，廿二日丙

4. 寅，春秋卌九張

5. 籛箕夫人杜氏

6. 之墓表。

【说明】 1986年吐鲁番阿斯塔那墓地出土，墨书未刻。现藏吐鲁番博物馆。

将孟雍妻赵氏墓表

高昌延昌廿六年（586）

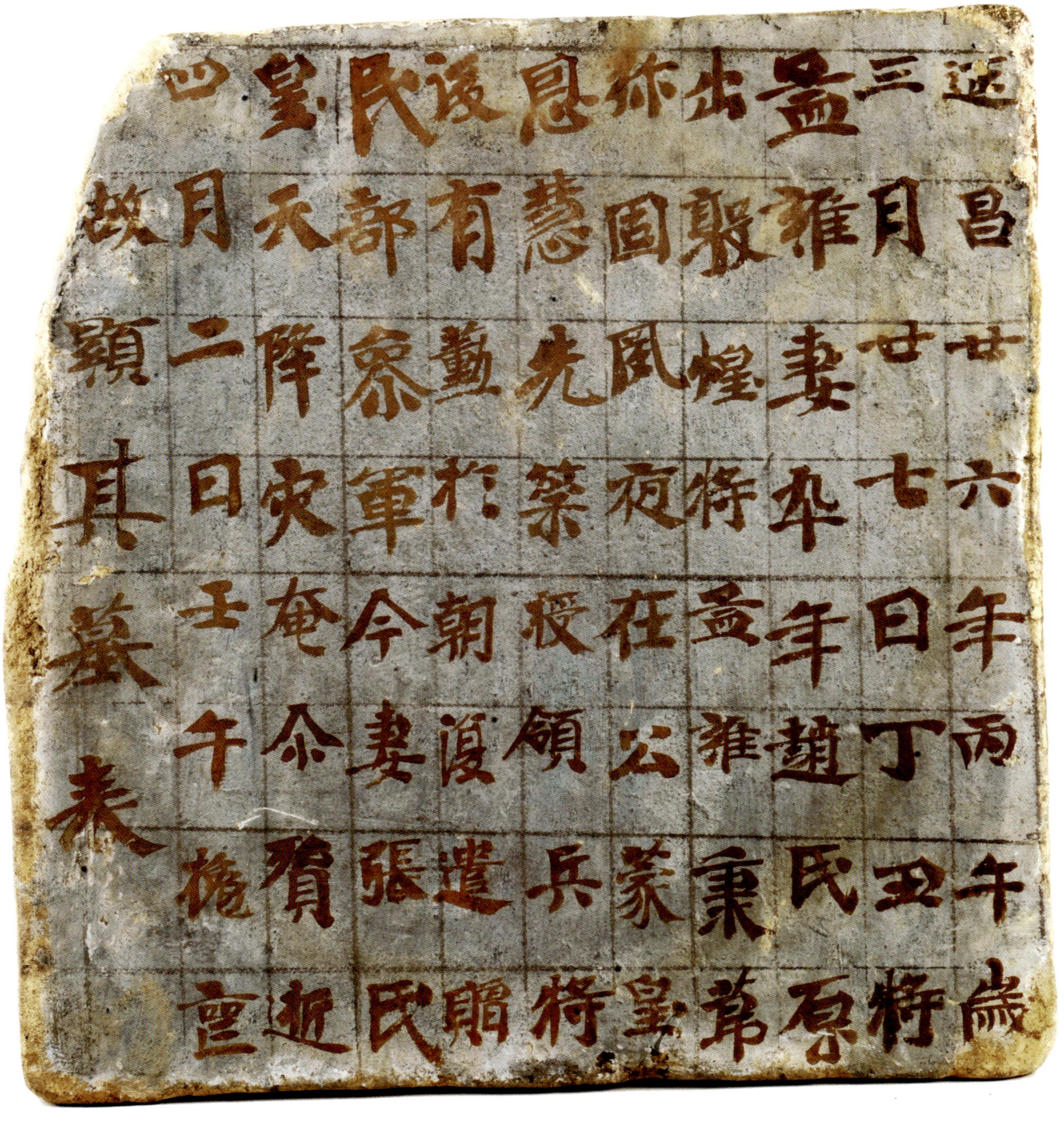

【释文】

1. 延昌廿六年丙午歲，
2. 三月廿七日丁丑，將
3. 孟雍妻卒年。趙氏原
4. 出敦煌。將孟雍秉節
5. 弥固，夙夜在公，蒙皇
6. 恩慧，先策授領兵將，
7. 後有勳於朝，復遣贈
8. 民部参軍。今妻張氏。
9. 皇天降灾，奄尔殞逝，
10. 四月二日壬午挽喪。
11. 故顯其墓表。

【说明】 1960年吐鲁番阿斯塔那墓地326号墓出土，现藏新疆维吾尔自治区博物馆。蓝地灰砖，朱书未刻。

辛氏墓表

高昌延昌廿六年（586）

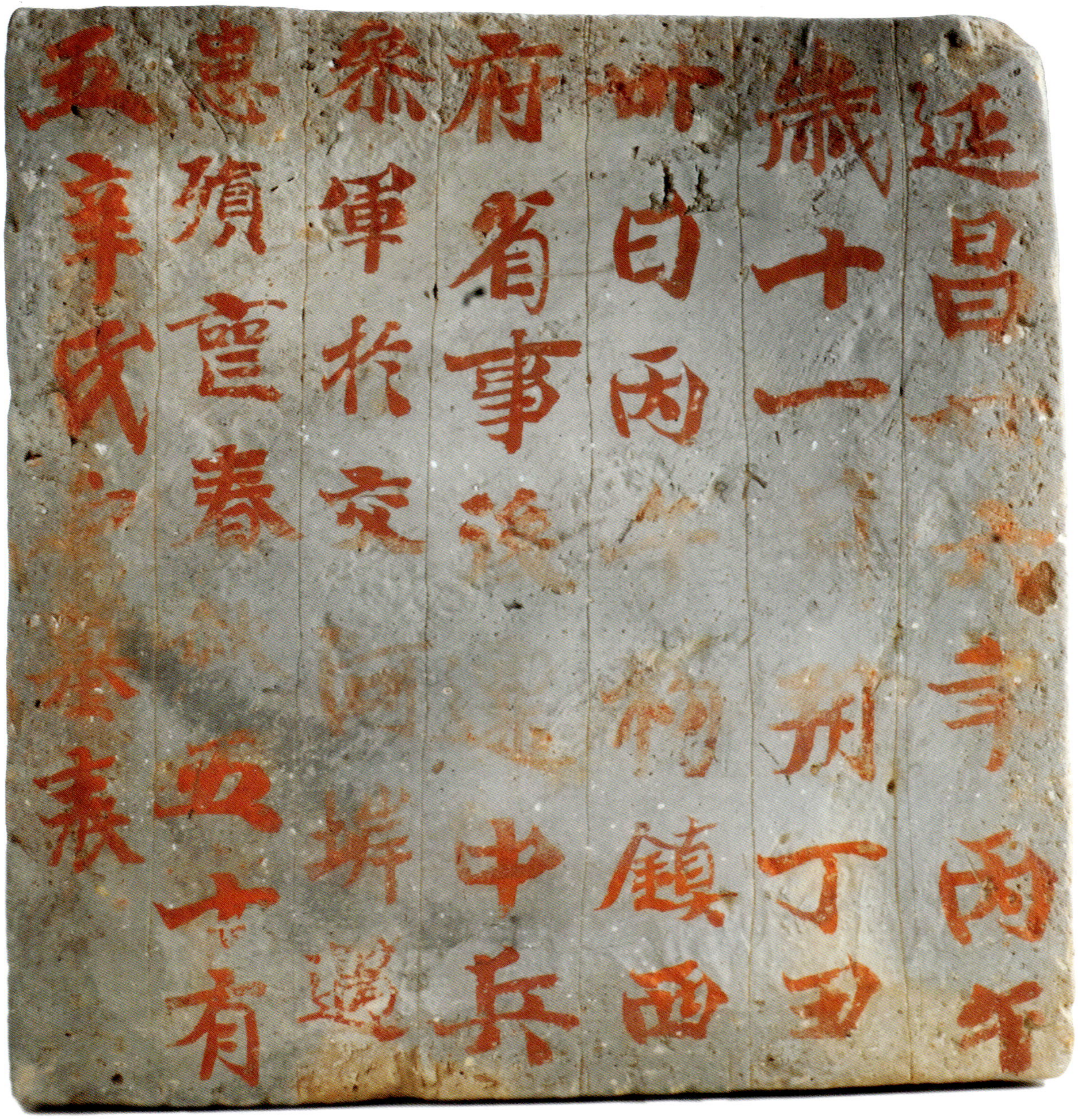

【释文】

1. 延昌廿六年丙午
2. 歲，十一月朔丁丑，
3. 卅日丙午，初鎮西
4. 府省事，後遷中兵
5. 參軍，於交河岸遇
5. 患殞喪，春秋五十有
5. 五，辛氏之墓表。

【说明】 1996年吐鲁番交河沟西1号墓出土，现藏新疆文物考古研究所。朱书未刻。

张元尊墓表

高昌延昌廿六年（586）

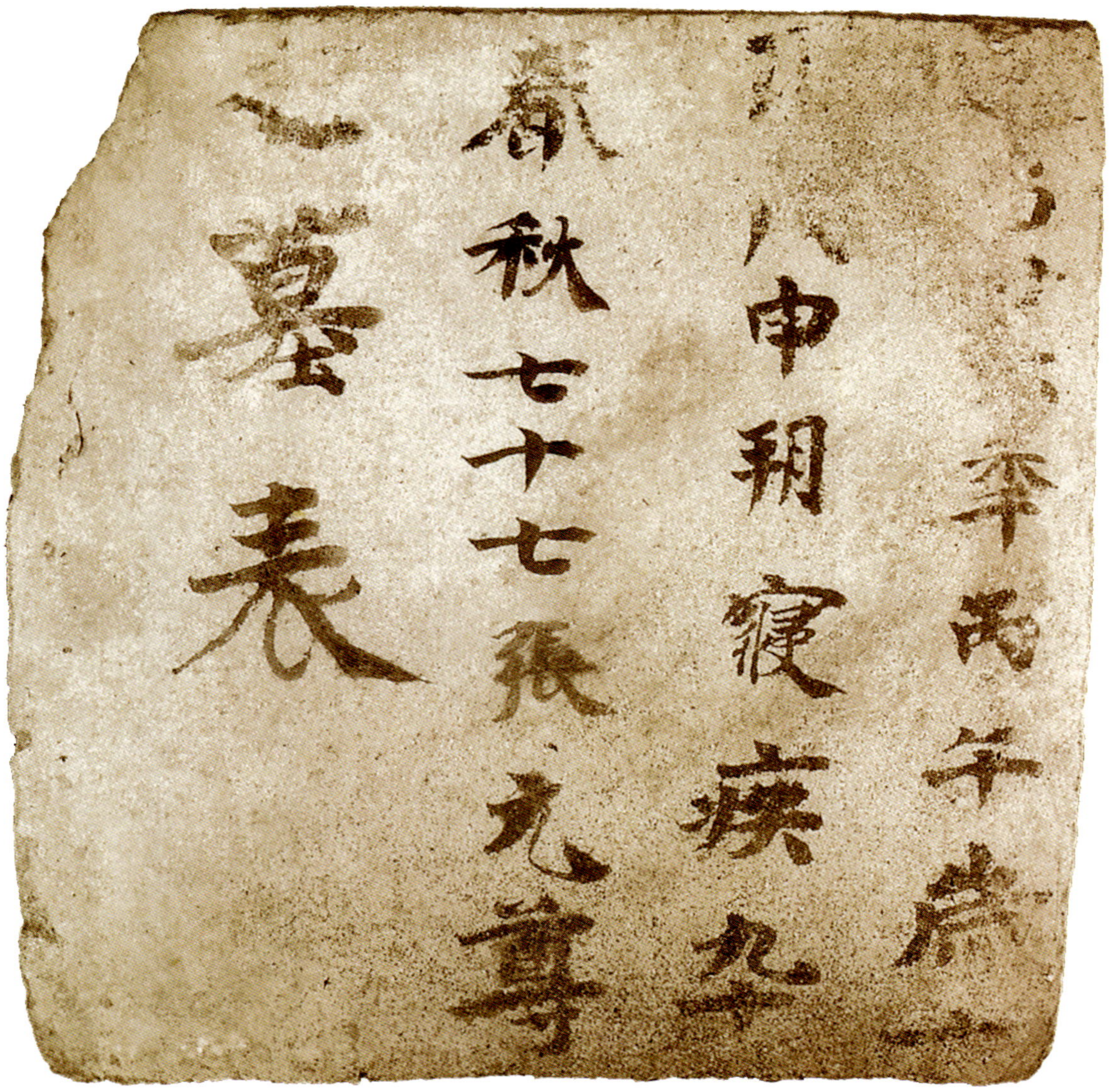

【释文】

1. 延昌廿六年丙午歲，十
2. 月戊申朔，寢疾卒，
3. 春秋七十七，張元尊
4. 之墓表。

【说明】 1995 年吐鲁番交河沟西墓地 7 号墓出土，现藏新疆文物考古研究所。灰砖，墨书未刻。

郭恩子妻解氏墓表

高昌延昌廿年（580）

【释文】

1. 延昌廿年庚子
2. 歲，九月朔癸未，
3. 廿五日丙午開，
4. 郭恩子妻解氏
5. 之墓表。

【说明】 1912 年大谷探险队从高昌城北郊所获，现藏旅顺博物馆。朱书未刻。

郭恩子墓表

高昌延昌廿九年（589）

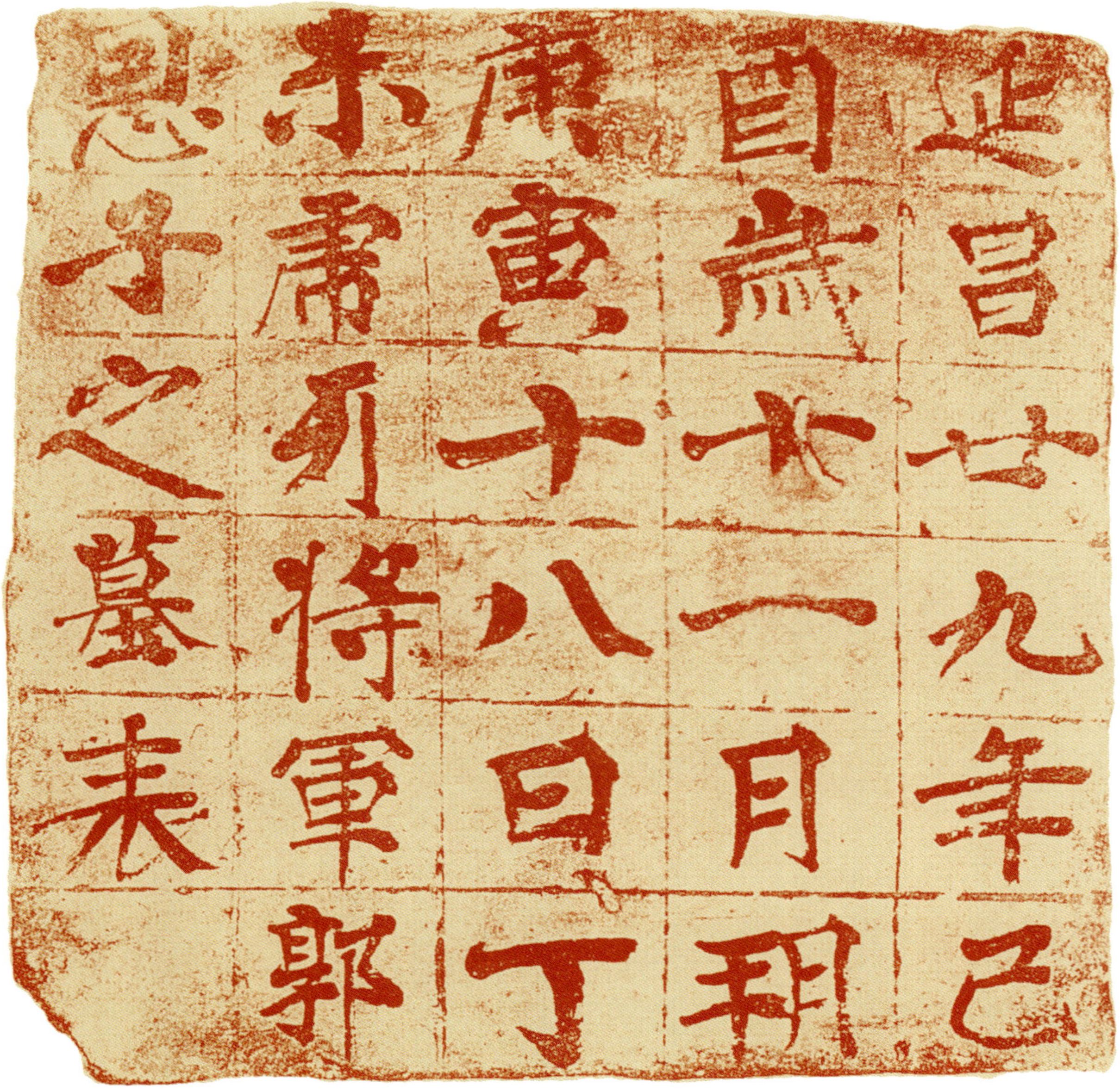

【释文】 1. 延昌廿九年己

2. 酉歲，十一月朔

3. 庚寅，十八日丁

4. 未，虎牙將軍郭

5. 恩子之墓表。

【说明】 1912 年大谷探险队从高昌城北郊所获，现藏东京国立博物馆。朱书未刻。

画伯演墓表

高昌延昌卅一年（591）

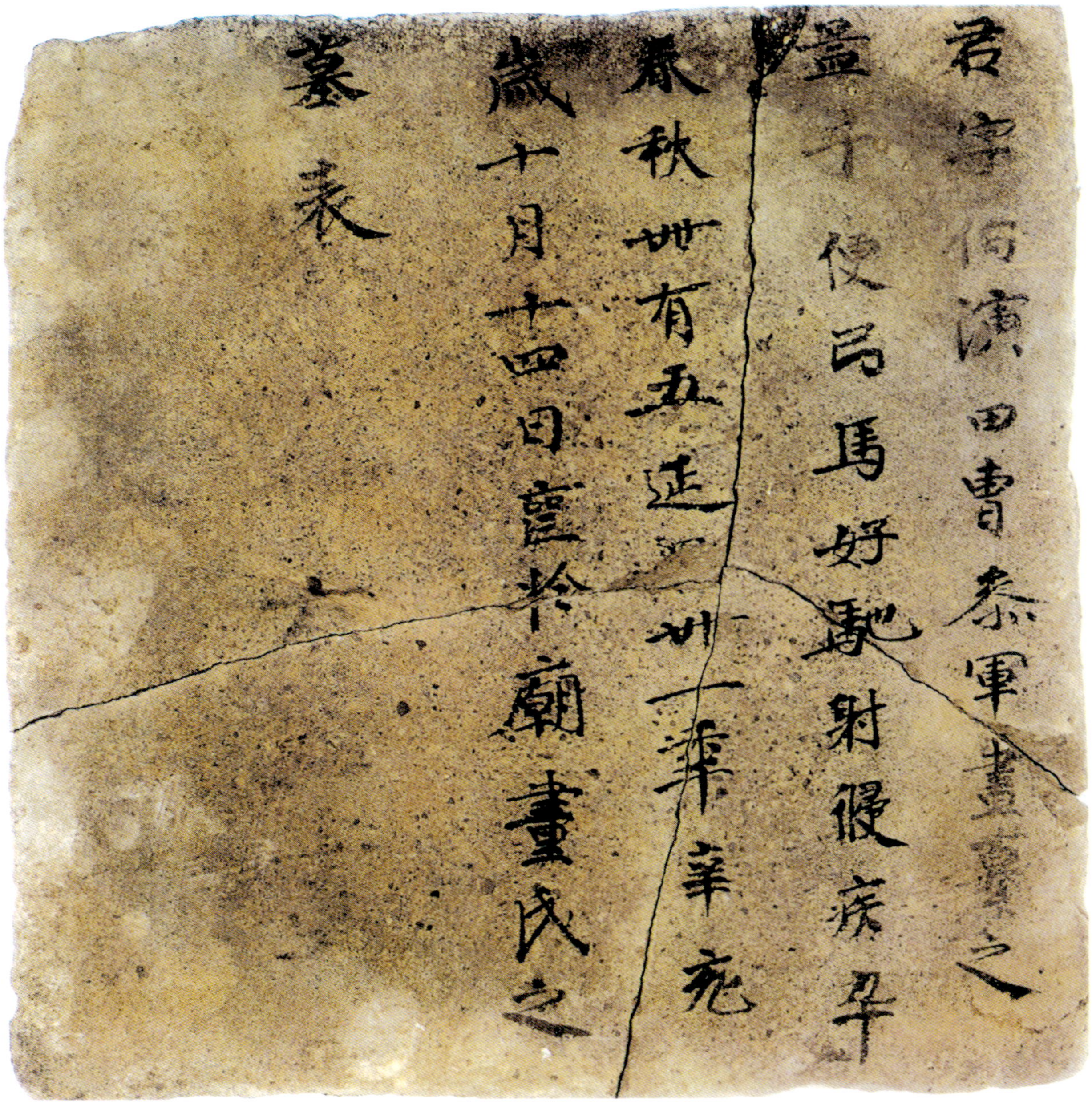

【释文】

1. 君字伯演，田曹参軍。畫纂之
2. 孟子。便弓馬，好馳射。寢疾卒，
3. 春秋卌有五，延昌卅一年辛亥
4. 歲，十月十四日喪於廟，畫氏之
5. 墓表。

【说明】 吐鲁番交河沟西墓地出土，墨书未刻。现藏北京故宫博物院。

和都子墓表

高昌延昌卅二年（592）

【释文】

1. 延昌卅二年壬

2. 子歲，三月丙午

3. 朔，十六日辛酉，

4. 新除虎牙將軍，

5. 追贈殿中中郎

6. 將和都子之墓表。

【说明】　吐鲁番征集品，现存新疆维吾尔自治区博物馆。灰砖，阴刻。

傅子友墓表

高昌延昌卌年（600）

【释文】 1. 延昌卌年庚申

2. 歲，七月朔戊子

3. 定，十六日癸卯

4. 危，新除虎牙將

5. 軍，妹（後）還明威將

6. 軍，相上將，追贈

7. 殿中將軍傅子

8. 友之暮（墓）表。

【说明】 吐鲁番哈拉和卓墓地出土，朱书未刻。

张容子妻张氏墓表

高昌延和八年（609）

【释文】 1. 延和八年，歲在己巳，五

2. 月朔丁卯，日朔壬辰，以

3. □散，初爲王帳下，後

4. □還令内將張容子者，

5. □□人也。張氏之墓。

【说明】 吐鲁番木纳尔墓地出土，青砖朱书未刻。现藏吐鲁番博物馆。

张保悦墓表

高昌延和九年（610）

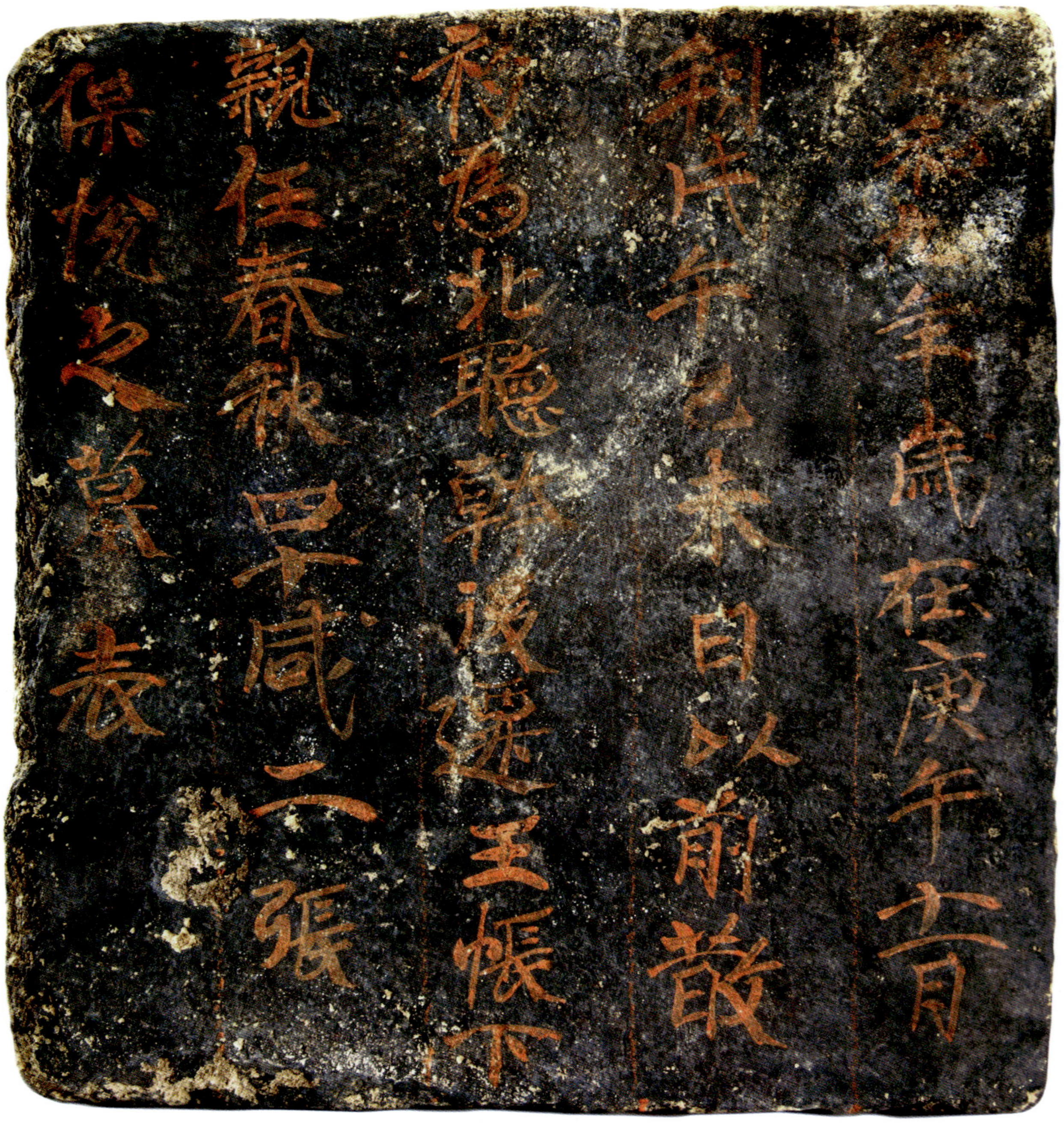

【释文】 1. 延和九年歲在庚午，十一月

2. 朔戊午，己未日，以前散

3. 初爲北聽幹，後還王帳下

4. 親任，春秋四十咸二，張

5. 保悦之墓表。

【说明】 吐魯番木纳尔墓地出土，朱书未刻。

张鼻儿妻麴氏墓表

高昌延和十一年（612）

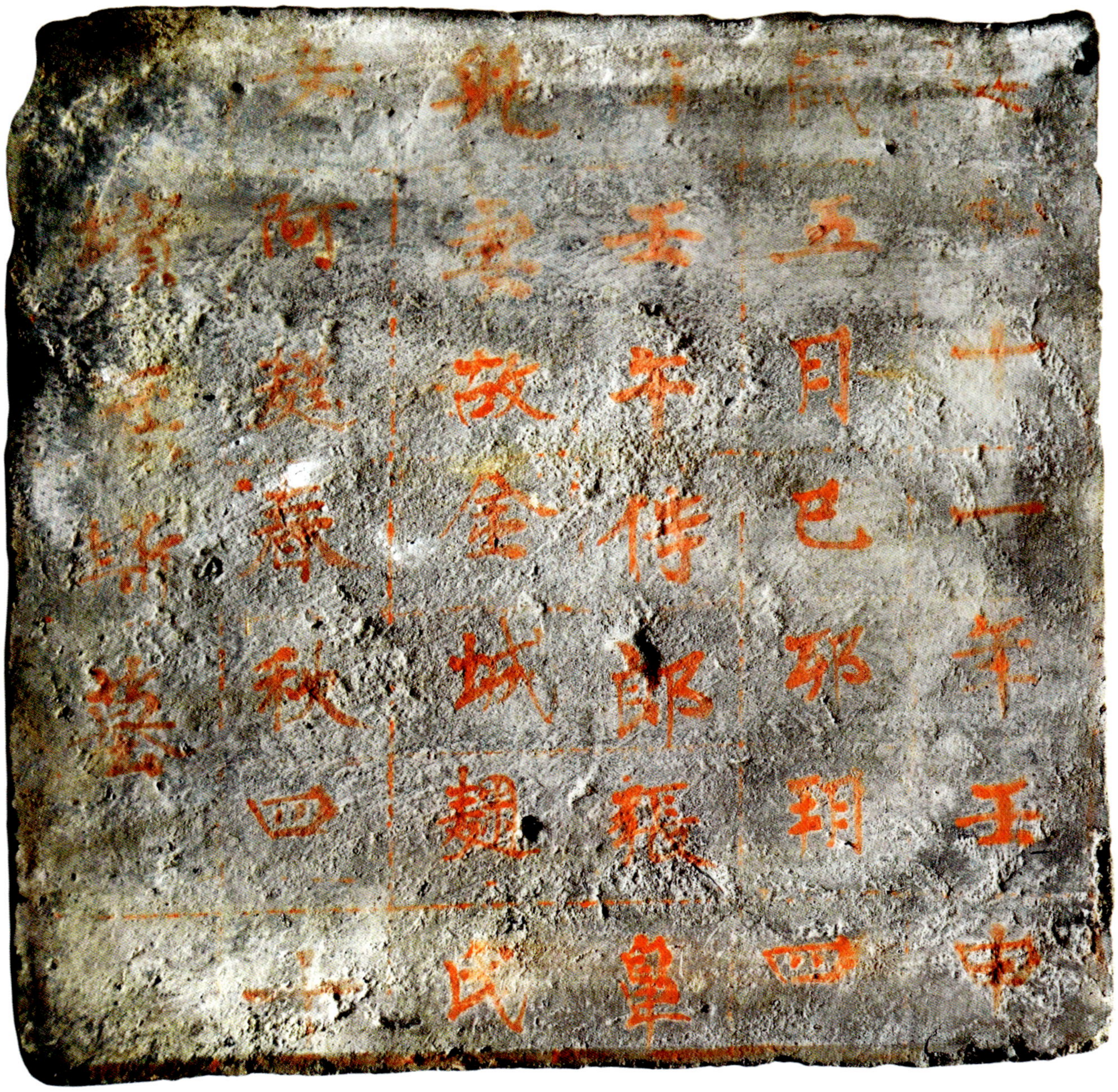

【释文】 1. 延和十一年壬申

2. 歳，五月己卯朔，四

3. 日壬午，侍郎张鼻

4. 兒妻，故金城麴氏

5. 女阿蕤，春秋四十

6. 八，殯葬斯墓。

【说明】 吐鲁番阿斯塔那墓地出土，朱书未刻。

张师儿及妻王氏墓表

高昌延和十八年（619）/延寿十四年（637）

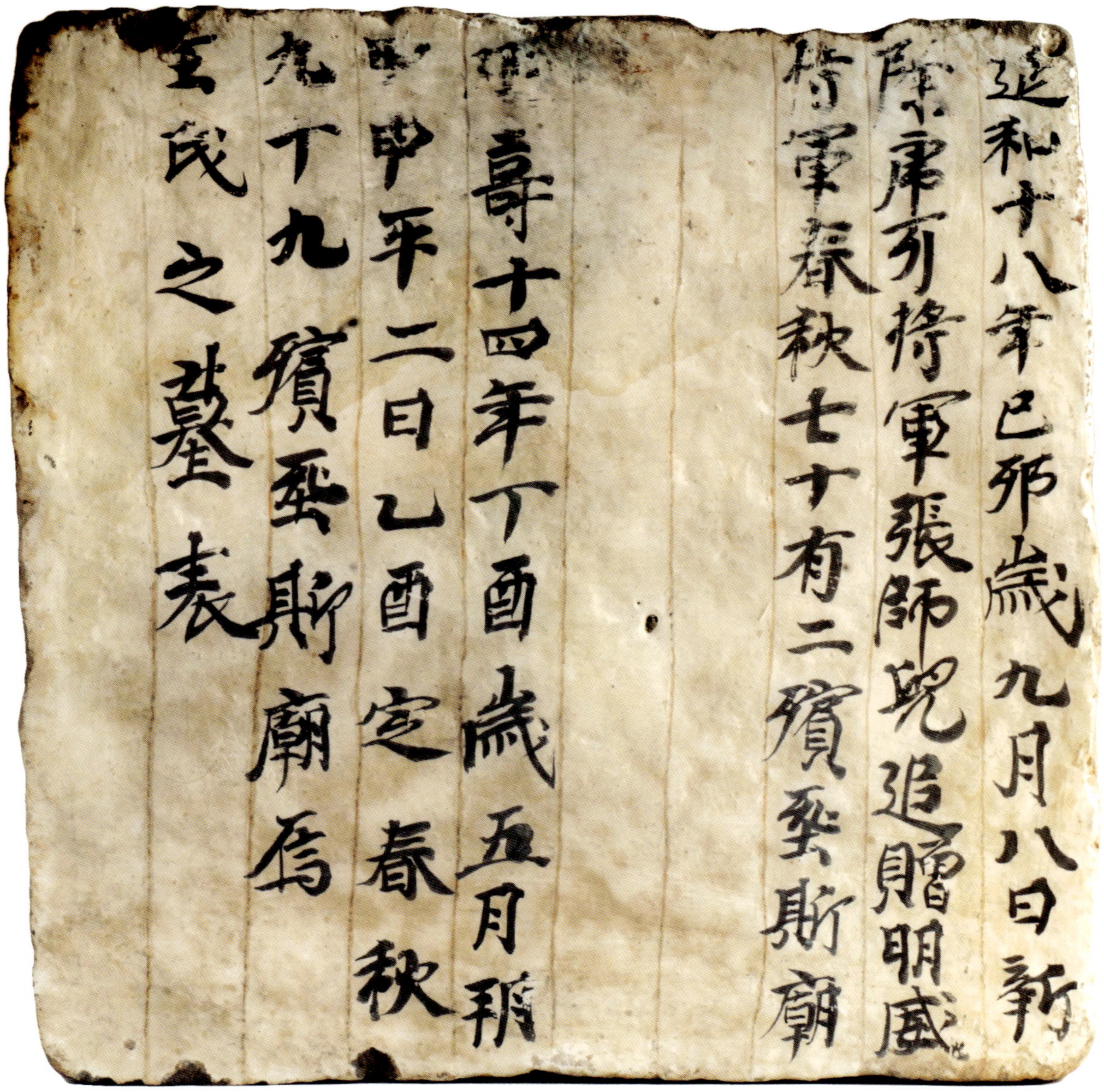

【释文】 1. 延和十八年已卯歲，九月八日，新

2. 除虎牙將軍張師兒，追贈明威

3. 將軍，春秋七十有二，殯葬斯廟。

4. 延壽十四年丁酉歲，五月朔

5. 甲申平，二日乙酉定，春秋

6. 九十九，殯葬斯廟焉。

7. 王氏之墓表。

【说明】 吐鲁番阿斯塔那墓地出土，墨书未刻。现藏吐鲁番博物馆。

张鼻儿墓表

高昌重光元年（620）

【释文】 1. 重光元年庚辰

2. 歲，二月甲午朔，

3. 廿八日辛酉，新

4. 除田地郡省事，

5. 遷侍郎，追贈建

6. 義將軍、都綰曹

7. 郎中，燉煌張氏

8. 鼻兒之墓表焉。

【说明】 此件墓表字体略显扁势，显然尤为典雅，风格也与北魏《张玄墓志》相近。

张阿质儿墓表

高昌重光元年（620）

【释文】

1. 重光元年庚辰歲，

2. 二月甲午朔，廿八

3. 日辛酉，新除侍郎，

4. 遷殿中將軍，轉洿

5. 林令，追贈平莫將

6. 軍、倉部庫部主客、

7. 三曹郎中，燉煌張

8. 氏阿質兒之墓表。

【说明】 吐鲁番阿斯塔那墓地出土，阴刻朱书。对比同时期的墨书墓砖、写本来看，可知这件墓砖的刻工相当精准地表现了原书的风韵。

汜法济墓表

高昌重光元年（620）

【释文】 1. 重光元年庚辰歳，

2. 二月朔甲午，廿二

3. 日乙卯，新除鹿門

4. 散望，追贈虎牙將

5. 軍氾法濟之墓

6. 表。

【说明】 吐鲁番阿斯塔那墓地出土，朱书未刻，现藏新疆文物考古研究所。

这件墓表中提到的“鹿门”，又见于阿斯塔那墓地 367 号墓出土文书《高昌延昌四十年（公元六〇〇年）供诸门及碑堂等处粮食帐》。[①]“鹿门”应该指的是魏晋隋唐时期高昌外城南垣东头第一门。“鹿门”这个词出现较早，根据《左传》《公羊传》和《史记》等史籍的有关记载，“鹿门”很可能是战国时代齐鲁对东南门常用的称谓。魏晋隋唐时期的高昌使用“鹿门”这样古老的名称来命名城门，可见深受中原文化影响。[②]

① 国家文物局古文献研究室、新疆维吾尔自治区博物馆、武汉大学历史系编：《吐鲁番出土文书》，北京：文物出版社，1981 年，第一册，第 295—297 页。

② 陈凌、李军：《高昌故城考略》，载《古代文明》第 11 辑，北京：文物出版社，2018 年，第 346—373 页。

张仲庆墓表

高昌重光元年（620）

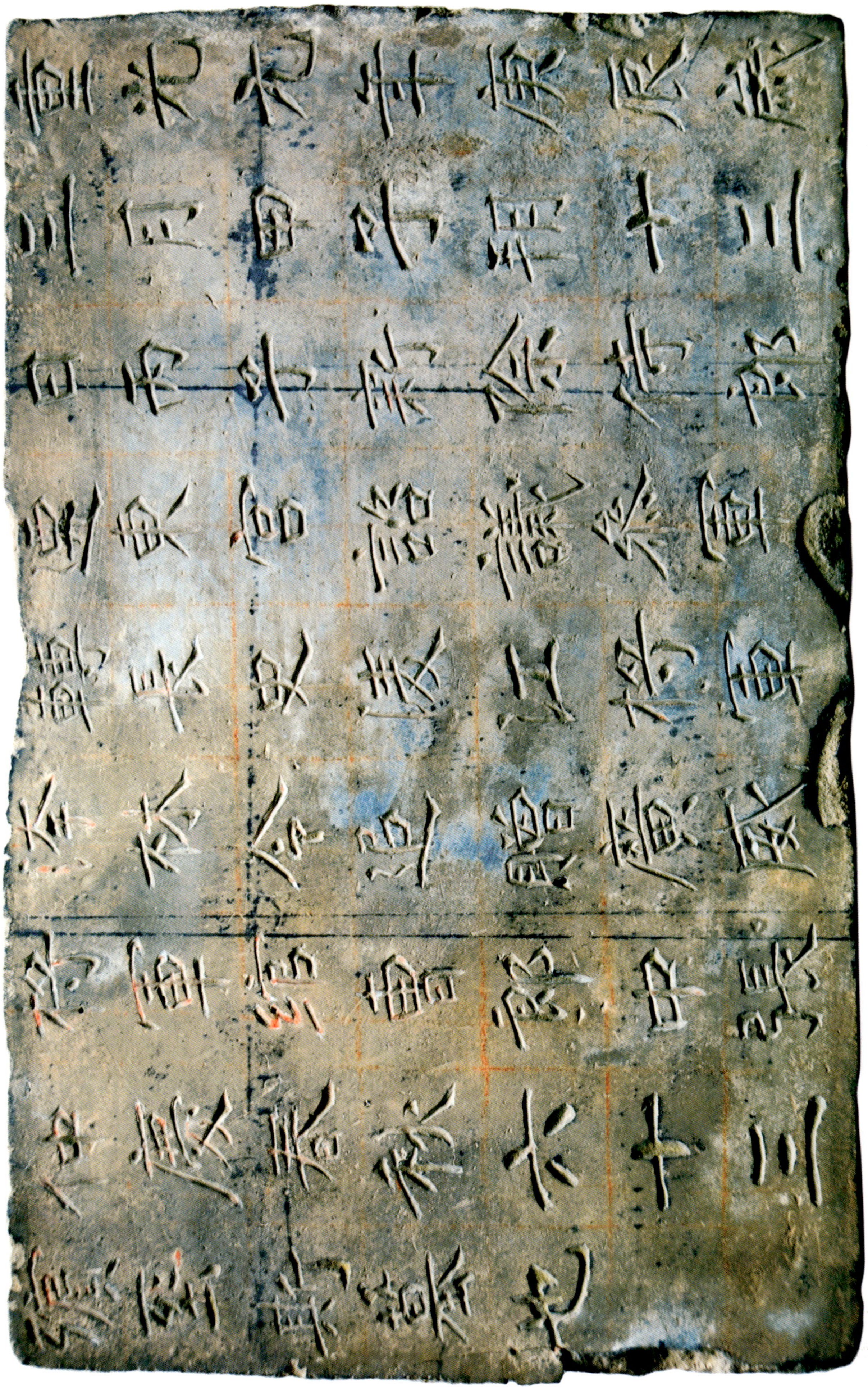

【释文】

1. 重光元年庚辰歲，
2. 三月甲子朔，十三日
3. 丙子，新除侍郎，
4. 遷東宫諮議参軍，
5. 轉長史、淩江將軍、
6. 洿林令，追贈廣威
7. 將軍、綰曹郎中，張
8. 仲慶春秋六十三，
9. 殯葬斯墓也。

【说明】 该墓表出土于吐鲁番阿斯塔那墓地。现存新疆文物考古研究所。

宋佛住墓表

高昌延寿四年（627）

【释文】 1. 延壽四年丁亥歲，十

2. 月庚辰朔，廿九日戊

3. 申，故宋佛住新除北

4. 聽散望，中出作永安

5. 兵曹參軍，轉遷內行

6. 兵曹司馬。春秋有六

7. 十六，殯葬斯墓。

【说明】 吐鲁番木纳尔墓地出土，朱书未刻。

宋佛住妻张氏墓表

高昌延寿九年（632）

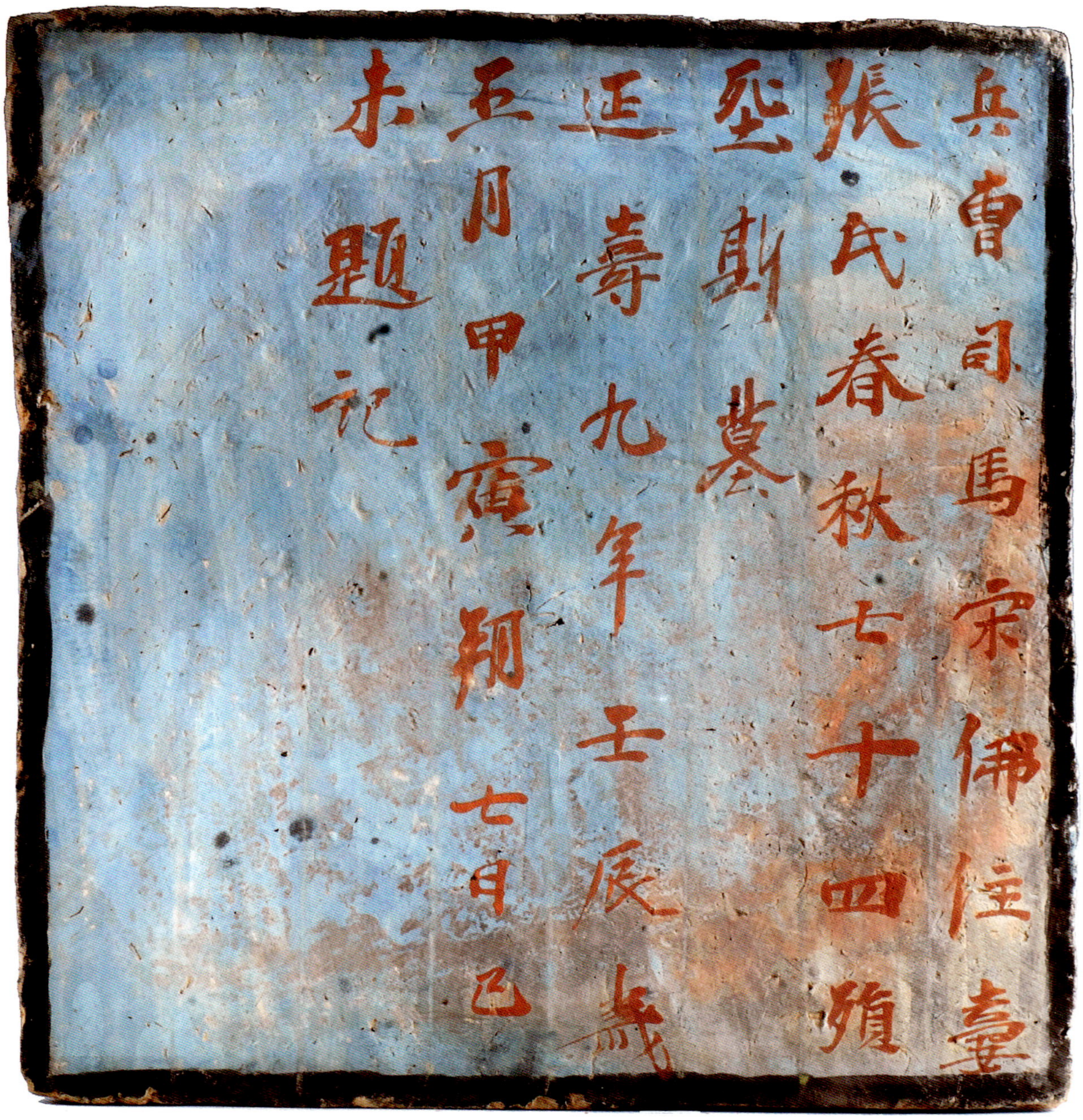

【释文】 1. 兵曹司馬宋佛住妻

2. 張氏，春秋七十四，殯

3. 葬斯墓。

4. 延壽九年壬辰歲，

5. 五月甲寅朔，七日己

6. 未題記。

【说明】 吐鲁番木纳尔墓地出土，朱书未刻。

康浮面之辅墓表

高昌延寿七年（630）

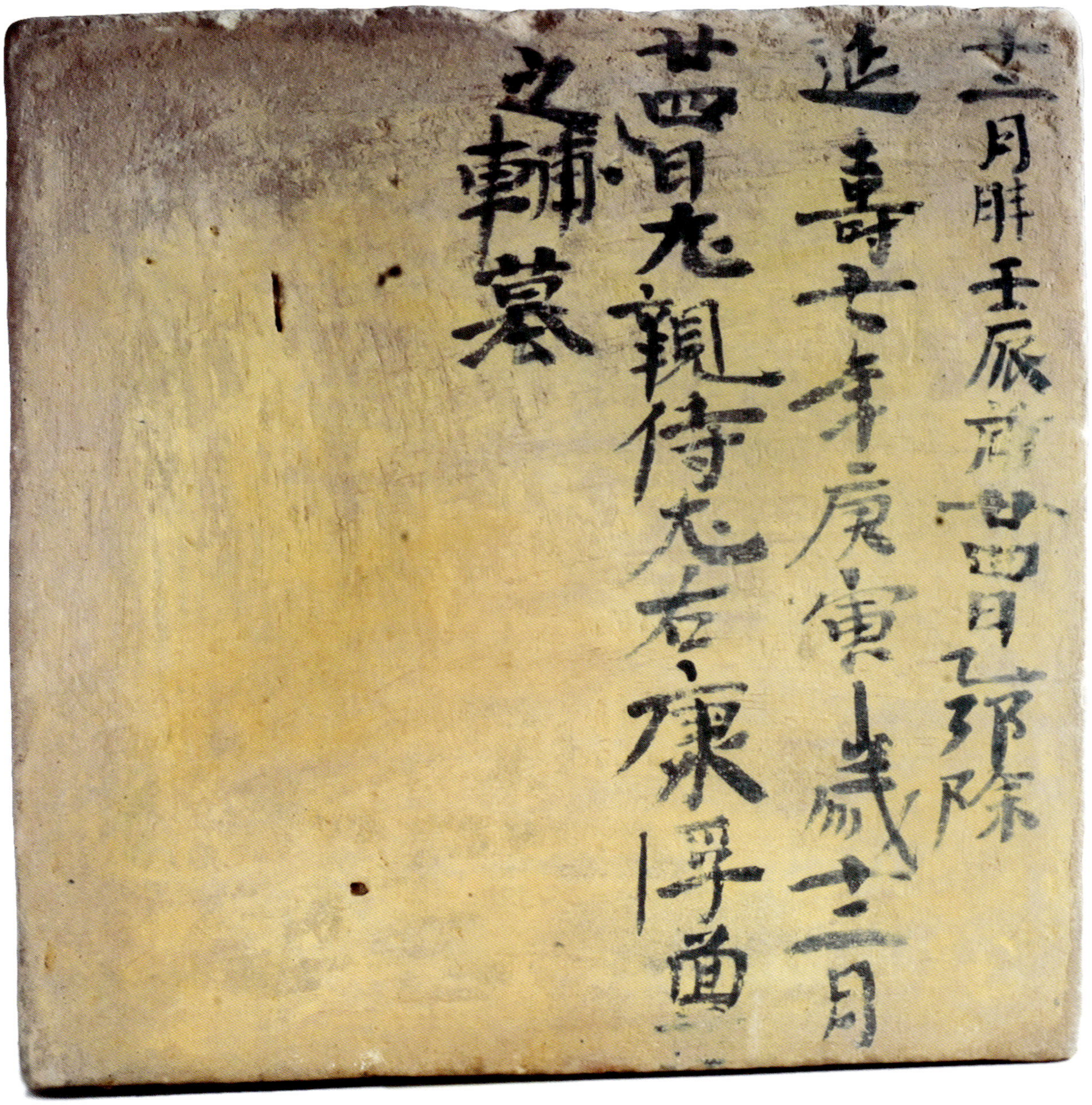

【释文】 1. 十二月朏（朔）壬辰满廿四日乙卯除

2. 延壽七年庚寅歲，十二月

3. 廿四日，左親侍左右康浮面

4. 之輔墓。

【说明】 吐鲁番巴达木墓地出土，墨书未刻。

白恢奴墓表

高昌延寿十四年（637）

【释文】 1. 延壽十四年丁

2. 酉歲，八月朔癸

3. 丑，廿一日癸酉，

4. 右親侍左右白

5. 恢奴之墓表焉

【说明】 吐鲁番巴达木墓地出土，朱书未刻。

唐憧海妻王氏木表

高昌延寿十四年（637）

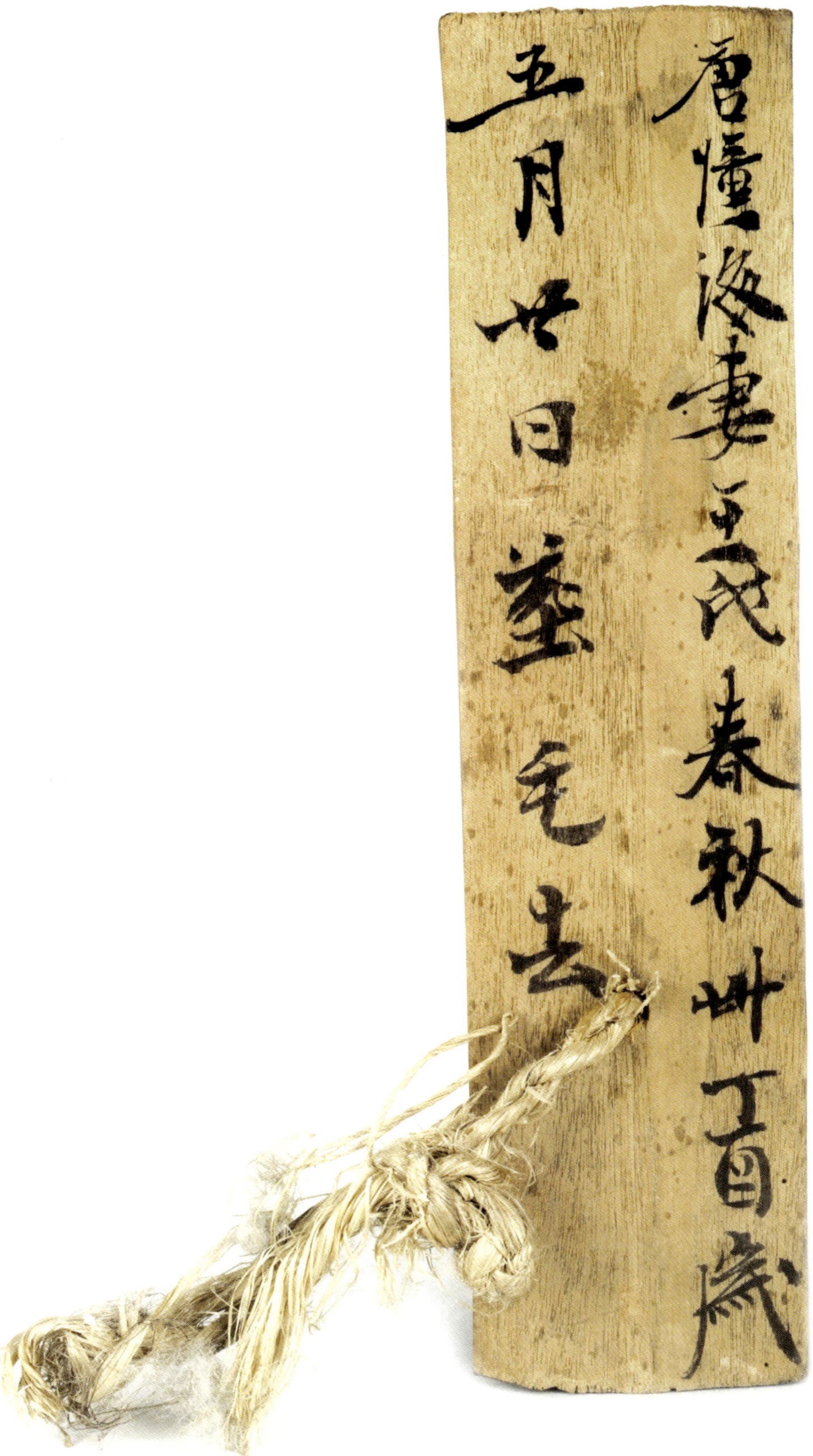

【释文】 1. 唐憧海妻王氏，春秋卅，丁酉岁

2. 五月廿日葬　毛去

【说明】 此件为吐鲁番阿斯塔那墓地出土，也是以木表取代石质或砖质墓表。字体风神与传世欧阳询（557—641）《行书千字文》墨迹本（辽宁省博物馆藏）颇有消息相通之处。

氾延海妻张氏墓表

高昌延寿十五年（638）

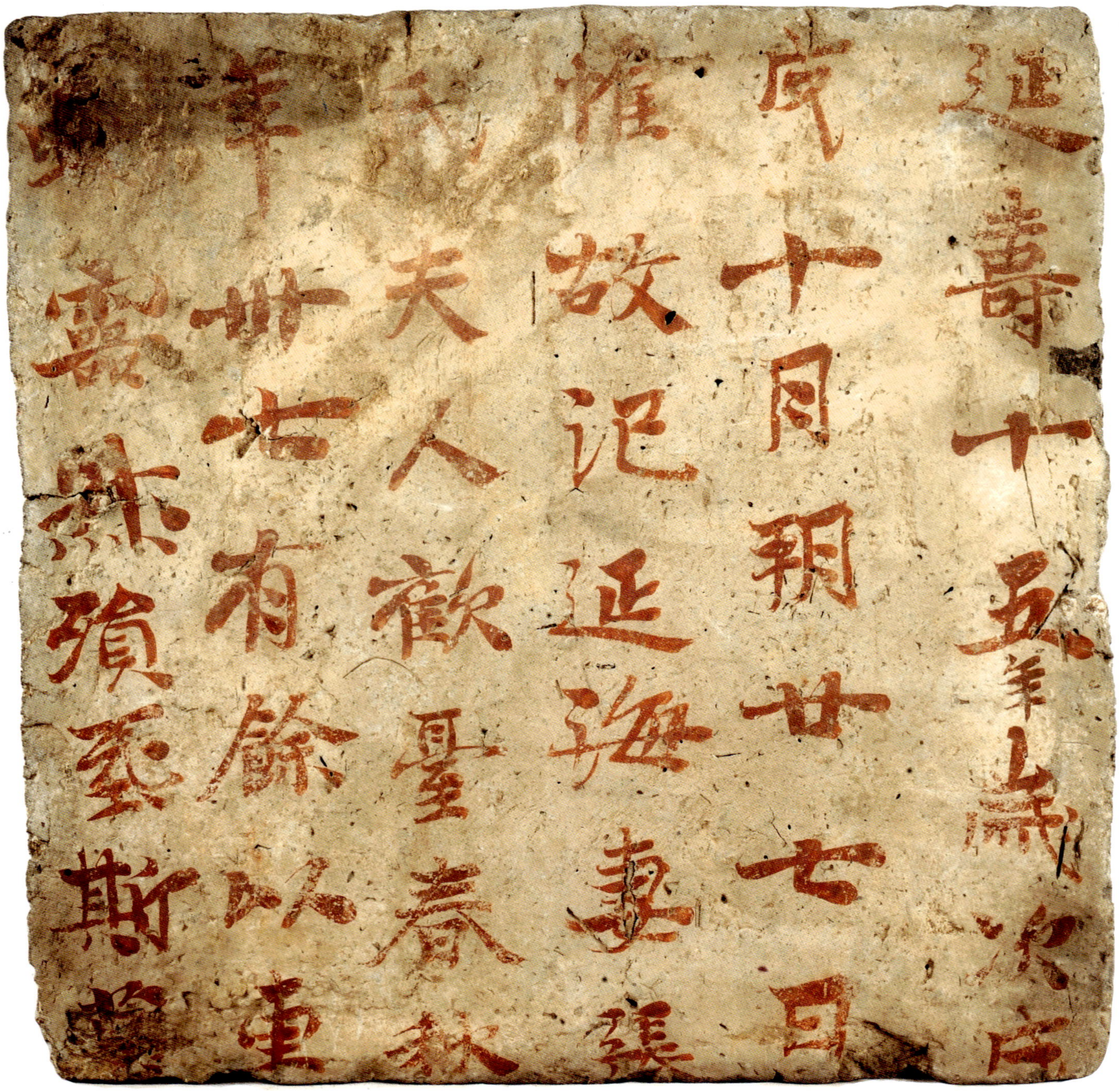

【释文】 1. 延壽十五年歲次戊

2. 戌，十月朔廿七日，

3. 惟故氾延海妻張

4. 氏夫人歡臺，春秋

5. 年卌七有餘，以車

6. □靈烋，殞葬斯墓。

【说明】 吐鲁番雅尔湖墓地出土，朱书未刻。字体秀丽雅致，已经渐脱北朝书风影响。

张幼达及夫人宋氏墓表

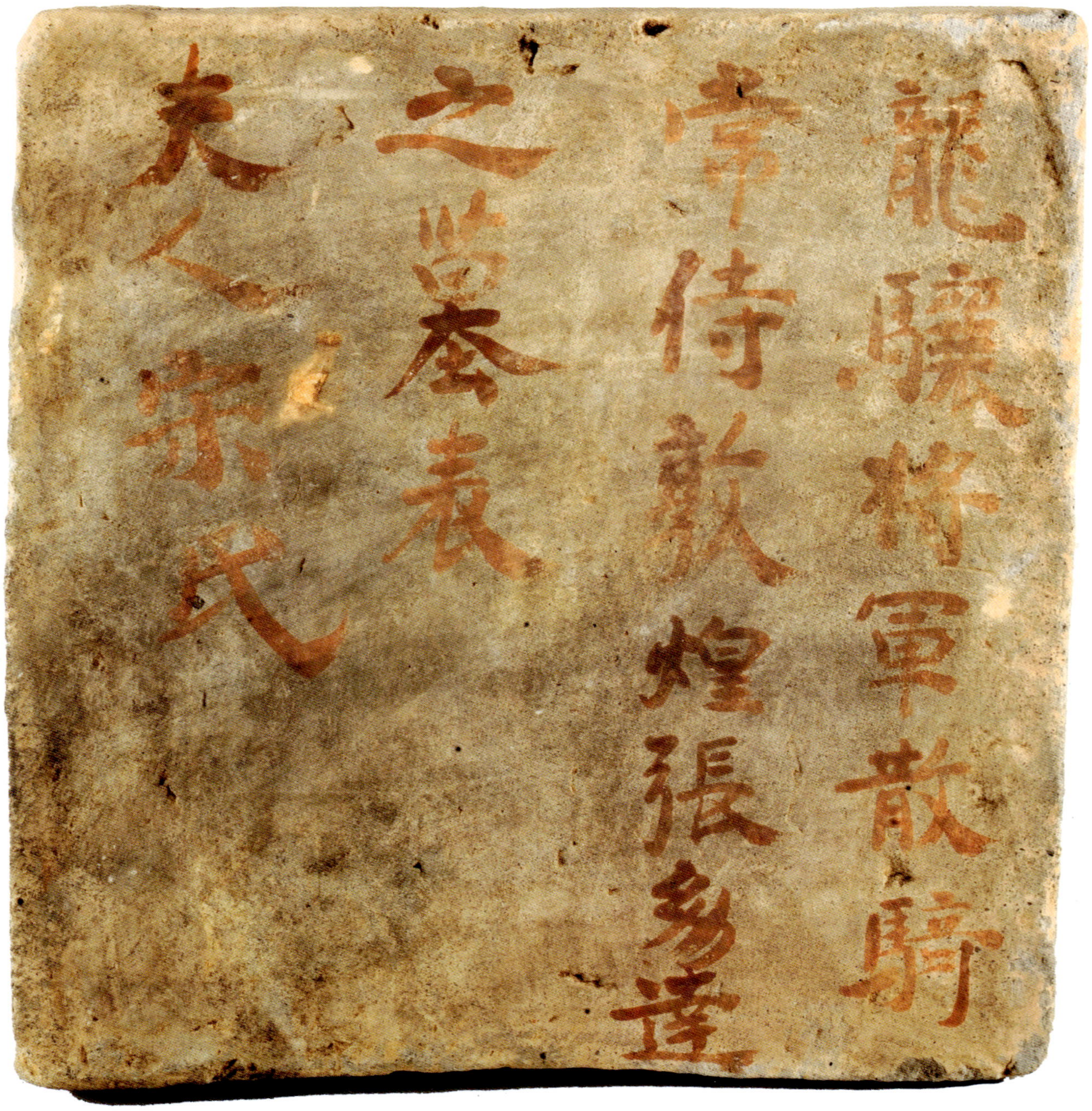

【释文】 1. 龍驤將軍散騎

2. 常侍敦煌張幼達

3. 之墓表

4. 夫人宋氏

【说明】 此件无纪年。应作于 7 世纪前期。

康业相墓表

唐贞观十四年（640）

【释文】

1. 貞觀十四年歲次
2. 在庚子，十一月朔
3. 甲子，十六日己卯，
4. 交河縣民高將康
5. 業相，春秋八十有
6. 二，以蜂嶠靈殖殯
7. 葬斯丘。康氏之墓表。

【说明】

交河沟西墓地出土，朱书未刻。

根据姓氏，康氏为中亚康国人（今中亚乌兹别克斯坦撒马尔罕）而流移中国境内者。从墓表和墓葬形制看，像康氏这样流寓中国的中亚胡人已经深受汉文化影响。

这件墓表折笔厚重，仍带有北朝时代遗风。

张隆悦妻麴文姿墓表

唐贞观十六年（642）

【释文】 1. 貞觀十六年歲次壬

2. 寅六月乙酉朔，張

3. 隆悦妻麴氏文

4. 姿春秋廿有七，即

5. 於其月廿三日

6. 葬斯墓。

【说明】 前一行六字阴刻，后面的文书则仅是朱书未刻。两相比照，可见笔墨书写与刀斧刻凿的意趣变化。

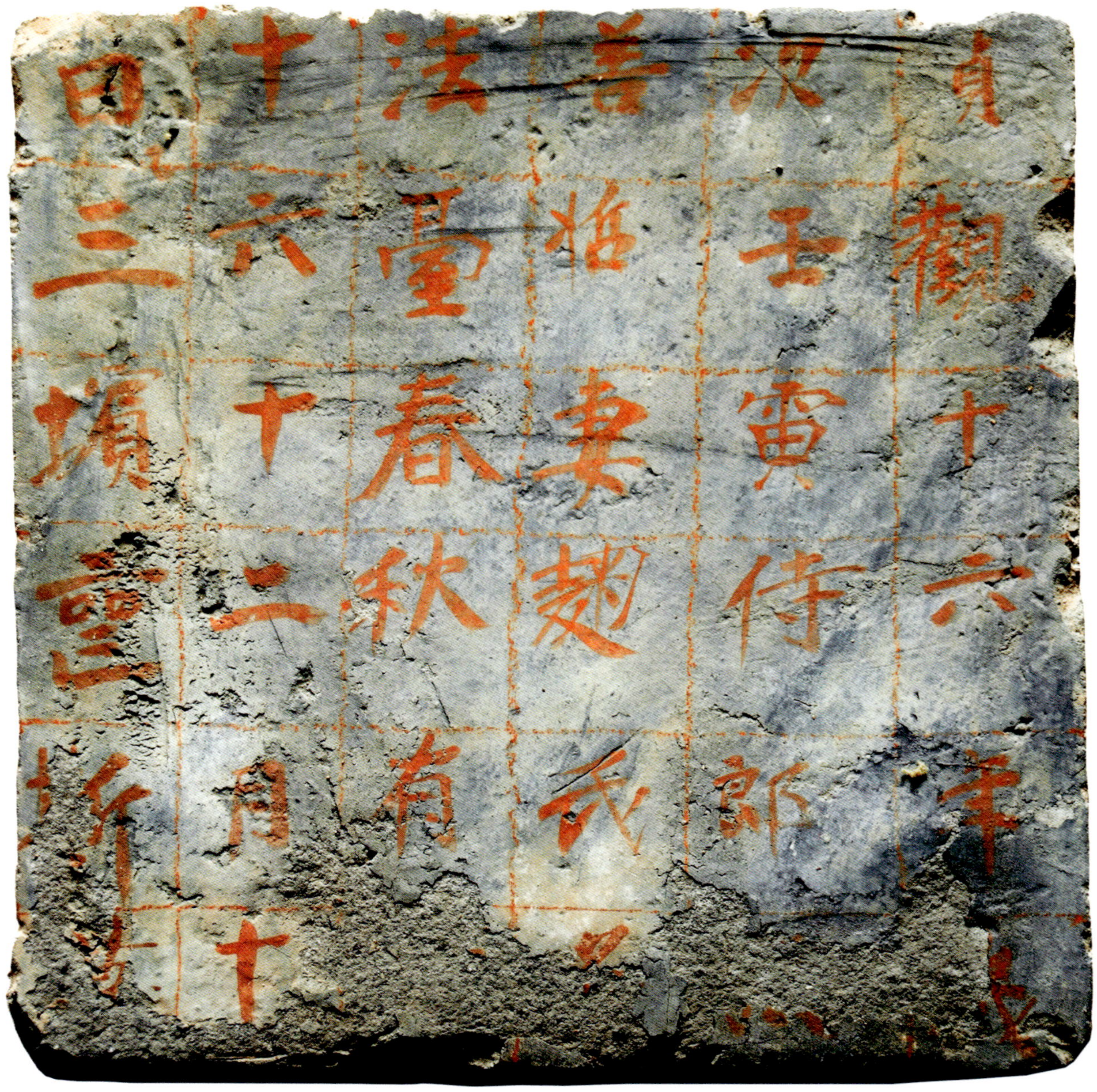

张善哲妻麹氏墓表

唐貞观十六年（642）

【释文】 1. 貞觀十六年歲

2. 次壬寅，侍郎張

3. 善哲妻麹氏名

4. 法臺，春秋有□

5. 十六，十二月十

6. 日三，殯喪斯墓。

【说明】 吐鲁番阿斯塔那墓地出土，蓝地朱书，未刻。现藏新疆文物考古研究所。

张欢夫人麴氏墓志铭

唐永淳二年（683）

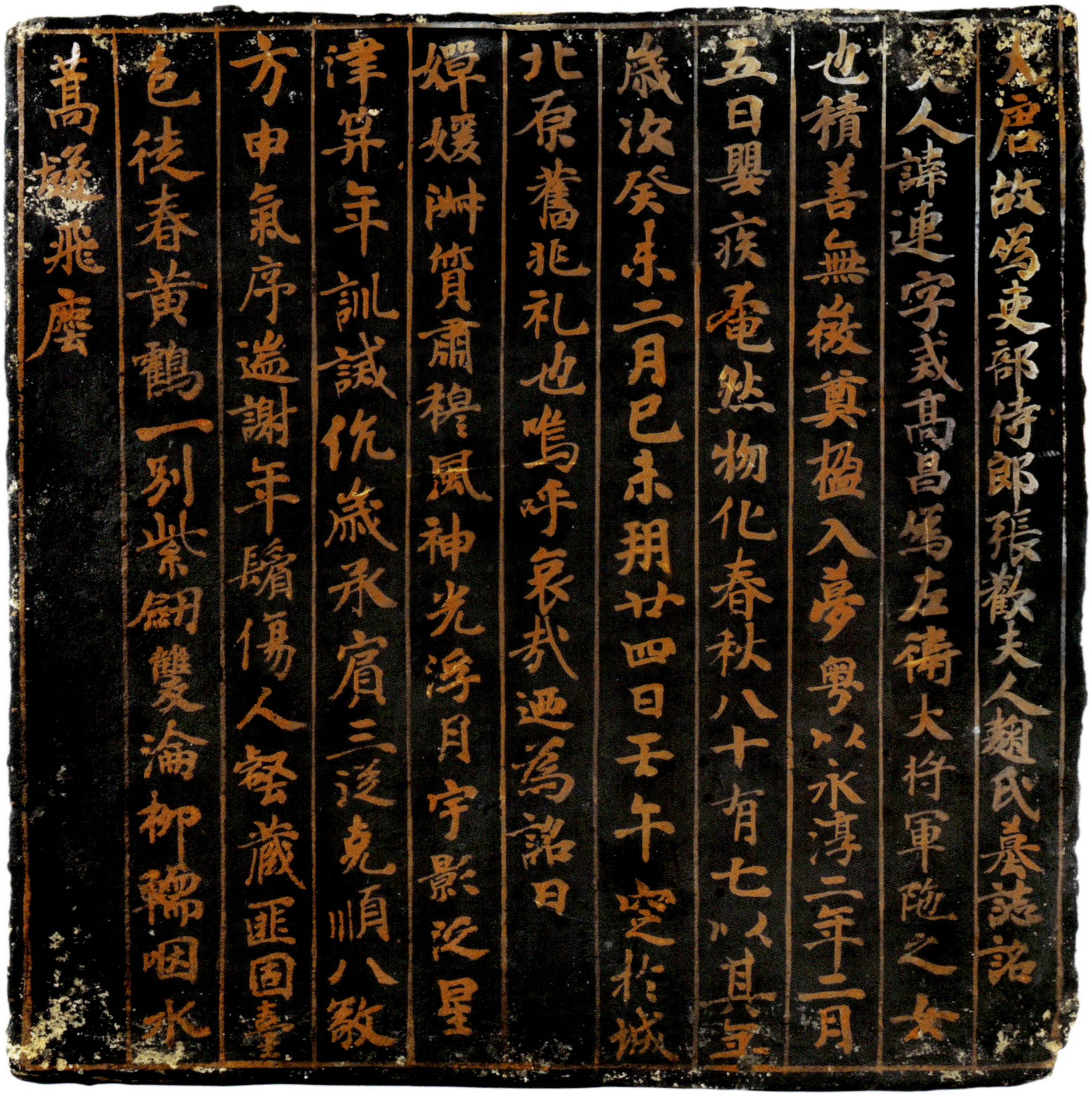

【释文】

1. 大唐故爲吏部侍郎張歡夫人麴氏墓誌銘
2. 夫人諱連，字戒。高昌爲左衛大將軍陁之女
3. 也。積善無徵，奠楹入夢，粤以永淳二年二月
4. 五日嬰疾，奄然物化，春秋八十有七。以其年
5. 歲次癸未，二月己未朔，廿四日壬午，窆於城
6. 北原舊兆，礼也。鳴呼哀哉，迺爲銘曰：
7. 嬋媛淑質，肅穆風神。光浮月宇，影泛星
8. 津。筓年訓誡，伉歲承賓。三從克順，八敬
9. 方申。氣序遄謝，年鬢傷人。窒藏匪固，臺
10. 色徒春。黄鵠一别，紫劍雙淪。柳轜咽水，
11. 蒿隧飛塵。

【说明】

从墓志内容看，张欢夫人麴氏应是出身高昌上层。墓志铭写得相对更为丰富，语言也更具文采，显然是出自素养较高的文士之手。其中称麴氏“三从克顺，八敬方申”，固然是当时常见的谀墓套语，却可见内地女德观念在高昌地区也已颇深入人心。

该铭书法与唐前期经生写经书体接近，由此或可推测写经体在高昌较为流行，不仅用于写经，且用于其他日常书写。

氾大师墓志

唐

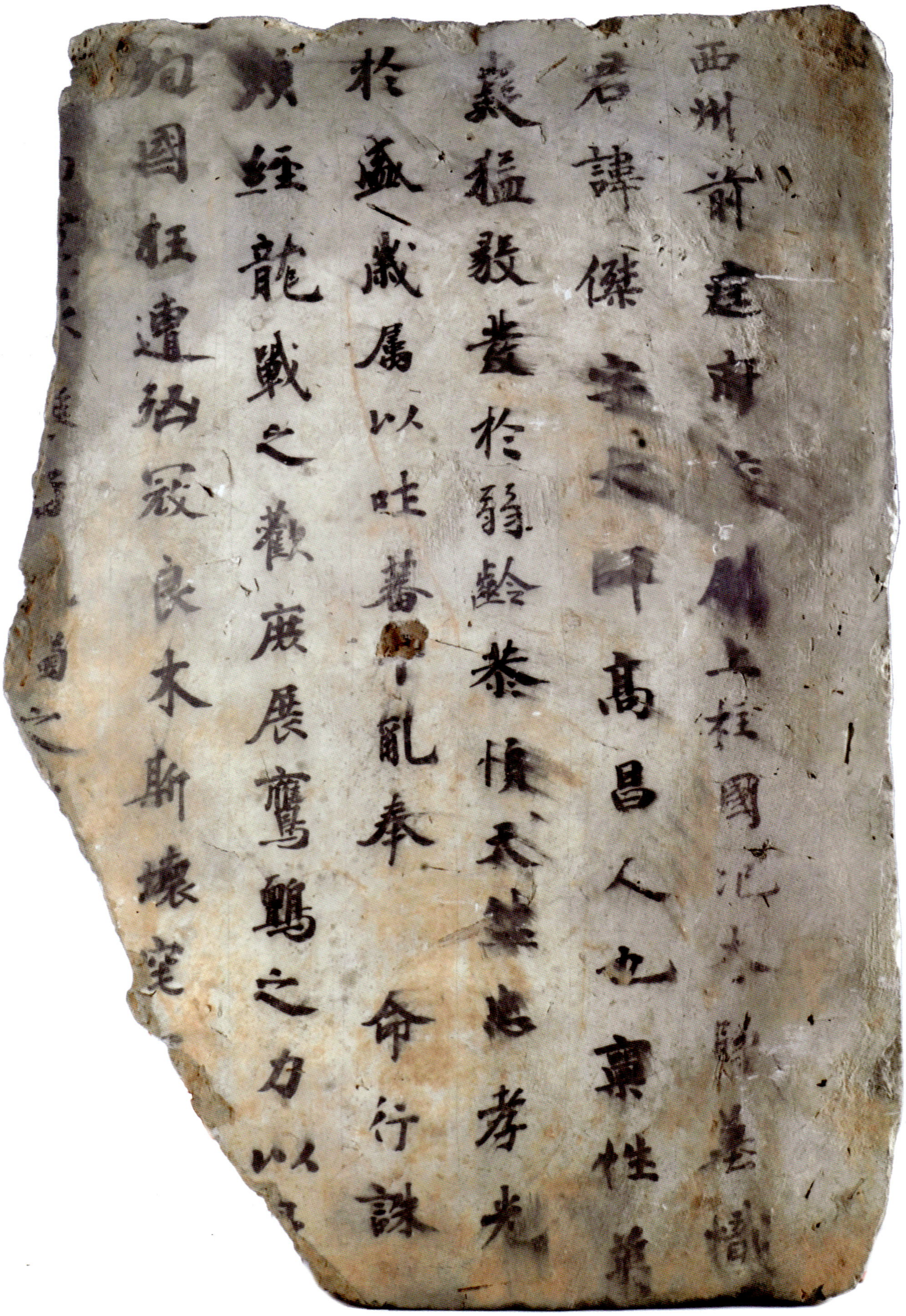

君諱傑
高昌人也稟性
於髫齡恭慎
於盛歲屬以吐蕃亂奉命行誅
頻經龍戰之歡麾展鷹鸇之力以
殉國枉遭殆寇良木斯壞寔

【释文】 1. 西州前庭府校尉、上柱國汜大師墓幟

2. 君諱傑，字大師，高昌人也。稟性英

3. 嶷，猛毅發於弱齡；恭順天然，忠孝光

4. 於盛歲。屬以吐蕃□亂，奉 命行誅，

5. 頻經龍戰之歡，庶展鷹鸇之力，以身

6. 殉國，枉遭殒寇，良木斯壞，穸□□□

7. □□□□□□□濁之□

【说明】 该墓表出土于吐鲁番阿斯塔那墓地，墨书，存7行。现存吐鲁番博物馆。

图书在版编目（CIP）数据

万里同文：新疆出土汉文书迹集萃：典藏版 / 陈凌著. -- 杭州：浙江大学出版社, 2020.12
ISBN 978-7-308-20917-5

Ⅰ.①万… Ⅱ.①陈… Ⅲ.①古书契—汇编—新疆
Ⅳ.①K877

中国版本图书馆CIP数据核字（2020）第246605号

万里同文：新疆出土汉文书迹集萃（典藏版）
陈　凌　著

责任编辑　徐凯凯　蔡　帆
责任校对　李瑞雪
封面设计　项梦怡　陈　凌
出版发行　浙江大学出版社
（杭州天目山路148号　邮政编码：310007）
（网址：http://www.zjupress.com）
排　　版　浙江时代出版服务有限公司
印　　刷　浙江海虹彩色印务有限公司
开　　本　787mm×1092mm　1/8
印　　张　41.5
字　　数　483千
版 印 次　2020年12月第1版　2020年12月第1次印刷
书　　号　ISBN 978-7-308-20917-5
定　　价　580.00元

浙江大学出版社市场运营中心联系方式：（0571）88925591；http://zjdxcbs.tmall.com